भाषा, साहित्य और देश

वैचारिक निबन्ध

भाषा, साहित्य और देश

हजारीप्रसाद द्विवेदी

भारतीय ज्ञानपीठ

लोकोदय ग्रन्थमाला : ग्रन्थांक 586

ग्रन्थमाला सम्पादक

रवीन्द्र कालिया

सह-सम्पादक

गुलाबचन्द्र जैन

पहला संस्करण : 1995
तीसरा संस्करण : 2006
चौथा संस्करण : 2009

ISBN 978-81-263-1794-3

प्रकाशक :
भारतीय ज्ञानपीठ
18, इन्स्टीट्यूशनल एरिया, लोदी रोड
नयी दिल्ली-110 003

मुद्रक : बी. के. ऑफसेट, दिल्ली-110032

आवरण : करुणानिधान

चौथा संस्करण : 2009
मूल्य : 160 रुपये

BHASHA, SAHITYA AUR DESH
(Essays)
by Acharya Hajari Prasad Dwivedi

Published by
Bharatiya Jnanpith
18, Institutional Area, Lodi Road
New Delhi-110 003
e-mail : jnanpith@satyam.net.in, sales@jnanpith.net
website : www.jnanpith.net

Fourth Edition : 2009
Price : Rs. 160

ज्ञान गरिमा के
65 वर्ष

भारतीय ज्ञानपीठ

यह कृति

स्वर्गीय आचार्य हजारीप्रसाद द्विवेदी की कुछ सर्वथा असंकलित रचनाएँ यहाँ पहली बार पुस्तकाकार रूप में प्रकाशित हो रही हैं। 19 मई 1979 ई. में आचार्य जी के देहावसान के पश्चात् अनेक पत्र-पत्रिकाओं में प्रकाशित, पर असंकलित, रचनाएँ प्राप्त हुईं, जिन्हें इस संग्रह में सम्मिलित किया गया है। इनके माध्यम से पितृ-ॠण चुकाने का विनम्र प्रयास है। आशा है, सभी पाठकों को ये रचनाएँ पसन्द आएँगीं।

भाई पद्मधर त्रिपाठी के जोरदार आग्रह को टालना सम्भव नहीं था। अतः भारतीय ज्ञानपीठ से पहली बार आचार्य द्विवेदी की कोई रचना प्रकाशित हो रही है। इस पुस्तक की पाण्डुलिपि को तैयार करने में श्री अनन्तराम गौड़ से प्राप्त योगदान के प्रति आभारी हूँ। इन शब्दों के साथ यह कृति पाठकों को समार्पित है।

मुकुन्द द्विवेदी

11 जनवरी, 1995

सी—2—बी / 53—ए
जनकपुरी
नयी दिल्ली-110 058

भाषा, साहित्य और देश

भाषा :-साहित्य : देश

आप जानते हैं कि वर्तमान काल कितना संकटमय है। सारी पृथ्वी मानो ब्रह्माण्ड-कटाह के अदृश्य तप्त रस में खौल रही है। प्रतिक्षण दुनिया का बाहरी और भीतरी नक्शा बदल रहा है। कल तक जो ध्रुव सत्य था, आज वह अस्थिर और डाँवाडोल साबित हो रहा है। हजारों वर्ष के इस पुरातन देश की एकता को खण्डित और छिन्न-भिन्न करने के अनेक प्रयत्न हो रहे हैं। जबकि सब कुछ डाँवाडोल है, जबकि सब कुछ हिल चुका है, जबकि भविष्यकालीन कल को सब कुछ सम्भव दीख रहा है, तब आप दृढ़-संकल्प और विशाल मनोबल को लेकर इस महान् देश की एकता अक्षुण्ण बनाये रखने के लिए अग्रसर हुए हैं। यही कारण है कि मैं आपके बीच उपस्थित हो सकने को अपना सौभग्य मानता हूँ। आप भारतवर्ष के उज्ज्वल और महान् भविष्य का निर्माण कर रहे हैं। मुछे कोई सन्देह नहीं है कि आपका प्रयत्न सफल होगा। भावी भारतवर्ष आपकी तपस्या से स्वस्थ और बलशाली होगा। विपत्ति की रात्रि बीत जाएगी और समृद्धि का सुप्रभात होगा।

नाना कारणों से इस देश में और बाहर यह बार-बार विज्ञापित किया जाता है कि इस महादेश में सैकड़ों भाषाएँ प्रचलित हैं और इसीलिए इसमें अखण्डता या एकता की कल्पना नहीं की जा सकती। मैंने विदेशी भाषाओं के जानकारों और विदेश के नाना देशों में भ्रमण कर चुकने वाले कई विद्वानों से सुना है कि तथाकथित एक--राष्ट्र व स्वाधीन देशों में भी दर्जनों भाषाएँ हैं और भारतवर्ष की भाषा समस्या उनकी तुलना में नगण्य है। परन्तु अन्य देशों में यह अवस्था हो या नहीं, इससे हमारी समस्या का समाधान नहीं हो जाता। दूसरों की आँख में खराबी सिद्ध कर देने से हमारी आँख में दृष्टि-शक्ति नहीं आ जाएगी। फिर भी मैं आपको स्मरण कराना चाहता हूँ कि हमारे इस देश ने हजारों वर्ष पहले से भाषा की समस्या हल कर ली थी। हिमालय से सेतुबन्ध तक सारे भारतवर्ष के धर्म, दर्शन, विज्ञान, चिकित्सा आदि विषयों की भाषा कुछ सौ वर्ष पहले तक एक ही रही है। यह भाषा संस्कृत थी। भारतवर्ष का जो कुछ श्रेष्ठ है, जो कुछ उत्तम है, जो कुछ रक्षणीय है वह इस भाषा के भण्डार में संचित किया गया है। जितनी दूर तक इतिहास हमें ठेलकर पीछे ले जा सकता है उतनी दूर तक इस भाषा के सिवा हमारा और कोई सहारा नहीं है।

इस भाषा में साहित्य की रचना कम से कम छह हजार वर्षों से निरन्तर होती आ रही है। इसके लक्षाधिक ग्रन्थों के पठन-पाठन और चिन्तन में भारतवर्ष के हजारों पुश्त तक के करोड़ों सर्वोत्तम मस्तिष्क दिन-रात लगे रहे हैं और आज भी लगे हुए हैं। मैं नहीं जानता कि संसार के किसी देश में इतने काल तक, इतनी दूरी तक व्याप्त, इतने उत्तम मस्तिष्क में विचरण करने वाली कोई भाषा है या नहीं। शायद नहीं है।

फिर भी भाषा की समस्या इस देश में कभी उठी ही नहीं हो, सो बात नहीं है। भगवान बुद्ध और भगवान महावीर ने संस्कृत के एकाधिपत्य को अस्वीकार किया था, उन्होंने लोकभाषा को आश्रय करके अपने उपदेश प्रचार किये थे। ऐसा जान पड़ता है कि संस्कृत भाषा को इस युग में पहली बार एक प्रतिद्वन्द्वी भाषा का सामना करना पड़ा था। जहाँ तक बौद्ध धर्म का सम्बन्ध है, यह निश्चयपूर्वक नहीं कहा जा सकता कि उस युग की लोकभाषा कही जानेवाली पालि सचमुच ही बुद्धदेव के मुख से उच्चारित भाषा थी या नहीं। प्रियदर्शी महाराज अशोक ने दृढ़ता के साथ लोकभाषा को प्रचारित करना चाहा था। इसका सबूत हमारे पास है और सीलोन तथा बर्मा आदि में प्राप्त पालि भाषा का बौद्ध साहित्य भी हमें बताता है कि बुद्धदेव ने सिर्फ इस लोकभाषा में उपदेश ही नहीं दिया था बल्कि निश्चित रूप से अपनी वाणी को संस्कृत में रूपान्तर करने का निषेध भी किया था। यह साहित्य स्थविरवादियों का है जो कई बौद्ध सम्प्रदायों में से एक है। आधुनिक काल में बौद्ध साहित्य की जब पहले-पहल इस देश में चर्चा शुरू हुई थी तब इन पालि ग्रन्थों को एक मात्र प्रमाण मान लिया गया था, और उस समय जो कुछ कहा गया था वह अब भी संस्कार रूप से बहुत से सुसंस्कृत जनों के मन पर रह गया है। परन्तु सही बात यह है कि स्थविरवादियों का यह साहित्य विशाल बौद्ध साहित्य का एक अत्यन्त अल्प अंशमात्र है। न तो वह एकमात्र बौद्ध साहित्य ही है, और न सर्वाधिक प्रामाणिक साहित्य ही है, न यही जोर देकर कहा जा सकता है कि यही सबसे अधिक पुराना साहित्य है। इस शास्त्र का संकलन कई बड़ी-बड़ी संगीतियों में हुआ है। आपको मालूम ही होगा कि बुद्धदेव के निर्वाण के बाद उनके वचनों को ठीक-ठाक संग्रह करने के लिए बौद्ध आचार्यों की बड़ी-बड़ी सभाएँ हुई थीं। इन्हें संगीति कहा जाता है।

अशोक संगीति के अवसर पर अठारह बौद्ध सम्प्रदायों की चर्चा मिलती है। इन सबके अलग-अलग पिटक थे और इनमें सिर्फ पाठ का ही भेद नहीं था; विषय, वस्तु और भाषा का भी भेद था। बहुत पुराने काल में हीनयान और महायान दोनों ही प्रधान बौद्ध शाखाओं के ग्रन्थ संस्कृत और अर्द्ध-संस्कृत में लिखे जाने लगे थे। आज इनमें का अधिकांश खो गया है। फिर भी आज नेपाल से तो कल तुर्किस्तान और मध्य रशिया से नये-नये ग्रन्थ मिलते रहते हैं और बौद्ध साहित्य की भाषा के सम्बन्ध में किये गये पूर्ववर्ती अनुमानों को धक्का मार जाते हैं।

सातवीं शताब्दी में इन बौद्ध ग्रन्थों का एक विशाल साहित्य था। चीनी यात्री हुएन्त्सांग उन दिनों जब इस देश में आये थे तब वे स्थविरवादी, महासंधिक, महीशास्त्रक,

काश्यपीय, धर्मगुप्त, सर्वास्तिवादी आदि सम्प्रदायों के 593 ग्रन्थ अपने साथ ले गये थे। ये अधिकांश संस्कृत में थे। इस प्रकार यद्यपि एक सम्प्रदाय की गवाही पर हम पालि को संस्कृत की प्रतिद्वन्द्विनी भाषा के रूप में पाते हैं, तथापि बहुत शीघ्र ही संस्कृत ने उस प्रतिक्रिया पर विजय पा ली थी।

भगवान महावीर के द्वारा पुनरुज्जीवित जैन धर्म के विषय में भी यह एक ही बात कही जा सकती है। सन् ईसवी के बाद के सिद्धान्तोत्तर साहित्य में धीरे-धीरे संस्कृत का प्रवेश होने लगा और जैन आचार्यों ने नाना काव्य और नाटकों से भाषा को समृद्ध ही नहीं बनाया, उसमें नवीन प्राण भी संचारित किये। मैंने जैन-प्रबन्धों की प्राकृतगन्धी संस्कृत देखी है और मैं साहसपूर्वक कह सकता हूँ कि संस्कृत को इतना सरल और प्रांजल बनाना एकदम नवीन और स्फूर्तिदायक प्रयास था। जैन मुनियों ने इसमें प्रांजलता ले आने में कमाल का काम किया है। जैन धर्म की श्रेष्ठ चिन्ता तो उनके दर्शन-शास्त्र हैं जो अधिकांश में संस्कृत में ही हैं । इस साहित्यांग ने संस्कृत के दर्शन-साहित्य को नये सिरे से उत्तेजना दी है। जिन दिनों भारतवर्ष की सांस्कृतिक अवस्था अत्यन्त उतार पर थी उन दिनों भी जैन दर्शन ने थोड़ी-बहुत गर्मी बनाये रखने का आश्चर्यजनक कार्य किया था।

मेरे कहने का तात्पर्य इतना ही है कि यद्यपि कभी इस भाषा में और कभी उस भाषा में धर्मोपदेश और काव्य आदि की रचना के प्रमाण पाये जाते हैं, परन्तु सब मिलाकर पिछले कई सहस्राब्दकों तक भारतवर्ष के सर्वोत्तम को, उसके ज्ञान और विज्ञान को, उसके दर्शन और अध्यात्म को, उसके ज्योतिष और चिकित्सा को, उसकी राजनीति और व्यवहार को, उसके कोश और व्याकरण को और उसकी समस्त चिन्ता को इस भाषा का ही सहारा मिला है।

विदेशियों के झुण्ड बराबर इस देश में आते रहे हैं और आकर इन्होंने बड़ी जल्दी सीख लिया है कि संस्कृत ही इस देश में उनके काम की भाषा हो सकती है। यह आश्चर्य की बात कही जाती है कि संस्कृत भाषा का सबसे पुराना शिलालेख जो अब तक पाया गया है वह गिरनार वाला शक महाक्षत्र रुद्रदामा का शिलालेख है जो सन् ईसवी के लगभग डेढ़ सौ वर्ष बाद खुदवाया गया था। इस शिलालेख ने उस भ्रम का निराकरण कर दिया था जो ऐतिहासिक पण्डितों द्वारा प्रचारित किया गया था कि संस्कृत का अभ्युत्थान बहुत शताब्दियों बाद गुप्त सम्राटों के हाथों हुआ है। इसमें कोई सन्देह नहीं कि गुप्त सम्राटों के युग से संस्कृत भाषा ज्यादा वेग से चल पड़ी थी, परन्तु यह नितान्त गलत बात है कि उससे पहले उसकी (संस्कृत भाषा की) धारा एकदम रुद्ध हो गयी थी।

शुरू-शुरू में मुसलमान बादशाह भी इस भाषा की महिमा हृदयंगम कर सके थे। पठानों के सिक्कों से नागरी अक्षरों का ही नहीं, संस्कृत भाषा का भी अस्तित्व सिद्ध किया जा सकता है। परन्तु बाद में जमाने ने पलटा खाया और अदालतों और राजकार्य की

भाषा फारसी हो गयी। इस देश के बड़े समुदाय ने नाना कारणों से मुसलमानी धर्म का वरण किया और फलतः एक बहुत बड़े सम्प्रदाय की धर्मभाषा अरबी हो गयी। यह अवस्था अधिक से अधिक पाँच सौ वर्ष तक रही है। परन्तु आप भूल न जाएँ कि इस समय भी भारतवर्ष की श्रेष्ठ चिन्ता का स्रोत संस्कृत के ही रास्ते बह रहा था। नाना शास्त्र-ग्रन्थों की अतुलनीय टीकाएँ, धर्मशास्त्रीय व्यवस्था के निबन्ध-ग्रन्थ, दर्शन और अध्यात्म विषयक अनुवाद और टीका-ग्रन्थ और सबसे अधिक नव्य-न्याय और न्यायानुप्राणित-व्याकरण शास्त्र इसी काल में लिखे जाते रहे। इस युग में यद्यपि संस्कृत ग्रन्थों में से मौलिक चिन्ता बराबर घटती जा रही थी फिर भी वह एकदम लुप्त नहीं हो गयी थी। कुछ शताब्दियों तक भारतवर्ष एक विचित्र अवस्था में से गुजरा है। उसके न्याय, राजनीति और व्यवहार की भाषा फारसी रही है, हृदय की भाषा तत्तत् प्रदेशों की प्रान्तीय भाषाएँ रही हैं और मस्तिष्क की भाषा संस्कृत रही है। हृदय की भाषा बराबर किसी न किसी रूप में देशी भाषाएँ रही हैं। यह और बात है कि दूर पड़ जाने से पिछले हजारों वर्षों के देशी भाषा का साहित्य आज हम न पा सकें पर वह वर्तमान जरूर रहा है और उसका सम्मान भी हुआ है। मैं आज इस बात की चर्चा नहीं करूँगा। मैंने अन्यत्र सप्रमाण दिखाया है कि इस देश में देशी भाषाओं में सदा काव्य लिखे जाते रहे हों सिर्फ यही बात नहीं है बल्कि उनका भरपूर सम्मान भी बराबर होता रहा है।

एक बार मेरे इस कथन को संक्षेप में आप अपने सामने रखकर देखें तो हमारी वर्तमान भाषा-समस्या काफी स्पष्ट हो जाएगी। मैंने अब तक जो आपको प्राचीन-काल के खण्डहरों में भटकाया, वह इसी उद्देश्य से। संक्षेप में बात इस प्रकार है कि—

1. भारतवर्ष के दर्शन-विज्ञान आदि की भाषा सदा संस्कृत रही है

2. उसके धर्म-प्रचार की भाषा अधिकांश में संस्कृत रही है, यद्यपि बीच-बीच में साहित्य के रूप में और सदैव बोलचाल के रूप में देशी भाषाएँ भी इस प्रयोजन के लिए काम लायी जाती रही हैं।

3. आज से चार-पाँच सौ वर्ष पहले तक व्यवहार, न्याय और राजनीति की भाषा भी संस्कृत ही रही है। पिछले चार-पाँच सौ वर्षों से विदेशी भाषा ने इस क्षेत्र को दखल किया है।

4. काव्य के लिए सदा से ही कथ्य देशी भाषाएँ काम में लायी गयी हैं और संस्कृत भी सदा इस कार्य के उपयुक्त मानी गयी है।

अब अगर आप ध्यानपूर्वक देखें तो हजारों वर्ष के इतिहास ने हमारी भाषा-समस्या को इस प्रकार सुलझाया है कि हमारे उच्चतर विचार, तर्क, दर्शन विज्ञान, राजनीति, व्यवहार और हमारे न्याय की भाषा का सदा एक सामान्य स्टैण्डर्ड रहा है और हमारे इतिहास के एक अत्यन्त सीमित काल में हमारी भाषा के विशाल साहित्य के एक अत्यन्त नगण्य अंश पर विदेशी भाषा का आधिपत्य रहा है। अर्थात् हमारे कम से कम छह सात हजार वर्ष के विशाल इतिहास में अधिक से अधिक पाँच सौ वर्ष ऐसे रहे हैं जिनमें

अदालतों की भाषा संस्कृत न होकर एक विदेशी भाषा रही है। दुर्भाग्यवश इस सीमित काल और सीमित अंश में व्यवहृत भाषा का दावा आज हमारी भाषा समस्या का सर्वाधिक जबर्दस्त रोड़ा साबित हो रहा है। पर यह एक सामयिक बात है। आज यह जितनी बड़ी बाधा के रूप में भी क्यों न दीख रही हो, इतिहास की विशाल पट-भूमिका पर इसे रखकर देखिए तो इसमें कुछ तत्त्व नहीं रह जाएगा। यह बात उतनी महत्त्वपूर्ण नहीं है जितनी कि आपाततः दीख रही है। इस विशाल देश की भाषा समस्या का हल आज से सहस्रों वर्षों पूर्व से लेकर अब तक जिस भाषा के जरिये हुआ है उसके सामने कोई भी भाषा न्यायपूर्वक अपना दावा लेकर उपस्थित नहीं रह सकती—फिर वह स्वदेशी हो या विदेशी, इस धर्म के मानने वालों की हो या उस धर्म के। इतिहास साक्षी है कि संस्कृत इस देश की अद्वितीय महिमाशालिनी भाषा है—अविजित, अनाहत और दुर्द्धर्ष।

आज से डेढ़-दो सौ वर्ष पहले तक यही अवस्था रही है। इसके बाद नवीन युग शुरू होता है। जमाने के अनिवार्य तरंगाघात ने हमें एक दूसरे किनारे पर लाकर पटक दिया। दुनिया बदल गयी तथा और भी तेजी से बदलती जा रही है। अँग्रेजी-साम्राज्य ने हमारी परम्परा को तोड़ दिया है। इन डेढ़-सौ वर्षों में हम इतने बदल गये हैं, सारी दुनिया ही इतनी बदल गयी है कि पुराने जमाने का कोई पूर्वज हमें शायद ही पहचान सकेगा। हमारी शिक्षा-दीक्षा से लेकर विचार-वितर्क की भाषा भी विदेशी हो गयी है। हमारे चुने हुए मनीषी अँग्रेजी भाषा में शिक्षा पाये हुए हैं, उसी में बोलते हैं और उसी में लिखते रहे हैं। अँग्रेजी भाषा ने संस्कृत का सर्वाधिकार छीन लिया है। आज भारतीय विद्याओं की जैसी विवेचना और विचार अँग्रेजी भाषा में है, उसकी आधी चर्चा का भी दावा कोई भारतीय भाषा नहीं कर सकती। यह हमारी सबसे बड़ी पराजय है। राजनीतिक सत्ता के छिन जाने से हम उतने नतमस्तक नहीं हैं जितने कि अपने विचार की, तर्क की, दर्शन की, अध्यात्म की और सर्वस्व की भाषा छिन जाने से अन्तरराष्ट्रीय क्षेत्र में हम अपनी ही विद्या को अपनी बोली में न कह सकने के उपहासास्पद अपराधी हैं। यह लज्जा हमारी जातीय है। देश का स्वाभिमानी हृदय इस असहाय अवस्था को अधिक बर्दाश्त नहीं कर सकता।

जब हममें राष्ट्रीय चेतना का संचार हुआ तो हमने देखा कि हम लुट चुके हैं। हमारे नायकों ने कहा, सँभल जाओ। पर क्या सँभलें, कैसे सँभलें ? क्या संस्कृत को अपनाकर? यह असम्भव है।

क्यों? जो कल तक सम्भव था, वह आज असम्भव क्यों है? इसलिए कि दुनिया बदल गयी है। अब शास्त्र या कोई अन्य ग्रन्थ मुक्ति पाने या परलोक बनाने के लिए नहीं लिखे जाते तथा अब विद्या और ज्ञान एक विशेष श्रेणी की सम्पत्ति नहीं माने जाते। आज मनुष्य ने हर क्षेत्र में अपनी प्रधानता बना ली है। जो कुछ है, मनुष्य के लिए—चाहे वह धर्म हो, दर्शन हो, राजनीति हो, कुछ भी हो मनुष्य उसके लिए नहीं

है। वह जमाना ही मर गया जब केवल भाषा पर अधिकार करने के लिए वर्षों परिश्रम किया जाता था और जब गर्वपूर्वक कहा जाता था कि 'द्वादशभिर्वर्षव्याकरणं श्रूयते' अर्थात् 'बारह वर्ष में व्याकरण शास्त्र के सुनने की योग्यता होती है'। अब भाषा गौण है, विचार मुख्य, और विचार भी ऐसे नहीं जो विचार के लिए ही लिखे गये हों; विचार भी ऐसे जो मनुष्य के लिए हों और जिनसे निश्चित रूप से मनुष्यता उपकृत होती हो। इसीलिए सबसे सीधा रास्ता यह है कि विचारों को अधिकाधिक सहज भाषा में पहुँचाया जाये। यह सहज भाषा तत्तत् प्रदेशों की अपनी-अपनी बोली ही हो सकती है। इस युग में वही हुआ है। हमने अँग्रेजी की प्रतिद्वन्द्विता में अपनी-अपनी बोलियों को खड़ा किया है। यह उचित है, वही योग्य है परन्तु यही सबकुछ नहीं है। हमें सारे देश में एक विचार-स्रोत को बहा देना है। सारे देश में एक ही उमंग, एक ही आवेग, एक ही सहानुभूतिमय हृदय उत्पन्न करना है। यह कैसे हो ? इतिहास में पहली बार हमने इस समस्या को इतने निबिड़ भाव से अनुभव किया है।

आज से डेढ़-दो सौ वर्ष पहले तक संस्कृत भाषा ने हमारे भीतर विचारगत एकता बनाये रखने का प्रयत्न किया था। बंगाल के रघुनन्दन भट्ट अपनी व्यवस्थाएँ इसी भाषा के बल पर कन्याकुमारी से कश्मीर तक पहुँचा सके थे, काशी के नागेश भट्ट को व्याकरणशास्त्रीय विचार सारे देश में फैला देने में कोई बाधा नहीं पड़ी थी, महाराष्ट्र के गणेश दैवज्ञ को अपनी ज्योतिषिक शोध इस विशाल देश के इस कोने से उस कोने तक फैला देने में कोई कठिनाई नहीं पड़ी। परन्तु आज अवस्था एकदम बदल गयी है। हमारे पास अपना कोई भी स्वदेशी माध्यम नहीं रह गया है जिसके द्वारा हमारे सर्वोत्तम व्यक्ति अपनी ज्ञान सम्पत्ति अनायास ही सारे देश में फैला सकें। स्वामी विवेकानन्द और स्वामी रामतीर्थ को अपने वेदान्त सम्बन्धी सन्देश विदेशी भाषा में लिखने पड़े, लोकमान्य तिलक को अपनी वेद और ज्योतिष सम्बन्धी शोध, तथा डॉक्टर भाण्डारकर को हिन्दू देव-देवियों के विषय में किया हुआ महत्त्वपूर्ण अध्ययन विदेशी माध्यम से देशवासियों तक पहुँचाना पड़ा। ऐसा तो इस देश में हुआ है कि धर्मोपदेश के लिए भिन्न-भिन्न प्रान्तों की भाषाओं से काम लिया गया हो। थोड़े समय के लिए ऐसा भी हुआ है कि राजकीय व्यवहार की भाषा कुछ और हो गयी हो, परन्तु हमारे उच्चतर अध्ययन, दार्शनिक विचार और वैज्ञानिक गवेषणा की भाषा भी विदेशी हो गयी हो, ऐसा कभी नहीं हुआ। इसीलिए राजनीतिगत उथल-पुथल के होते हुए भी सुदूर प्रदेशों में फैला हुआ यह महादेश होते हुए भी इसमें एक अद्भुत एकता पायी जाती रही है। आज इस पर भी विदेशी भाषा का आधिपत्य है। इसीलिए कहता हूँ कि भाषा-समस्या को इतने निबिड़ भाव से, ऐसे गाढ़ भाव से हमने अपने समूचे इतिहास में कभी भी अनुभव नहीं किया।

परन्तु हम अब संस्कृत को फिर से नहीं पा सकते। अगर बीच में अँग्रेजी ने आकर हमारी परम्परा को बुरी तरह तोड़ न भी दिया होता तो भी आज हम संस्कृत को छोड़ने को बाध्य होते, क्योंकि वह जनसाधारण की भाषा नहीं हो सकती। जिन दिनों एक

विशेष श्रेणी के लोग ही ज्ञान-चर्चा का भार स्वीकार करते थे, उन दिनों भी यह कठिन और दुःसह थी। परन्तु आज वह जमाना नहीं रहा। हम बदल गये हैं, हमारी दुनिया पलट गयी है हमारे पुराने विश्वास हिल गये हैं, हमारी ऐहिकता बढ़ गयी है, और हमारे वे दिन अब हमेशा के लिए चले गये। भवभूति के राम की भाँति हम भी अब यह कहने को लाचार हैं कि 'ते हि नो दिवसा गताः—अब हमारे वे दिन नहीं रहे।

अफसोस करना बेकार है। हम जहाँ आ पड़े हैं, वहीं से हमें यात्रा शुरू करनी है। कालधर्म हमें पीछे नहीं लौटने देगा। हमें अपने को और अपनी दुनिया को समझने में अपने हजारों वर्षों के इतिहास का अनुभव प्राप्त है। हम इस दुनिया में नये नहीं हैं, नौसिखुए नहीं हैं। अपने संस्कारों और अनुभवों के लिए हमें गर्व है। ये हमें अपने को और अपनी दुनिया को समझने में सहायता पहुँचाएँगे। हमें याद रखना चाहिए कि अनुभव और संस्कार तभी वरदान होते हैं जब वे हमें आगे ठेल सकें, कर्मशील बना सकें। निठल्ले का अनुभव उसे खा जाता है और संस्कार उसे भी अपाहिज बना देता है।

हमारा पुराना अनुभव बताता है कि हम आसेतु-हिमाचल एक भाषा से एक संस्कार, एक विचार, एक मनोवृत्ति तैयार कर सकते हैं और वह एक भाषा संस्कृत है। हमारी नयी परिस्थिति बता रही है कि शास्त्रों की चर्चा से मुक्ति या परलोक बनाने वाला आदर्श अब नहीं चल सकता। ''एकः शब्दः सम्यग्ज्ञातः'—अर्थात् 'एक भी शब्द भलीभाँति जान लिया जाए तो स्वर्गलोक में श्रेष्ठ स्थान प्राप्त हो जाता है' का आदर्श इस काल में नहीं टिक सकता, जबकि प्रत्येक कार्य में हड़बड़ी और जल्दी से जल्दी की भावना काम कर रही है। हमें एक ऐसी भाषा चुन लेनी है जो हमारी हजारों वर्ष की परम्पराओं से कम से कम विच्छिन्न हो और हमारी नूतन परिस्थति का सामना अधिक से अधिक मुस्तैदी से कर सकती हो; संस्कृत न होकर भी संस्कृत-सी हो और साथ ही जो प्रत्येक नये विचार को,प्रत्येक नयी भावना को अपना लेने में एकदम हिचकिचाती न हो, जो प्रचीन परम्परा की उत्तराधिकारिणी भी हो और नवीन चिन्ता की वाहिका भी।

चूँकि वर्तमान युग में मनुष्य की प्रधानता समान भाव से स्वीकार कर ली गयी है इसीलिए उसी को दृष्टि में रखकर इस समस्या को भी हल किया जा सकता है। जिस प्रकार मुनष्य की सुविधा की दृष्टि से सहज-सरल देशी भाषाओं को प्रोत्साहित किया गया है, उसी प्रकार वृहत्तर देश के विराट् मानव-समुदाय को दृष्टि में रखकर सामान्य भाषा की समस्या भी हल की जा रही है। अधिकांश मनुष्य जिस भाषा में बोल सकते हों, अधिकांश मनुष्यों की नाड़ी के साथ जिस भाषा का अच्छेद्य सम्बन्ध हो, वह भाषा क्या है ? आपसे कहने की आवश्यकता नहीं। आपने अपने ढंग से उसका उत्तर खोज लिया है पर मैं आपको संस्कृत की याद एक बार फिर दिला देता हूँ। हिन्दी या हिन्दुस्तानी हमारी अधिकजनों की समझ में आनेवाली अधिक प्रचलित भाषा जरूर है पर संस्कृत ने हमारे सर्वदेश की भाषा पर जो अपना अनुत्सारणीय (न हटाया जा सकनेवाला) प्रभाव

रख दिया है, वह कम नहीं है । हम हजार संस्कृत की परम्परा से च्युत हो गये हों और उस भाषा तथा उसके विशाल साहित्य को भूल गयो हों, पर वह हमसे दूर नहीं हो सकती। हमने चाहे कमली को छोड़ दिया हो पर कमली हमें नहीं छोड़ सकती। संस्कृत ने हममें अब भी चौदह आना एकता कायम कर रखी है। नये सिरे से हमें दो आना ही प्रयत्न करना है। वस्तुतः हिन्दी और अन्यान्य भारतीय भाषाओं में चौदह आना ही साम्य है। दो आना ही हमें नये सिरे से गढ़ना है। यह आप कर रहें हैं।

परन्तु मैं उम्मीद करता हूँ कि आपने मुझे गलत नहीं समझा है। मैं संस्कृत को भाषा बनाने की वकालत नहीं कर रहा हूँ, मैं कह रहा हूँ कि पिछले हजारों वर्षों के इतिहास ने हमें जो कुछ दिया है, उससे हम सबक सीखें। मेरे कथन का तात्पर्य यह नहीं है कि हम विदेशी शब्दों का बहिष्कार करें। अगर आपने मेरे कथन का यह अर्थ समझा हो तो मैंने कहीं अपनी बात उपस्थित करने में गलती की होगी। मैं ऐसा कैसे कह सकता हूँ जबकि हमारी श्रद्धेय संस्कृत भाषा ने ही विदेशी शब्दों को ग्रहण करने का रास्ता दिखाया है। हमारे संस्कृत साहित्य में होरा, द्रेक्काण, अपोक्लिम, पणफर,कौर्प्य, जूक, लेय,हेलि आदि दर्जनों ग्रीक शब्द व्यवहृत हुए हैं। ये ग्रीक शब्दों के संस्कृतवत् रूप हैं परन्तु संस्कृत में इतने अधिक प्रचलित हो गये हैं कि कोई संस्कृत का पण्डित उनकी शुद्धता में भी सन्देह नहीं करता। कम से कम एक कोड़ी (बीस) ग्रीक शब्द मैं आपको ऐसे दे सकता हूँ जिनका व्यंवहार धर्मशास्त्रीय व्यवस्था देने वाले ग्रन्थों में होता है।ज्योतिष के (ताजक-शास्त्र) वर्षफल, मासफल आदि बतलाने वाला ज्योतिष शास्त्र का एक अंग के योगों के नाम में बीसियों अरबी शब्द मिलेंगे। ताजक नीलकण्ठी (एक ज्योतिष-ग्रन्थ) से यदि मैं एक श्लोक पढ़ूँ, तो आप शायद समझेंगे कि मैं कुरान की आयत पढ़ रहा हूँ—

''खल्लासरं रूद्दमथो दुफालिः कुत्थं तदुत्थोत्थ दिवीर नामा।'' और
''स्यादिक्कवालः इशराफ योगः'', इत्यादि।

रमल ('रमल' नामक ज्योतिष विद्या) के ग्रन्थों में कोड़ियों (बीसों) अरबी और फारसी के शब्द व्यवहृत हुए हैं। एक श्लोक में 'तारीख' शब्द का ऐसा व्यवहार किया गया है मानो वह पाणिनि का ही शब्द है—'तारिखे च त्रितये त्रयोदशे''। सुल्तान शब्द का सुरत्राण रूप संस्कृत के काव्य-ग्रन्थों में ही नहीं, मुसलमान बादशाहों के सिक्कों पर भी पाया जाता है। पुरातन प्रबन्ध-संग्रह में एक जगह मसजिद को मसीति बनाकर ही प्रयोग नहीं किया गया है, अनुप्रास के साँचे में बैठाकर 'अशीतिर्मसीति' कहकर उसमें सुकुमारता भी लायी गयी है। नहीं, मैं यह नहीं कर रहा हूँ कि आप विदेशी शब्दों को निकालना शुरू करें। मुझे गर्व है कि आपने आज जिस भाषा को अपने लिए सामान्य-भाषा के रूप में वरण किया है, उसने उर्दू के रूप में इतने विदेशी शब्दों को हजम किया है कि संसार की समस्त विदेशी भाषाओं को पाचन-शक्ति की प्रतिद्वन्द्विता में पीछे छोड़ गयी है।

प्रचलित शब्दों का त्याग करना मूर्खता है; पर मैं साथ ही जोर देकर कहता हूँ कि किसी विदेशी भाषा के शब्दों के आ जाने भर से वह विदेशी भाषा संस्कृत के साथ बराबरी का दावा नहीं कर सकती। वह हमारे नवीन भावों के प्रकाशन के लिए संस्कृत के शब्दों को गढ़ने से हमें नहीं रोक सकती। प्रचलित शब्दों को विदेशी कहकर त्याग देना मूर्खता है; पर किसी भाषा के शब्दों का प्रचलन देखकर अपनी हजारों वर्ष की परम्परा की उपेक्षा करना आत्मघात है। संस्कृत ने भिन्न-भिन्न भाषाओं से हजारों शब्द लिये हैं; पर उन्हें संस्कृत बनाकर। हम अब भी विदेशी शब्दों को लें तो उन्हें भारतीय बनाकर, इस देश के उच्चारण और वाक्य-रचना परम्परा के अनुकूल बनाकर।

मगर यह तो मैं अवान्तर बात कह गया। मैं मूल प्रश्न पर फिर आ रहा हूँ। इस युग का मुख्य उद्देश्य मनुष्य है। इस युग का सबसे बड़ा अभिशाप यह है कि विज्ञान की सहायता से जहाँ वाह्य भौगोलिक बन्धन तड़ातड़ टूट गये हैं वहाँ मानसिक संकीर्णता दूर नहीं हुई है। हम एक-दूसरे को पहचानते नहीं। तीन दिन में सारे संसार की यात्रा करके लौटे हुए यात्रा-विलासी लोगों और नाना प्रकार के स्वार्थ-परायणों की पुस्तकों ने संसार में घोर गलतफहमी फैला रखी है। इस देश में ही हम एक प्रदेश वाले दूसरे प्रदेश के लोगों को नहीं समझ रहे, एक सम्प्रदाय के लोग दूसरे सम्प्रदाय के लोगों को नहीं पहचान रहे। इसीलिए इतनी मारामारी-काटाकाटी चल रही है। आपने जब एक सामान्य भाषा को बनाने के ठानी है तो आप से आशा होती है कि आप यहीं नहीं रुकेंगे। यह भी बाह्य (बाहरी) बात है। और भी आगे चलिए। एक साहित्य बनाइए। गलतफहमी दूर कीजिए। ऐसा कीजिए कि एक सम्प्रदाय दूसरे सम्प्रदाय को समझ सके। एक धर्मवाले दूसरे धर्मवाले की कदर कर सकें। एक प्रदेशवाले दूसरे प्रदेशवाले के अन्तर में प्रवेश कर सकें। ऐसा कीजिए कि इस सामान्य माध्यम के द्वारा आप सारे देश में एक आशा, एक उमंग और एक उत्साह भर सकें। और फिर ऐसा कीजिए कि हम इस भाषा के जरिये इस देश की और अन्य देशों की, इस काल की और अन्य कालों की समूची ज्ञान-सम्पत्ति आपस में विनिमय कर सकें।

भाषा-योजना की समस्या

भाषा-योजना कि समस्या पर विवेचना करना बड़ा कठिन कार्य है। अपने देश में ऐसा लग रहा है कि जनतन्त्र धीरे-धीरे बदल रहा है। इस जनतन्त्र का क्या रूप होगा ? यह निश्चयपूर्वक नहीं कहा जा सकता। इसकी अनेक समस्याएँ हैं। मुख्य बात यह है कि साधारण जनता का जो शासन है, चाहे वह शासन कैसा भी हो—यही जनतन्त्र है। वह कोई स्थिर वस्तु नहीं है—जैसा कि अभी तक हमने एक संविधान बनाया है, जिसमें अनेक संशोधन किये और होते रहते हैं। लगता है कि यह प्रक्रिया कुछ दिन और चलेगी। मगर जनतन्त्र का सीधा अर्थ है—साधारण जनता का शासन, साधारण जनता का राज्य। साधारण जनता की वह बोली जिसमें साधारण जनता बातचीत करती है, बोलती है, कहती है, सुनती है, विचारती है।

लेकिन जैसे-जैसे हम कार्यक्षेत्र में बढ़ते हैं वैसे-वैसे इस व्याख्या की कठिनाइयाँ भी मालूम होने लगती हैं। हमारे देश में शब्द-निर्माण-प्रक्रिया काफी समय से चल रही है। अँग्रेजी राज्य में, जब कि जनतन्त्र नहीं था, उस समय भी हमारे देश के जागरूक लोगों, कुछ ईसाई मिशनरियों, कुछ साहित्यिक-सभाओं—जैसे नागरी प्रचारिणी सभा ने तथा अन्य प्रदेशों की साहित्यिक सभाओं ने शब्दों का निर्माण प्रारम्भ किया। अब पूरी तरह विपरीत स्थिति है। हमारा देश बहुत दिनों तक परतन्त्र रहा है और इसके भीतर जो नयी शासन प्रणालियाँ, नये-नये ढंग की जो चीजें हम देखते हैं, उन्हें हमने अंग्रेजी के सम्पर्क से सीखा है और स्वभावतः जब कि हमारी भाषाएँ एक बिन्दु पर आकर खड़ी हो गयीं, उस समय विज्ञान और टेक्नोलॉजी ने बड़ी उन्नति की। फिर एकाएक हम जब स्वतन्त्र हुए तो मालूम हुआ कि हम बहुत पिछड़ गये हैं। हमारी भाषाएँ असमर्थ हैं, पंगु हैं; लिखने योग्य नहीं हैं। वे अँग्रेजी के समकक्ष काम नहीं कर सकतीं। यहाँ तक कि शासनतन्त्र, कानून और बड़ी-बड़ी अदालतों की भाषा अभी भी अँग्रेजी बनी हुई है। उसका कारण है कि लोगों को विश्वास ही नहीं होता कि फैसला कहीं देशी भाषा में भी हो सकता है। हालाँकि हजारों वर्षों तक इस देश में देशी भाषा में भी फैसला हुआ है। लेकिन हम इस जनसम्पर्क में बड़ी 'नॉर्मल' अवस्था में आ गये हैं, क्योंकि अंग्रेजी का ही 'एब्नार्मल' प्रयोग होता है। इस स्थिति में जैसा कि साधारण देशों का विकास होता

है, जिसमें उनकी संस्कृतियाँ, उनकी सभ्यता, भाषागत स्थितियाँ, विचार-विमर्श करते समय प्रयोग में आती हैं, वैसा विकास हमारा नहीं हुआ है। काश, हमारी भाषाओं का विकास मूल में रहा होता तो आज की स्थिति न आयी होती।

अभी तक हमारी समझ में नहीं आ रहा है कि क्यों हम विश्वविद्यालय की शिक्षा का माध्यम हिन्दी नहीं अपना सके, जबकि हम जानते हैं कि किसी जमाने में जो आफत थी वह शासन में ऊपर से आती थी। वायसराय, गवर्नर जनरल,मन्त्री आदि से धीरे-धीरे उतरते-उतरते 'सर्कुलेशन' पटवारी तक पहुँचता था और शासन-तन्त्र चलता था। फिर एकाएक रूप बाद में उलट गया। नीचे से जो शक्ति आती है और नीचे से जनता जिनको निर्वाचित करती है, वे ही ऊपर की ओर जाते हैं। लेकिन हम भी इसको ठीक-ठीक समझ नहीं पा रहे हैं और हम यह समझते हैं कि कोई गवर्नर या कोई मन्त्री, जो बड़ा हो, जैसा कहेगा वैसा करना पड़ेगा। लेकिन वास्तव में अवस्था उलट गयी है अब कोई भी मन्त्री हो या प्रधानमन्त्री, मुख्यमन्त्री हो, चाहे कोई देश का शासन करने वाला हो, मिलिट्री का अध्यक्ष हो या उसका सेक्रेटरी—यह जनता की मतगणना द्वारा हो। शक्ति नीचे से उठकर ऊपर की ओर जा रही है। ऊपर से चुननेवाली पद्धति अब समाप्त हो गयी है। इस चीज को ठीक से न समझने के कारण हम भी गलती करते हैं, जनता भी गलती करती है और जो जनता के नेता हैं, वे भी गलती करते हैं। वे समझते हैं कि एक बार जो नेता हो गया, वह हमेशा के लिए नेता हो गया। यह बड़ी भूल है। जो शक्ति में रहता है उसकी नीतियाँ कभी निष्फल भी हो सकती हैं। वह सोचता कुछ है, हो कुछ जाता है। क्योंकि इस समय जनतन्त्र का मतलब यह होता है कि कैसी शक्ति ऊपर जाएगी।

हम जो अभी तक इस भूलभुलैया में पड़े हैं कि हमारे देश की भाषा इस योग्य है ही नहीं कि हम उसमें ऊँची-से ऊँची शिक्षा दे सकें। हमारा यह भ्रम शीघ्र ही भंग होगा। साधारण जनता जिस समय उग्र रूप में प्रकट होगी, उस समय हम उसका निवारण नहीं कर सकेंगे। आज ही, हमें सावधान होकर इसके लिए अपने को और अपनी शक्ति को लगाकर इस योग्य करना है कि हमारे-उसके बीच बहुत अधिक व्यवधान न हो और जो हुआ है वह भी उलट जाए।

इस दिशा में अभी तक जो प्रयत्न हुआ है वह अँग्रेजी शब्दों के प्रयोग का है। यद्यपि वह अस्वाभाविक है, परन्तु हमारे देश की जो परिस्थिति रही है उसमें बिल्कुल स्वाभाविक है, क्योंकि वह इतिहास की देन है। इतिहास ने हमको डेढ़-दो सौ वर्षों तक एक ऐसी जाति के अधीन रखा जिसकी शिक्षा, विज्ञान और औद्योगिकी में अनेक दृष्टि से काफी बुद्धि का योग था। उसके सम्पर्क में आने से हमारे देश में नयी-नयी चेतनाएँ और प्रेरणाएँ आयीं। हम लोगों के उन दिनों के जो साहित्यिक नेता, इस स्वतन्त्रता से पहले के भी साहित्यिक नेता, या वे लोग जो भाषा को बनाना और उसे शक्ति देना चाहते हैं, उन्होंने सोचा कि हम अँग्रेजी शब्दों से शब्द बनाएँ। यह प्रक्रिया आज तक चल रही

है। होता यह है कि जीवन में जो प्रक्रिया होती है, वह नहीं अपनायी जाती अपितु ऊपर से शब्दों को चुनकर हम देखते और समझते हैं कि इससे हमारा अनुवाद का काम ठीक हो गया है। मगर मुझे यह लगता है कि यह पद्धति बहुत कारगर नहीं है। अभी और शब्दों की जरूरत है। जो शब्द हमने सीख लिये हैं उनमें से बहुत शब्द तो मैं अपने घर में प्रयोग करता हूँ, करते सुनता हूँ। जन्म से बोलता आ रहा हूँ और उन्हें पढ़ता आ रहा हूँ। लेकिन मेरी समझ में अब भी कुछ शब्द नहीं आते। जो नये-नये शब्द चल रहे हैं, उनका अभ्यास नहीं है। 'अभियन्ता' शब्द को ले लीजिए। एक बार जब मैं 'लैंग्वेज कमीशन' का मेम्बर था, मेरे एक मित्र ने मुझे एक पैम्फ्लेट दिया जिसमें अँग्रेजी में इंजीनियरिंग आदि के कुछ नियम बताये गये थे। मेरी तो एक भी समझ में नहीं आया। न उसका नियम समझ आया और न उपनियम समझ में आया। न विषय समझ में आया। यद्यपि मैं सोचता रहा कि आखिर क्या चीज है ? उन्होंने कहा कि यह भाषा तो ठीक लग रही है। आखिर आप कहना क्या चाहते हैं ? मैंने कहा कि आप भाषा को 'इंकरेज' तो नहीं कर रहे हैं ? तो उन्होंने कहा कि हम 'इंकरेज' तो नहीं रहे हैं। किन्तु वह तो सरकारी प्रकाशन था इसलिए हम कुछ नहीं कह सकते। लेकिन हमने यह शब्द पढ़ा—'अधिशासी अभियन्ता'। उस समय मेरी समझ में नहीं आया। मैंने कहा कि यह तो बाद में फैसला होगा—पहले यह बताओ कि यह अधिशासी अभियन्ता होता क्या है ? तो उन्होंने कहा—'एक्जीक्यूटिव इंजीनियर'। तब हमारी समझ में आया कि यह 'अधिशासी अभियन्ता' शब्द 'एक्जीक्यूटिव इंजीनियर' से बना है। संयोग से उसी दिन अधिशासी अभियन्ता, मध्यप्रदेश का एक पत्र मिला कि वे भाषा आयोग को किसी समारोह में बुलाना चाहते हैं। अब उनकी समझ में न आया कि कौन बुला रहा है ? तो उन्होंने मुझसे पूछा—द्विवेदी ! तुम्हें मालूम है, यह कौन होता है ? मैंने कहा—यह 'एक्जीक्यूटिव इंजीनियर' होता है। उन्होंने कहा कि आज तक क्यों नहीं बताया ? यह तो बहुत प्रचलित शब्द है। मैंने कहा कि आज ही सुबह सीखा है, जो काम आ गया। लेकिन आजकल यह शब्द बहुत प्रचलित हो गया है। पहले जब मैं लखनऊ जाता तो सचिवालय कहता, जिसे कोई नहीं समझता था। रिक्शेवाला भी उसे नहीं समझता था। कुछ दिनों से सचिवालय शब्द इतना प्रचलित हो गया है कि हर कोई समझने लगा।

अँग्रेजी के ऐसे शब्द बहुत प्रचलित शब्द हैं जिनको ले लेने में मैं कोई आपत्ति नहीं समझता। यहाँ तक कि काशी विश्वविद्यालय के अपने अध्यापकों से मैं कहता था कि शब्द यदि चलता नहीं है तो अँग्रेजी का शब्द लो और क्रिया हिन्दी की रखो। भाषा तो क्रिया, सर्वनाम और विभक्ति से ही पहचानी जाती है। हेडमास्टर साहब ने स्कूल में स्पीच दी। उसमें एक शब्द भी हिन्दी का नहीं आया, लेकिन भाषा हिन्दी है। इस हिन्दी में सर्वनाम नहीं बदलता, क्रियाएँ नहीं बदलतीं। यहाँ तक कि विभक्तियाँ भी नहीं बदलतीं।

भाषा में शब्दों की रचना हमारी आवश्यकता के लिए हुई है। लेकिन अगर यह विश्वास करें कि इन शब्दों की रचना द्वारा साहित्य का निर्माण होगा तो यह बड़ा भ्रम

होगा। हमने देखा है कि अच्छे-अच्छे विद्वान् जो हिन्दी में अनुवाद करते हैं, कभी-कभी ऐसे शब्द उठाकर रख देते हैं जिन्हें पढ़कर समझ में नहीं आता कि कौन-सी भाषा है। भाषा की अपनी प्रकृति होती है। हर क्षेत्र में कुछ रचनात्मक प्रतिभाएँ होती हैं जो भाषा को मिलती हैं। वो लोग अपने काम से भाषा की प्रकृति के अनुकूल जो शब्द बनाते हैं, वे गूढ़ शब्द ज्यादा चलने लायक होते हैं। वे गले के नीचे उतरते हैं। उसमें भी बहुत से ऐसे शब्द बना दिये हैं जो कभी चलनेवाले नहीं होते। विश्वम्भर शब्द 'होल्डाल' के लिए बनाया गया है। होल्डाल माने विश्वम्भर। यह शब्द चलन के बाहर है। विश्वम्भर शब्द गूढ़ है, विशेष अर्थ में प्रचलित है। इसीलिए होल्डाल के लिए अनूदित कर 'विश्वम्भर' शब्द बना देने से यह शब्द नहीं चलेगा। भाषा की प्रकृति को जाननेवाला रचनात्मक प्रतिभासम्पन्न कभी इसे लिखेगा ही नहीं। ऐसे बहुत-से शब्द बनाये हैं—जैसे 'कण्ट्रोल' के लिए वशीकरण। वशीकरण निश्चित शब्द है। उसका निश्चित अर्थ है और साधारण जनता भी जानती है कि वशीकरण 'कण्ट्रोल' नहीं है।

भाषा केवल बाह्य-अभिव्यक्ति है। आप देखें कि वाक्य कितनी गहराई में है। उससे भाषा को रूप ग्रहण करना चाहिए। केवल कह देने मात्र से, सोचा और कह दिया तो यह बहुत निचले स्तर की भाषा होगी। तुलसीदासजी बोलते हैं तो भाषा उनकी नाभि से निकलती है, न कि मुँह से, जहाँ से कि विस्फोट होती है। वह भाषा अपने-आप रूप ग्रहण करती है। यदि तुम इतनी गहराई में नहीं हो तो तुम्हारी भाषा कमजोर हो जाएगी।

विद्यानिवासजी मिश्र ठीक कहते हैं कि हम अपनी भाषा को अनुवाद की भाषा नहीं बना सकते। इसका कारण यह है कि हमको हमारी भाषा में अनुवाद का मुहावरा प्राप्त नहीं है। अनुवाद एक कला है। अनुवाद ऐसा होना चाहिए कि पढ़नेवाले को लगे कि हम हिन्दी पढ़ रहे हैं न कि बार-बार यह पूछना पड़े कि अँग्रेजी में यह रहा होगा कि उसका यह अनुवाद किया गया। मुझे बहुत-सी पुस्तकों में भाषा के गूढ़ में जाना पड़ता है। मुझे सोचना पड़ता है कि अमुक शब्द के लिए कौन-सा अँग्रेजी शब्द रहा होगा।

अँग्रेजी भाषा का 'सिण्टेक्स' हिन्दी भाषा के सिण्टेक्स से भिन्न है। अनुवाद का मुहावरा भी विशेष प्रकार की कला है जो गहन अभ्यास से प्राप्त होती है। अन्यथा भाषा कई बार ऐसी हो जाती है जैसे अँग्रेजी का अनुवाद किया गया हो। उससे अँग्रेजी की गन्ध अन्त तक नहीं छूटती। जब लोग बांग्ला से अनुवाद करते हैं तब लगता है वह बांग्ला का छोंक है या बांग्ला की बू है। बहुत बार जो लोग एक शब्द सहन नहीं कर पाते तो उसका कारण उसमें भाषा के बाहरी रूप का होना है।

मैं निराशावादी नहीं हूँ। मुझे विश्वास है कि अच्छे-अच्छे अनुवादक निकलेंगे, अनुवाद के बिना काम कहीं नहीं चल सकता। आप खाली प्रतिज्ञा करके बैठ जाएँ कि अनुवाद नहीं करेंगे तो काम नहीं चलेगा। अनुवाद की जरूरत होगी, हिन्दी किसी समय में विश्व भाषा के रूप में प्रतिष्ठित होगी तब तो आपको ऐसे अनुवादकों की जरूरत होगी जो हिन्दी की स्पीच को तुरन्त संसार की प्रमुख भाषाओं में अनुवाद करके दे दें। विश्व

की प्रमुख भाषाओं को आजकल इस ढंग से विश्लेषित कर रखा गया है कि वे जानते हैं कि यह शब्द कहाँ से शुरू हुआ और उसमें कौन-सा भाव है। क्रिया पहले आएगी या बाद में आएगी, उसके भीतर जो क्लॉज है वह आगे लिया जाएगा या पीछे लिया जाएगा। भाषा की प्रकृति का अध्ययन वे बहुत अच्छी तरह करते हैं। आजकल 'सेमेण्टिक्स' उसका एक अंग बन गया है। उसको बहुत अच्छी तरह से अध्ययन करके उसका बड़ी आसानी से अविलम्ब और अविकल रूप से अनेक भाषाओं में अनुवाद कर सकते हैं पर केवल अनुवाद के चक्कर में पड़ने के कारण शायद हमारी भाषा खड़ी ही नहीं हो पाएगी। इसीलिए कई बार इतनी निराशा हुई कि मुझे अब अनुवाद अच्छा नहीं लगता। हम विद्वानों से कहते हैं कि यह ग्रन्थ अनुवाद करने योग्य है। आप इसको सामने रख लीजिए। इसमें जो कहा है उसे अपने देश की परिस्थिति और अपने विद्यार्थियों एवं उनकी समस्याओं को दृष्टि में रखकर उनको समझाने की दृष्टि से अब अपनी भाषा में कहिए। हमने देखा कि ऐसा प्रयत्न अधिक अच्छा रहता है, क्योंकि वह अँग्रेजी भाषा से बँधा हुआ नहीं होता। ज्यों ही अनुवादक को यह बोध होता है कि वह अँग्रेजी से अनुवाद कर रहा है तो वह कामा, फुलस्टाप और सेमीकोलन का भी अनुवाद करना चाहता है। यह उसकी ईमानदारी अवश्य है। लेकिन अगर ऐसी ईमानदारी हमारे गले पड़ी, जो हमारी समझ में भी न आये तब वह बोझ बन जाती है।

भाषा को हमें स्वतन्त्र, स्वाधीन चिन्तन की भाषा बनाने की आवश्यकता है। दूसरी भाषाओं की जो अच्छी-अच्छी चीजें लिख ली गयी हैं और जो अच्छे ज्ञान की वस्तुएँ उपलब्ध हैं, जब तक उनका अध्ययन नहीं करते तब तक उनका विस्तार नहीं होगा। चित्र के विस्तार हुए बिना जो लिखेंगे, वह मुर्दा चीज होगी। लेकिन इन दोनों ही अवस्थाओं में से हमें मध्यम भाग लेना है। हमें इसका अध्ययन भी करना है। महान् ग्रन्थों को समझना है, हमारी भाषाओं के विचारकों के भावों और अनुभूतियों को आत्मसात् करना है और फिर अपने ढंग से अपनी भाषा को रूप देना है, यही हमारी प्रमुख आवश्यकता है।

यह कठिनाई केवल साहित्य और ज्ञान-विज्ञान की परिभाषा के लिए नहीं है, हमारी इंजीनियरिंग और टेक्नोलॉजी-जैसे विषयों के लिए भी है। साथ ही यह ध्यान रखना है कि इनमें अनपढ़ लोग भी काम करते हैं। उनके लिए आपको वैसी ही भाषा गढ़नी होगी।

साथ ही यह मानकर चलना होगा कि हर अनुशासन में एक ही तरह की भाषा नहीं चलती। न्यायशास्त्र की जो भाषा होगी, वही गद्य-काव्य की भाषा होगी, यह अनिवार्य नहीं है। दोनों अलग-अलग अनुशासन हैं, उनकी भाषा में कुछ अन्तर अवश्य होगा। साधारण मजदूर भी शब्द बनाते हैं। यदि उनका अध्ययन करें तो आप देखेंगे कि कई बार वह हम लोगों से अधिक अच्छी तरह बना लेते हैं। परन्तु वे हमसे जुड़े हुए नहीं हैं। क्योंकि हम अँग्रेजी की समृद्धि से अभिभूत हैं। बाबू श्यामसुन्दरदास कमेटी से

सम्बन्धित एक प्रसंग है। इसमें पदार्थ-विज्ञान तथा केमिस्ट्री के शब्दों को हिन्दी में अनूदित करने के लिए विज्ञानवेत्ताओं में बहस चल रही थी कि 'पॉजेटिव करेण्ट' और 'निगेटिव करेण्ट' के लिए क्या शब्द बनाये जाएँ। किसी ने धनात्मक, ऋणात्मक नाम सुझाये तो किसी ने सकारात्मक और नकारात्मक आदि। उसी समय उनमें से कोई एक विद्वान्, शायद रामचन्द्र शुक्ल, के मन में आया कि मिस्त्रियों से पूछें कि क्या चीज है। पॉजेटिव करेण्ट, निगेटिव करेण्ट किसे कहते हैं ? तो उन्होंने बताया कि यह ठण्डी बिजली है, यह गरम बिजली। निगेटिव को ठण्डी बताया और पॉजेटिव को गरम बताया। इस प्रकार सामान्य जन न जाने कब से अपना काम चला रहे हैं, लेकिन हम देखते हैं कि अब भी धनात्मक-ऋणात्मक शब्द चलते हैं। देखना चाहिए कि सामान्य जीवन में उनका चलन है या नहीं। यह आवश्यक नहीं कि हम उन्हें वैसे ही स्वीकार कर लें।

केवल कार्यालयों के लिए ही नहीं, वैज्ञानिक विषयों के लिए भी बड़े-बड़े क्लॉज के अनुवाद करने की जरूरत है। इस तरह बहुत-सी समस्याएँ हैं। जैसे-जैसे हम व्यावहारिक क्षेत्र में आते जाते हैं वैसे-वैसे हमको दिखाई देता है। भाषा ठीक हो और विद्यार्थी की समझ में आवे, अन्यथा अल्पशिक्षितों के लिए टेक्निकल शब्द और कठिनाई पैदा करेंगे।

अतः ऐसा साहित्य लिखना होगा जिसमें कि सहज भाषा में ऊँचा विज्ञान और ऊँची से ऊँची टेक्नोलॉजी को समझाया जा सके। उसमें अधिक परिश्रम की आवश्यकता है। जो पाठ्य-पुस्तकें विद्यार्थी की समझ में नहीं आती उन्हें पढ़कर वह सिर धुनकर रह जाता है। भाषा में शब्द पर शब्द बैठाने से भाषा नहीं बनती। उसमें अपना 'फ्लो' होता है। अपनी कुछ जान होती है। उसकी प्राणधारा होती है, उस पर किसी प्रकार का आप दबाव डालेंगे तो भाषा कराह उठेगी। उसको ऐसे खिलवाड़ नहीं बनाया जा सकता। उसकी प्रकृति देखकर उसके साथ व्यवहार करना पड़ता है। उसकी प्राण-शक्ति है। उसको देखते हुए उसमें ऐसे रूपों को बनाना होगा जो ज्यादा से ज्यादा लोगों की समझ में आ सकें। ज्यादा प्रवाहशील हों। शब्द बहुत-से हों लेकिन प्रवाह न हो, ऐसी भाषा बनाना असंगत है। भाषा की अपनी जीवन्तता है, प्रवाह है, उसको हमें रखना होगा, तभी भाषा सही रूप में बनेगी। अच्छे विचारक, विज्ञानवेत्ता और जो ज्ञान के विविध क्षेत्रों में काम करते हैं, वे उन शब्दों पर स्वायत्त करके अपने-आप में उसी प्रकार पचाकर भाषा दें जिस प्रकार गाय दूध देती है। वह यह नहीं करती कि जो घास खाये, उसको उगल पहले दे। वह खाद्य वस्तु को पचाती है, बाद में उसको मीठा बनाकर दूध के रूप में देती है। वही जीवन्त वस्तु होती है, और ग्राह्य वस्तु होती है। सबका पालन-पोषण करने योग्य वस्तु होती है । भाषा में इसी बात का ध्यान रखना होगा, लेकिन जब तक यह न हो, तब तक हाथ पर हाथ धरे बैठे नहीं रह सकते। हमें प्रयत्न करते रहना होगा। बहुत से शब्द हमें फिर से बनाने पड़ेंगे। जब तक वे व्यवहार में नहीं आते, तब तक हम नहीं कह सकेंगे कि वे चलने योग्य हैं या नहीं। केवल शब्द बना देने से ही काम

नहीं चलेगा। उनकी सार्थकता प्रयोग में है। हमने नयी पुस्तक छापी है। आप पढ़ाएँगे ही नहीं तो समझ में कैसे आएगा। पढ़ाइए, तभी हमारी समझ में आएगा। अन्यथा आप शिकायत करेंगे। बहुत-से लोग तो बिना पढ़े और पढ़ाये ही शिकायत करते हैं तो मैं इस वृत्ति को रोकने के पक्ष में हूँ। आप पढ़ाइए,उसमें जो कठिनाइयाँ आपको मालूम पड़ें, आप हमें बताइए। हम सर्वज्ञ तो नहीं हैं, प्रायः हम यह मानकर चलते हैं कि इसे प्रतिभाशाली लोगों ने लिखा है, अतः ठीक होगी। अँग्रेजों ने ही नहीं अनेक जातियों ने अपने सहस्रों शब्द गढ़े हैं। उन्हें कोर्टों तथा विश्वविद्यालयों में रगड़ा है। एक-एक शब्द को घिसा है। वर्षों बहस हुई तब जाकर उन शब्दों ने एक शक्ति अर्जित की और एक निश्चित अर्थ देने की क्षमता प्राप्त की। हिन्दी में ऐसे ही कार्य की अपेक्षा है।

हिन्दी व्याकरण की समस्या

वैयाकरण प्रयोगों की शुद्धि से ही सन्तुष्ट हो जाता है। मैं अभी पक्का वैयाकरण नहीं बन पाया हूँ। 'अर्धाक्षरेण पुत्रोत्सवं मन्येत् वैयाकरणः'। क्योंकि वैयाकरण इतना मितभाषी होता है कि किसी बात को कहने में यदि आधा अक्षर कम किया जा सके तो उसे पुत्र-प्राप्ति के समान सुख होता है। इसीलिए अर्थ-विचार से उतना निश्चिन्त नहीं हो पा रहा हूँ। 'सभापति जी आ गये'—व्याकरण-सम्मत शुद्ध प्रयोग है। पर मैं थोड़ा रुक जाता हूँ। 'आ गये' क्या मतलब ? आये या गये या आकर चले गये ? आ गये का मतलब एकदम आकर जम गये कैसे मान लिया जाए ? 'बोल उठे', 'बोल बैठे', 'बोल पड़े' आदि व्याकरण समस्त प्रयोगों में बोलने वाला क्या सचमुच उठता है, बैठता है या पड़ता है। बिलकुल नहीं। वह बैठे-बैठे बोल उठता है, खड़े-खड़े बोल बैठता है, चलते-चलते बोल पड़ता है। वैयाकरण को इसकी चिन्ता नहीं होती। मुझे होती है। मगर सैकड़ों-हजारों आदमी रोज ऐसा-ऐसा बोलते हैं। किसी को रंचमात्र सन्देह नहीं होता तो मुझे ही क्यों परेशानी है ? एक व्याकरण में पढ़ा कि अकारान्त तद्भव पुल्लिंग शब्द कर्ता के बहुवचन का जो रूप होता है वही विभक्ति लगने पर 'एक वचन' का रूप हो जाता है। बात ठीक ही है, पर परेशानी तो होती है। विभक्ति लगने पर बहुवचन एक वचन का बाना धारण करता है, बात कुछ अटपटी-सी लगती है। नहीं लगती ? मैं भाषा को गतिशील तत्त्व मानता हूँ। आजकल विवरणात्मक भाषा विज्ञान और विवरणात्मक व्याकरण की बहुत चर्चा होती है। साधारणतः किसी भाषा को स्थिर मानकर उसका विश्लेषण विवरणात्मक या डिस्क्रिप्टिव प्रयत्न है। बहुत अच्छा है, बहुत-सी बातें उससे स्पष्ट होती हैं, पर सब स्पष्ट नहीं होती। सच पूछिए तो बातें तो स्पष्ट होती हैं पर भाषा नहीं स्पष्ट होती। भाषा मनुष्य को जगन्नियन्ता की दी हुई इच्छा-शक्ति प्रसाद है। वह गतिशील तत्त्व है। वह अतीत का संसार ढोकर ले आती है और भविष्य की सम्भावनाओं की ओर बढ़ती जाती है। वह मनुष्य के बताये नियमों में नहीं अटती। और मनुष्य है कि नियम का राजमार्ग अवश्य बनाएगा। सो व्याकरण नाम का यह सारा ठण्टा विधाता की दी हुई इच्छा-शक्ति के साथ मनुष्य की अपनी इच्छा-शक्ति का द्वन्द्व है। जो कुछ सामने दिख रहा है उसी का विश्लेषण करने और उसी पर से

नियम बनाने से इतिहास विधाता की इच्छा-शक्ति की अवमानना होती है। इसीलिए भाषा का अध्ययन यथासम्भव ऐतिहासिक प्रक्रिया के भीतर से होना चाहिए। यथासम्भव इसलिए कह रहा हूँ कि संसार की बहुत-सी भाषाओं का कोई लिखित साहित्य ही नहीं है और कुछ का है भी तो कड़ियाँ टूटी हुई हैं। जिन भाषाओं का कोई रेकार्ड नहीं है उनका तो विवरणात्मक अध्ययन ठीक है पर जिनका इतिहास है उनका ऐतिहासिक अध्ययन होना चाहिए। नहीं तो हम रूढ़ प्रयोगों और मुहावरों का कुछ अता-पता नहीं पा सकेंगे और जिसे भाषा की अनियमितता कहा जाता है उसका रहस्य नहीं समझ सकेंगे।

हिन्दी व्याकरण दो अत्यन्त समृद्ध परम्पराओं के बोझ से दबा है। एक तो संस्कृत की अत्यन्त समृद्ध परम्परा है जिसे हम किसी प्रकार छोड़ नहीं सकते। सारी दुनिया हमारे व्याकरण की श्रेष्ठता स्वीकार करती है। दूसरी ओर लैटिन ग्रामर की, अँग्रेजी व्याकरण के माध्यम से प्राप्त परम्परा है। एक बड़ी भारी कठिनाई यह आ गयी है कि हम पारिभाषिक शब्द तो अधिकतर संस्कृत से लेते हैं पर उनका प्रयोग पश्चिमी व्याकरण में बताये गये अर्थ में करते हैं। ऐसा करने के लिए मनोरंजक दलील भी देते हैं। कहते हैं, प्रथमा, द्वितीया आदि विभाक्तियों के नाम काल्पनिक हैं, उनके बदले में कर्ता, कर्म आदि सार्थक शब्दों को ही ग्रहण करना चाहिए। परन्तु जब हिन्दी व्याकरण में कहा जाता है कि यहाँ कर्ता का प्रयोग करण में होता है तो सार्थकता की दलील न जाने कहाँ चली जाती है। कभी भी क्या सम्भव है (अर्थ-दृष्टि से) कि कर्ता करण हो जाए ? कर्ता कर्ता है, क्रिया का प्रत्यक्ष भोक्ता और करण साधन है, क्रिया का परोक्ष सहायक। दोनों में से किसी का प्रयोग एक-दूसरे के अर्थ में नहीं किया जा सकता। हाँ, कल्पित पारिभाषिक नाम मात्र लें तो बात और है। अँग्रेजी और कुछ अन्य यूरोपीय भाषा व्याकरणों में एक शब्द है 'प्रेडिकेट नामिनेटिव्'(विधेयात्मक कर्ता)। इस शब्द के सम्बन्ध में जेस्पार्शन ने लिखा है कि जब मैंने एक व्याकरण विषयक निबन्ध पढ़ा, जिसमें कन्सास के स्कूली बच्चों की व्याकरण सम्बन्धी गलतियों पर विचार किया गया था, तो मैं हँसी नहीं रोक सका।

जेस्पार्शन यदि हिन्दी व्याकरण की ऊटपटाँग बातें देखते तो शायद हँसी रोकने में और भी अधिक असमर्थ होते। एक विद्वान् ने, अधिकरण में कर्ता का विवेचन करते हुए 'मो पै सहा न जाए' उदाहरण दिया है। सार्थक पारिभाषिक शब्द व्याकरण में अस्पष्टता ही से आते हैं। पाणिनि ने खूब सोच-समझकर सुबन्त और तिङन्त रूपों के लिए काल्पनिक नामों का व्यवहार किया था। पाणिनि ने अपने से पहले के आचार्यों द्वारा दिए हुए अद्यतनी, भविष्यती आदि सार्थक नामों को छोड़कर काल्पनिक नामों (लट्, लिट्, लङ्, लुङ्) आदि व्यवहार किया है। भाषा इतनी विचित्र रूप होती है कि किसी एक परिभाषा या नियम में बँधती नहीं। उसे काल्पनिक पारिभाषिक शब्दों से अधिक आसानी से समझा जा सकता है अगर आप कहें कि हुआ, मिला, मिली आदि रूप भतकाल के हैं तो 'आपका आदेश हुआ तो मैं' अवश्य यह काम करूँगा-जैसे वाक्य के

लिए कहना होगा कि समानार्थक भविष्य काल में भूतकाल की प्रक्रिया होगी। अर्थ दृष्टि से भविष्य में भूतकाल कहना अनुचित होगा। परन्तु परिभाषीय पद्धति से कहें कि समानार्थक भविष्य में लिट् होगा तो बहुत गड़बड़ नहीं होगा। वस्तुतः व्याकरण में प्रयुक्त पारिभाषिक शब्द सदा अर्थ-निरपेक्ष होते हैं। भूतकाल, भविष्यकाल सब ऐसे ही पारिभाषिक शब्द हैं, आप उन्हें ऐसा कहें या न कहें।

'सरकार' स्त्रीलिंग है तो यह अर्थ नहीं है कि सरकार किसी औरत का नाम है। 'स्त्रीलिंग' भी पारिभाषिक शब्द है, वह केवल व्याकरणिक रूपों और प्रयोगों का बोध कराता है, अर्थ द्वारा अभिव्यक्त लौकिक लिंग-विरोध का नहीं। इसलिए व्याकरण की संज्ञाएँ सदा अर्थबन्धन से मुक्त होती हैं। उनके लिए निरर्थक नाम देना कभी-कभी आवश्यक होता है। सार्थक नाम भी पारिभाषिक बनकर अर्थ-बन्धन से परे हो जाते हैं। कई भाषाओं में व्याकरणिक परिभाषा वाले शब्द और लोक-प्रचलित अर्थों में अन्तर कर दिया जाता है। अँग्रेजी में 'जेण्डर' शब्द से व्याकरणिक लिंग का ग्रहण होता है और सेक्स शब्द से लोक-प्रचलित लिंग का। पाणिनि ने सर्वप्रथम काल्पनिक शब्दों पर बल दिया। परन्तु वे भी परम्परा-प्रचलित सार्थक पारिभाषिक शब्दों से अपने को बचा नहीं पाये हैं। पर जितना वे कर सके हैं वह अद्भुत है। मैं यह तो नहीं कहता कि हम हू-ब-हू उनकी व्याकरणिक व्यवस्थाओं के अनुकूल अपने व्याकरण बनायें पर जिन पारिभाषिक शब्दों—काल्पनिक या सार्थक—का प्रचार इस देश में हजारों वर्षों से हो रहा है, वे रूढ़ हो गये हैं, इसलिए उनका प्रयोग उन्हीं अर्थों में किया जाना चाहिए। निस्सन्देह भाषा-शास्त्र और व्याकरण के लिए ऐसे पारिभाषिक शब्दों के गढ़ने की आवश्यकता होगी जो आधुनिक वैयाकरणों ने नये शोधों के आधार पर किये हैं। परन्तु पुराने शब्दों का अगर व्यवहार किया जाए तो उन्हीं अर्थों में, जिनमें वे रूढ़ हो गये हैं। पाणिनि के कुछ पारिभाषिक शब्द तो अब अन्तरराष्ट्रीय बन गये हैं। जेस्पर्शन और ब्लूमफील्ड जैसे विद्वानों ने बहुब्रीहि शब्द अपना लिया है। हमें नवीन शब्दों के लेने या गढ़ने में हिचक नहीं होनी चाहिए। परन्तु पुराने शब्दों को उसी अर्थ में व्यवहार करना चाहिए जिनमें वे सैकड़ों वर्षों से रूढ़ हो गये हैं। पदों से कारक शब्द को लीजिए,कारक इस देश का बहु प्रचलित शब्द है। कारक वे पद हैं जिनका क्रिया के साथ योग होता है। ऐसे पद केवल छह प्रकार के हैं—कर्ता, कर्म, करण, सम्प्रदान, अपादान और अधिकरण। 'केस' शब्द का यह अर्थ नहीं है। 'केस' पदों के विभिन्न रूपों को खोलता है। अब भी अँग्रेजी में सूटकेस आदि शब्दों में जीवित है। लैटिन में 'रूपों' के खोलने के कारण यह 'केस' कहलाया। अँग्रेजी व्याकरण से केस और संस्कृत व्याकरण से कारक लेकर उनको एकार्थक मान लेने पर देश और काल द्वारा स्वीकृत अर्थ को घटाना-बढ़ाना पड़ता है। केस की धारणा अगर अत्यन्त प्रिय है तो उसे 'कुछ' और नाम देना चाहिए। 'कारक' तो क्रियायोग वाले पद ही हैं। चाहें तो 'केस' को विकारक कह लीजिए वह कारक के निकट भी हो जाएगा और अलग अर्थ भी दे सकेगा। आप मजे

में षष्ठी के सम्बन्ध-प्रत्यय और अधिकरण के निपातों को इस 'विकारक' के गले में बाँध सकते हैं। पर 'कारक' शब्द जिस अर्थ में रूढ़ हो गया है उसी अर्थ में पड़ा रहे तो अच्छा होगा।

पाणिनीय पद्धति में विभाक्तियाँ चरम प्रत्यय कही जाती हैं। चरम प्रत्यय का अर्थ यह है कि विभक्तियों के बाद कोई और प्रत्यय नहीं लगता। विभक्तियाँ भी एक प्रकार का प्रत्यय ही हैं। इसलिए एक विभक्ति के बाद और कोई दूसरी विभक्ति नहीं लग सकती। हिन्दी में को, से, में आदि विभक्ति प्रत्यय कहे जाते हैं पर सप्तमी अधिकरण की विभक्ति में पर आदि के बाद जो विभक्तियाँ (परसर्ग) लगती हैं, जैसे, घर में का सामान। स्पष्ट ही विभक्ति की चरम प्रत्ययता हिन्दी में काम नहीं करती। इस विषय में पाणिनि की व्यवस्था हिन्दी में नहीं मानी जा सकती। मैंने पाणिनि की व्यवस्था की बात कही है, संस्कृत की व्यवस्था नहीं। क्योंकि बहुत-सी बातें संस्कृत में ऐसी भी चलती हैं जो पाणिनि-सम्मत नहीं हैं। इसी बात (विभक्ति की चरम प्रत्ययता) को उदाहरण के लिए लिया जा सकता है। वेदों में 'जनासः', 'देवासः' आदि प्रयोग मिलते हैं। कई पण्डित मानते हैं कि वेदों की भाषा में ये उदाहरण पाणिनि के नियमों के विपरीत विभक्ति पर विभक्ति आने के हैं। जनासः में वस्तुतः उंवल विभक्ति है : जन+अस् (=जनाः) फिर जन+अस्+अस् (=जनासः)। ऐसे और भी उदाहरण खोजे जा सकते हैं। इसलिए मानना होगा कि वैदिक काल से ही विभक्ति पर विभक्ति लगाने की प्रथा थी जो लोकभाषाओं में रह गयी और पाणिनीय व्यवस्था में समाप्त हो गयी। हिन्दी में वह व्याकरण रूप से जी रही है। मैंने ऊपर जो में के बाद विभक्ति लगने का उदाहरण दिया है वह विभक्ति का ठीक उदाहरण नहीं है। हिन्दी व्याकरण में उन्हें विभक्ति कहा गया है। इसलिए मैंने भी उन्हें कह दिया था। वास्तव में ये विभक्ति नहीं हैं। इनका नाम परसर्ग या अनुसर्ग होना चाहिए। बहुत विद्वानों को इस नाम पर आपत्ति है। पर ये भाषा के अविच्छेद्य अंग हैं। इनका नाम आप कुछ भी दें, इन पर विचार करना ही होगा। पाणिनि की शास्त्रीय व्यवस्था में परसर्ग या अनुसर्ग जैसा कोई पदार्थ नहीं है, इसलिए हिन्दी में भी ऐसा पदार्थ आना ही नहीं चाहिए, यह मैं मानने को तैयार नहीं हूँ। इसका अर्थ पाणिनि की अवमानना नहीं है, भाषा की विशेषता की स्वीकृति मात्र है। संस्कृत के परवर्ती ग्रन्थों में इस प्रकार की कुछ बातें हैं जहाँ विभक्ति प्रयोग के बाद भी लेखकों को भाव प्रकाशन में कमी महसूस हुई हैं। उन्होंने अन्य अव्ययों का सहारा लेकर भाव प्रकट करने का प्रयास किया है। उदाहरण के लिए, हितोपदेश में 'कूपस्योपरि' जैसे प्रयोग मिलते हैं। लेखक जो कहना चाहता था, वह बात 'कूपे' इस सप्तम्यन्त पद से नहीं स्पष्ट होती थी तो उसने विभक्ति के बाद एक अव्यय का योग किया। इसी प्रकार कृते, मध्ये, तः, हेतोः, कारणात् आदि पदों की सहायता आवश्यक जान पड़ी है। ये ही पद बाद में घिस कर परसर्ग का रूप ग्रहण करते हैं। इन्हें विभक्ति से भिन्न सहायक के रूप में अन्य नाम पाने का हक है। 'परसर्ग' नाम मैंने इसलिए चुना है कि वह अब काफी चल चुका है।

एक और भी कारण है जिसे ध्यन में रखकर इन्हें अलग कोटि में रखना आवश्यक हो गया है। हिन्दी सिर्फ दो ही विभक्ति रूप है। पर इसका अर्थ यह नहीं कि हिन्दी में दो ही कारक हैं। कुछ लोगों ने ऐसा लिखा है पर उसका कारण कारक और केस को एक समझ लेने की गलती है। हिन्दी में केस (अर्थात् प्रकारक) दो ही हैं। कारक छः ही हैं। संसार की किसी भी भाषा में छः कारक अवश्य रहेंगे, रूप उनके चाहे भिन्न हों। छः कारक हैं—कर्ता, कर्म, करण, सम्प्रदान, अपादान और अधिकरण। यह क्रिया के साथ वाक्य के भीतर के नामों (सत्त्व प्रधानानि नामानि—सब्सटेण्टिव) का सम्बन्ध निश्चित करते हैं। इसलिए भाषा में ये किसी-न-किसी रूप में रहेंगे ही। रूप उनके अनेक प्रकार के हो सकते हैं। हिन्दी में दो या तीन ही प्रकार के हैं। संस्कृत में सात विभक्तियों के रूप हैं पर वहाँ भी बहुत से रूप एक ही तरह के हैं—द्विवचन में प्रथमा और द्वितीया के रूप एक ही होते हैं, तृतीया चतुर्थी और पंचमी के रूप एक ही होते हैं और षष्ठी सप्तमी के रूप भी एक ही होते हैं। इस प्रकार द्विवचन में सात विभक्तियाँ, छः कारक(सम्बन्ध कोई कारक नहीं है) और तीन रूप (केस) होते हैं। इसी तरह और भी रूप एक ही जैसे होते हैं। बहुत से शब्दों के पंचमी और षष्ठी के रूप एक-जैसे होते हैं। चतुर्थी और पंचमी ये बहुवचन रूप एक ही होते हैं। नपुंसक लिंग में प्रथमा और द्वितीया में रूप एक ही होते हैं। परन्तु एक रूप होने पर भी सन्दर्भ के अनुसार उनको विभिन्न कारकों में रखा जाता है। इसलिए केस या प्रकारक के साथ कारक का घालमेल नहीं करना चाहिए।

तो हिन्दी में दो ही प्रकार के रूप हैं। एक को हम 'उक्त' कह सकते हैं दूसरे को 'अनुक्त' या तिर्यक्। हम संस्कृत व्याकरण से प्रेरणा लेकर उक्त और अनुक्त शब्दों का प्रयोग कर सकते हैं, अनुकरण करके नहीं। अँग्रेजी में जिसे नॉमिनेटिव कहा जाता है, वही डायरेक्ट केस भी होता है। और सम्बोधन को छोड़ कर बाकी को ऑब्लिक या तिर्यक् कहते हैं। सम्बोधन को संस्कृत व्याकरण में कोई कारक नहीं माना गया क्योंकि उसका क्रिया से कोई सम्बन्ध नहीं होता। उसे प्रथमा विभक्ति के समान ही माना जाता है। संस्कृत में सम्बोधन एक वचन के शब्द कुछ अलग होते हैं इसलिए उसे सम्बुद्धि कहकर अलग कोने में डाल दिया गया है। जो हो, अँग्रेजी में नॉमिनेटिव या प्रथमा को प्रत्यक्ष (डायरेक्ट) और शेष विभक्तियों को तिर्यक् (ऑब्लिक) कहा जाता है। प्रथमा में सम्बोधन भी अन्तर्भुक्त है। जो लोग नॉमिनेटिव को कर्ता कहते हैं उन्हें कठिनाई पड़ती है, क्योंकि जब कर्ता में 'ने' लगता है, उस समय कर्म नॉमिनेटिव होता है। उसे कर्ता कहना वदतो व्याघात है। वस्तुतः प्रथमा से भिन्न सारी विभक्तियाँ तिर्यक् (अनुक्त) होती हैं। अनुक्त अर्थात् तिर्यक्, परोक्ष, केवल तिर्यक् या अनुक्त पदों में ही ने से आदि परसर्ग लगते हैं। क्रिया का प्रत्यक्ष सम्बन्ध केवल कर्ता से और कभी-कभी कर्म से होता है। विभक्तियाँ सत्त्व प्रधान सभी नाम या नामक शब्दों के साथ लगती हैं। परन्तु परसर्ग केवल तिर्यक् विभक्तियों के साथ। इस व्यापार भेद के कारण भी परसर्गों का नाम अलग

होना चाहिए। व्याकरण शास्त्र में किसी शब्द या शब्द-समूह को अलग नाम तीन कारणों से दिया जाता है—रूप-भेद के कारण, व्यापार-भेद के कारण और अर्थ-भेद के कारण। परसर्गों में ये तत्त्व भेद होते हैं। इसलिए वे अलग नाम के अधिकारी हैं।

पाणिनि ने केवल दो कारकों के लिए उक्त (अभिहित) और अनुक्त (अनभिहित) शब्दों का प्रयोग किया है, वे हैं—कर्ता और कर्म। जब कर्ता तृतीया में होता है तो वह अनुक्त होता है और कर्म उक्त होकर प्रथमा में चला जाता है। पर जब कर्ता उक्त होता है तो वह प्रथमा में होता है और कर्म अनुक्त होकर तृतीया में चला जाता है। जो भी प्रथमा में जाता है वह उक्त होता है और जो भी प्रथमा भिन्न विभक्ति का सहारा लेता है, वह प्रथमा से भिन्न द्वितीया और तृतीया में जाकर अनुक्त हो जाता है। इससे यह स्पष्ट है कि प्रथमा हेतु एक मात्र उक्त है और द्वितीया और तृतीया (और उनके साथ ही प्रथमा भिन्न अन्य विभक्तियाँ) अनुक्त। पाणिनि महाराज उक्त को अभिहित भी कहते हैं और अनुक्त को अनभिहित भी। परन्तु उक्त और अनुक्त छोटे शब्द हैं, उन्हीं को हमने स्वीकार कर लिया है।

अब मूल बात पर लौट चला जाए। मैंने कहा था कि हिन्दी में दो ही शब्द-रूप हैं, बाकी कारकों का काम परसर्गों से चला लिया जाता है। संसार की बहुत-सी भाषाएँ (अँग्रेजी भी) इसी प्रकार की है। अँग्रेजी में परसर्ग का काम पूर्वसर्ग (प्रिपोजीशन) देते हैं।

अपभ्रंश से आगे बढ़ते ही पुरानी हिन्दी को—पूरब में भी और पच्छिम में भी—एक विचित्र विभक्ति मिल गयी है जो सब रोगों की एक दवा सिद्ध हुई। वह हि या हिं है जो पच्छिम में जरा प्राणहीन होकर इ और इं बन गयी है। बहुवचन में न्हि पूर्वी हिन्दी में और नि पच्छिमी हिन्दी में और कभी-कभी सिर्फ 'न' रहकर उसने सब विभक्तियों का काम शुरू किया। यह विभक्ति सभी अनुक्त कारकों में लगती थी। साधारणतः लुप्त विभक्तिक या निर्विभक्तिक पदों का प्रचार अधिक था। कहीं अर्थ पर अधिक स्पष्टता ले आने की जरूरत हुई तो हि या हिं हाजिर मिलती थी। परसर्ग कभी-कभी हि, हिं, इ, इं के बाद लगते थे कभी निर्विभक्तिक पदों के बाद। मैं बहुत उदाहरणों की मार से आपको व्याकुल करना एकदम नहीं चाहता पर इतना कहे बिना काम नहीं चलेगा कि दो प्रकार के सुबन्त रूपों, या चाहें तो तीन प्रकार के कह लें, से अठारहवीं शताब्दी का पूर्वी, पश्चिमी हिन्दी का साहित्य भरा पड़ा है।

1. ० या निर्विभक्तिक उक्त और अनुक्त,
2. हि (हिं) या सविभक्तिक अनुक्त,
3. ० + या हि (हिं) परसर्ग अनुक्त।

निर्विभक्ति पद का एक उदाहरण दूँगा—

सुनि सीता दुख प्रभु सुख अयन (ा)।
भरि आये जल राजिव नयन (ा)।।

इसमें दो क्रिया-पद हैं—सुनि और भरि आये। बाकी सारे के सारे पद निर्विभक्तिक हैं। अपनी मर्जी से अर्थ कीजिए। सुनकर सीता (के) दुख (को) सुख (के) अयन—प्रभु (के) राजीव (के समान) नयन जल (से) भर आये। कुछ लोग ऐसा भी अर्थ कर लेते हैं—सुनकर सीता (के) दुख (को) सुख (के) अयन—प्रभु (के) राजीव (के सामान) नयनों (में) जल (के कारण) भर आये।

काम मजे में चल जाता है। चार सौ वर्षों से किसी को कोई आपत्ति नहीं हुई। यह और बात है कि कभी-कभी स्वयं तुलसीदास को अर्थ स्पष्ट करने की आवश्यकता महसूस हुई। जैसे यदि लिखते 'राघव चितव भाव जेहि सीया' तो थोड़ी अड़चन आ सकती थी—सीता राम को देख रही थीं या राम सीता को देख रहे थे। दोनों के लिए यह बात सम्भव थी। इसलिए तुलसीदास ने इस स्थान पर स्पष्ट कर दिया—रामहिं चितव भाव जेहि सीया। सीता राम को देख रही हैं। हिं विभक्ति आवश्यक सहायक सिद्ध हुई। हि,हिं के घिसे रूप इ, इं ने धीरे-धीरे अपना प्रभाव विस्तार किया और रामहिं, रामइ, रामैं, रामें, रूप बनते गये। यही एकारान्त रूप तद्भव अकारान्त शब्दों के साथ अनुक्त कारकों में खड़ी हिन्दी में जी रहा है—केवल तद्भव अकारान्त पुल्लिंग शब्दों में—तत्सम में नहीं, अन्यस्वरान्त शब्दों में नहीं, स्त्रीलिंग शब्दों में भी नहीं।

अर्थात् हिन्दी में दो ही सुबन्त रूप हैं—उक्त और अनुक्त। बहुत पहले जब मैंने स्व. महामहोपाध्याय पं. रामावतार शर्मा के हिन्दी व्याकरण में उन विचारशून्य व्याकरण लेखकों की भर्त्सना पढ़ी जो संस्कृत की देखादेखी हिन्दी में भी सात विभक्तियाँ बताते हैं तो मुझे बात बड़ी अटपटी लगी थी। शर्मा जी ने कहा था कि हिन्दी में दो ही विभक्तियाँ है—प्रथमा और द्वितीया। प्रथमा दो प्रकार की होती है—साधारण और सम्बोधनार्थक। दोनों विभक्तियों में दो-दो वचन होते हैं। मैं उस समय शर्मा जी की बात नहीं समझ सका था। सच तो यह है कि मुझे यह बात गलत लगी थी। तब अति रहे अचेत! अगर उसके लेखक शर्मा जी न होते तो मैंने पुस्तक फेंक दी होती। पर शर्मा जी के अगाध पाण्डित्य पर मेरी श्रद्धा थी और है। उस समय केवल यही कहकर सन्तोष कर लिया कि बात समझ में नहीं आयी। असल में धोखा 'विभक्ति' शब्द के प्रयोग पर हुआ था। शर्मा जी ने द्वितीया का प्रयोग संस्कृत के रूढ़ अर्थ में नहीं किया था। उनका मतलब पहली और दूसरी से था। द्वितीया शब्द कर्मकारक की विभक्ति के रूप में रूढ़ है। पर शर्मा जी ने इसका क्रम वाचक शब्द के रूप में ही प्रयोग किया है। वह सभी अनुक्त सुबन्तों का ही पर्याय है। यह आधुनिक हिन्दी के लिए ही सत्य है। पुरानी हिन्दी में और भी विभक्तियाँ हैं। अनुक्त विकारकों में परसर्ग लगते हैं, अर्थात् जिसे शर्मा जी 'प्रथमा' कहते हैं उसमें परसर्ग नहीं आता, जिसे द्वितीया कहते हैं उसी में परसर्ग लगता है। इस समय मेरे मन में बहुत से प्रश्न हैं। चाहता था कि सबको आपके सामने रख देता और आपसे कुछ सुझाव ले सकता, पर समय कम है और आपके धैर्य की भी एक सीमा है। सो जल्दी-जल्दी कुछ बातें कह कर आपसे विदा लूँगा।

पुराने जमाने के अँग्रेजी व्याकरणों का कुछ प्रभाव हमारे ऊपर ऐसा पड़ा है जो सब समय अच्छा नहीं लगता। स्वयं अँग्रेजी के वैयाकरण अब नये सिरे से सोचने लगे हैं पर हमारे विद्वान् अभी उनके पुराने संस्कारों से मुक्त नहीं हुए। कभी-कभी तो अँग्रेजी शब्दों के आक्षरिक अनुवाद अत्यन्त भ्रामक होते हैं। एक बहुत बड़े प्रोफेसर फर्स्ट परसन का अनुवाद प्रथम पुरुष करते हैं जबकि हमारी परम्परा में प्रथम पुरुष उसको कहते हैं जिसे अँग्रेजी में थर्ड परसन कहा जाता है। जिन प्रोफेसर साहब की बात कही जा रही है वे थर्ड परसन का अनुवाद तृतीय पुरुष करते हैं। यदि अँग्रेजी न जानने वाला हिन्दी पाठक इस प्रकार के शब्दों को देखेगा तो हैरान होकर आसमान की ओर ताकता रह जाएगा। अँग्रेजी के पुराने व्याकरणों में लिखा गया है कि विशेषण के विशेषण को 'एडवर्ब' कहा जाता है। उक्त विद्वान् एडवर्ब के लिए 'क्रिया विशेषण' शब्द का प्रयोग करते हैं और विशेषण के विशेषण को भी क्रिया विशेषण कहते हैं। विशेषण का विशेषण 'प्रविशेषण' कह लिया जाए, वह क्रिया-विशेषण क्यों कहा जाएगा ?

अब तक हिन्दी में लिखे व्याकरणों में एक बँधा-बँधाया ढाँचा है जो भाषा के भीतर जितने प्रकार के शब्द होते हैं, उनकी परिभाषा और उदाहरण देते हैं। पहले ध्वनियों की चर्चा की जाती है और सन्धि के नियम बताये जाते हैं, फिर सभी प्रकार के शब्द रूप विचार (पार्ट्स ऑव स्पीच) का अलग विवेचन किया जाता है और अन्त में वाक्य विचार की साधारण-सी चर्चा करके व्याकरण समाप्त कर दिया जाता है। यूरोपियन लेखकों में से कई, छन्दों के बारे में भी लगे हाथों चर्चा कर देते हैं। आधुनिक व्याकरण में दो पद्धतियाँ अपनायी जाती हैं, एक तो शब्द-रूपों के माध्यम से अर्थ-विचार की ओर जाने की ओर दूसरी अर्थ-विचार से शब्द-रूपों की ओर जाने की। दोनों ही अपरिहार्य हैं। आजकल दूसरी दृष्टि भी हिन्दी में काफी मुखर हुई है। परन्तु कुछ आधुनिक भाषाशास्त्री पुरानी पद्धति को केवल अनावश्यक ही नहीं मानते बल्कि भाषा-विचार के लिए हानिप्रद भी मानते हैं। भाषा के ऐतिहासिक अध्ययन के विशेषज्ञ फर्डिनेण्ड ब्रूनोट नामक फ्रांसीसी विद्वान् ने फ्रांसीसी भाषा के शिक्षण में क्रान्तिकारी परिवर्तन ले आने के लिए अर्थ के लिए विचार से रूप-विचार की ओर जाने का सुझाव दिया है। उन्होंने व्याकरण के शब्द रूप-विचार (पार्टस् ऑव स्पीच) पद्धति को उपेक्षणीय माना है। उनकी पुस्तक (ला वेन्सी एट ला लिंग्वे) 1922 ई० में प्रकाशित हुई थी। तब से कई विचारकों ने जहाँ अर्थ की दृष्टि से व्याकरणिक रूपों के समझने की पद्धति को उपादेय माना है, वहीं शब्दों के विविध भेद, जो वागङ्ग नाम से ख्यात है, को एकदम उपेक्षणीय मानने का विरोध भी किया है। वस्तुतः शब्दों के भेदों का विभाजन अर्थ की ही दृष्टि से किया जाता है। ऐसा न होता तो एक ही समान दिखने वाले शब्द एक ही प्रकार के मान लिये जाते। कबीरदास जब चलती को गाड़ी कहने वालों की नादानी देखकर रोये थे तो वस्तुतः वे शब्दों के रूपभेद से जातिभेद निश्चय करने वाली प्रक्रिया पर ही कर रहे थे। 'गाड़ी' का एक अर्थ है यान-विशेष, इस अर्थ में वह संज्ञा शब्द है, दूसरा अर्थ है कृदन्त साधित विशेषण

(गाड़ी हुई)। यद्यपि ऊपर-ऊपर से 'गाड़ी' एक ही शब्द है पर अर्थ दृष्टि से दो है। सो, शब्दों के भेद या वागङ्ग अर्थ-विचार से शब्द या रूप-विचार की ओर जाने वाली प्रक्रिया की ही देन है।

पर यह ठीक है कि आठ प्रकार के वागङ्ग और उनके भेद-उपभेद सहित परिभाषा करने के असफल कुछ बहुत तर्क सम्मत बात नहीं है। मुझे लगता है कि संस्कृत वैयाकरणों ने चार प्रकार के शब्द—नाम, आख्या, उपसर्ग और निपात—बताये हैं, वही बहुत कुछ ग्राह्य हैं। थोड़ा घूम-फिर कर उसी नतीजे पर पहुँच रहे हैं। वस्तुतः भाषा वक्ता के मन की बात श्रोता के मन में पहुँचाती है। मीसांसकों की बात यहाँ ठीक जान पड़ती है। वक्ता की ओर से क्रम यह है—विचार-व्यापार-शब्दरूप। अर्थात् पहले वक्ता के मन में विचार आता है, फिर वह बोलना—व्यापार शुरू करता है और अन्त में शब्दों के व्याकरणिक रूप को बोलता है। श्रोता या ग्रहीता की ओर से यह क्रम अलग होता है—शब्दरूप—व्यापार—विचार अर्थात् वह पहले शब्दरूप है, उसके कानों से टकराते हैं फिर वह उनके ग्रहण का व्यापार शुरू करता है और अन्त में वक्ता के विचारों को समझता है। व्याकरण न तो वक्ता की उपेक्षा कर सकता है और न श्रोता की। जब तक लोग किसी वक्ता को दैवी समझते रहे तब तक शब्द भेद निरूपण में श्रोता या ग्रहीता की दृष्टि प्रधान रही। अब नये युग में दैवी वाक् की धारणा समाप्त हो गयी है या होती जा रही है, तब प्रक्रिया वक्ता-सापेक्ष हो गयी है इसलिए पहले वाली धारणा (शब्द-रूप-बोधन-व्यापार-और विचार पर) बल देती थी, मगर अब वक्ता का ध्यान रखा जाता है। इसी का नाम अन्दर से बाहर जाने की प्रक्रिया है। बाहर से अन्दर जाने वाली प्रक्रिया पुरानी है परन्तु उपेक्षणीय नहीं है।

हिन्दी व्याकरण को आधुनिक और प्राचीन दोनों परम्पराओं से उचित लाभ उठाना चाहिए पर दोनों में से किसी का अन्धानुसरण नहीं करना चाहिए। थोड़े समय में अधिक कुछ नहीं कह सकूँगा परन्तु मेरे मन में तद्धित, कृदन्त, समास, संयुक्त क्रिया, विभिन्न कारक और प्रक्रियाएँ सब के सम्बन्ध में विद्वानों की राय लेने की आवश्यकता है। यदि आपकी रुचि इन बातों में हुई तो और बातचीत का अवसर खोजूँगा।

कुछ व्याकरण लेखकों ने पाल, पूर्वक, कार आदि शब्दों को तद्धित प्रत्यय माना है। मानना क्या उचित है, संस्कृत में ध्यानपूर्वक को समास माना जाएगा—ध्यान है पूर्व में जिसके ! मगर 'दस सहस्र' मात्र को यदि कोई 'मात्र दस सहस्र' लिखे तो संस्कृतज्ञ नहीं मानेंगे क्योंकि पाणिनि कह गये हैं कि मात्र (मात्रच्) तद्धित प्रत्यय है। समास द्वारा (दस सहस्र है मात्र जिसकी) इस प्रकार का बहुब्रीहि समास नहीं किया जा सकता। परन्तु क्यों नहीं समास हो सकता ? कात्यायन मुनि कहते हैं कि 'गुणगण' में भी समास नहीं है, ग्राम (ग्रामच्) प्रत्यय है (गुणादिभ्यो··· । पा० 4/2/37 पर वार्तिक) इसी प्रकार खड, काऊं, स्कन्ध, गोष्ठ आदि को भी प्रत्यय कहा है जबकि भाषा में इनका और इनके जैसे अनेक शब्दों को प्रत्यय माना गया है। और भी बहुत से शब्द संस्कृत में हैं जिनके

बारे में कुछ कहना कठिन है कि क्यों इन शब्दों में समास न मानकर तद्धित प्रत्यय माना गया। कहा जाता है कि वैदिक स्वरों का निर्देशन इनके मूल में है। लौकिक दृष्टि से देखा जाए तो समास और तद्धित दोनों का अर्थ की ओर से उद्देश्य एक ही है। संक्षेप में कहना 'दशरथस्य पुत्रः' जरा भारी पड़ता है, संक्षेप में इसे 'दशरथपुत्रः' कह सकते हैं या यथा प्रयोजन तद्धित प्रत्यय लगाकर 'दाशरथिः' कह सकते हैं। दोनों ही संक्षिप्त रूप हैं। समास और तद्धित में भेद यह है कि समास में सभी शब्द स्वतन्त्र होते हैं, भाषा में वे स्वतन्त्र रूप से व्यवहृत हो सकते हैं पर तद्धित प्रत्यय बद्ध रूप ग्राम हैं, उसका अन्यत्र स्वतन्त्र शब्द के रूप में व्यवहार नहीं होता। यदि उस तर्क को मान लें तो इन्द्रिय-ग्राम को समास ही मानना चाहिए। इंद्रिय और ग्राम—दोनों शब्द स्वतन्त्र रूप से प्रयुक्त हो सकते हैं, दाशरथि का 'इ' प्रत्येय स्वतन्त्र रूप से प्रयुक्त नहीं हो सकता। इस सिद्धान्त से देखें तो 'पूर्वक' शब्द हिन्दी में स्वतन्त्र भाव नहीं चलता, उसे बद्ध रूप ग्राम माना जाना चाहिए। इसी प्रकार पाल (राज्यपाल), कार (कलाकार) आदि बद्ध रूप ग्राम ही हैं, इन्हें प्रत्यय मानना अनुचित नहीं कहा जा सकता। 'मात्र' भी स्वतन्त्र रूप से चलने लगा है, इसलिए उसे बद्ध नहीं माना जा सकता। पर संस्कृत व्याकरण के संसार आसानी से छूटते नहीं। एक व्याकरण में इत्यादि को भी प्रत्यय कहा गया है, हिन्दी में वह भी स्वतन्त्र नहीं है, मगर संस्कार ऐसा मानने में बाधा देता है।

आधुनिक साहित्यिक हिन्दी में तिङन्त क्रियाएँ प्रायः हैं ही नहीं। तिङन्त रूप में हैं, हो और कुछ विधि क्रियाएँ जी अवश्य रही हैं। कुछ दिन पहले तक व्रजभाषा और अवधी में तिङन्त क्रियाएँ थोड़ा-बहुत जी रही थीं, खड़ी बोली ने प्रायः सब धो-पोंछकर साफ कर दिया। अब क्या वे फिर से जिलायी जा सकती हैं ? जिलायी जा सकतीं तो भाषा की जटिलता कुछ कम होती पर वैयाकरण इसमें कुछ नहीं कर सकता। वह इतिहास-विधाता को चुनौती नहीं दे सकता। ऐसा साहस तो सर्जनात्मक साहित्य के लेखक ही कर सकते हैं। वे ही कभी-कभी विधाता से भिड़ जाते हैं—'विधि ते कवि सब विधि बड़े'। हिन्दी में आज संयुक्त क्रियाओं का जंगल है, संस्कृत में नहीं था। कहाँ से आया यह जंगल ? ऐसा लगता है कि पहले भी कुछ न कुछ संस्कृत में था मगर पाणिनि डट गये, उन्होंने उन्हें पनपने नहीं दिया। वे केवल वैयाकरण नहीं थे, ऋषि भी थे। उनमें साहस था, शक्ति थी, भविष्य देखने की दृष्टि थी। हम क्या करें ? जिस प्रकार हम हिन्दी तथा अन्य भाषाओं में होना, करना आदि सहायक क्रियाओं के योग से क्रिया बनाते हैं, कुछ उसी प्रकार बभूव, आस, चकार आदि सहायक क्रिया रूप संस्कृत में भी बनते थे। पर पाणिनि को यह बात पसन्द न थी। उन्होंने दो क्रियाओं के योग से बनी हुई क्रिया को एक ही क्रिया मानने का विधान किया। इस प्रकार प्रभ्रंशयांचकार एक तिङन्त पद है। इन्हें संयुक्त क्रिया नहीं माना जाता। परन्तु कालिदास जैसे महाकवि ने इस विषय में पाणिनीय व्यवस्था को स्वीकार नहीं किया और 'प्रभ्रंशयां यो नहुषं चकार' लिखकर इनकी अविभाज्यता तोड़ दी। लगता है, अन्य व्याकरण पद्धतियों में कालिदास

के अनुकूल निर्देश था। तुम जाने वाले हो, जैसे प्रयोग भी कभी संस्कृत में थे पर पाणिनि भगवान ने ऐसे प्रयोगों को एक ही क्रिया रूप बना दिया और गन्तासि, गन्तास्मि जैसे प्रयोगों को भविष्यकालिक एक ही रूप मान लिया। पुराणों में, महाभारत में, वाल्मीकि रामायण में ऐसे अनेक उदाहरण मिलेंगे जिसमें गन्ता और असि अलग-अलग रूप प्रयुक्त हुए हैं। गन्ता+असि जैसी कृदन्तयुक्त क्रिया के एक मान लेने से यह विशेषता आ गयी कि उनमें लिंग वचन का विचार सम्भव नहीं होता। हालाँकि महाभारत और भागवत में लिंग और वचनगत विकारों का मिलना यह साबित करता है कि सर्वत्र पाणिनीय व्यवस्था लागू नहीं होती। ऐसे स्थलों को आर्ष प्रयोग मान लिया जाता है। प्रकारान्तर से उसे गलत कहकर, ऋषि-महिमा द्वारा उनकी गलतियों का मार्जन कर लिया जाता है। पाणिनीय व्यवस्था बाद में अनूद्य हो गयी पर लोकभाषाओं में पाणिनि का जोर नहीं था और ऐसे प्रयोग केवल जीवित ही नहीं रहे, अपना व्यापक प्रभाव फैलाकर नयी-नयी उद्‌भावानाओं को बढ़ावा देते रहे।

अपभ्रंश काल में ही संयुक्त क्रियाओं की मात्रा बढ़ने लगी थी। न. आ. भा. में तो सर्वत्र उनका बोल-बाला है। ये अर्थ को मर्यादित, परिवर्तित और विस्तारित करने का काम करती हैं। इधर हिन्दी के वैयाकरणों की ऐसी श्रेणी पैदा हुई जो फतवा देना व्याकरण का मुख्य काम मानती है। इस श्रेणी के विद्वान बड़े-बड़े कवियों और लेखकों से आशा करते हैं कि वे लोग उनकी सलाह पर चलेंगे और उनके द्वारा निर्धारित प्रयोगों को शिष्ट सम्मत मानकर लिखेंगे। वे भूल ही जाते हैं कि पाणिनि और पतंजलि के सामने परिवर्तनशील वेगवती भाषा का प्रश्न नहीं था, हजारों वर्ष से पूर्णता-प्राप्त प्रौढ़ अमर भाषा के नियम निर्धारित करने का प्रश्न था। हिन्दी के व्याकरणकार को क्षण-क्षण परिवर्तमान गतिशील त्रुटि-विच्युतिमर्दिनी वेगवती भाषा के भीतर काम करने वाले विषयों को ढूँढ़ निकालना है। आज जिसको हम शिष्ट-सम्मत प्रयोग समझते हैं, वह कल भी वैसा ही रहेगा, इसका कोई भरोसा नहीं है। मेरी आँखों के सामने कितने नये शब्द रूप आये और कितने विस्मृत हो गये। भाषा की इस प्राणवन्त धारा को समझना बहुत जरूरी है।

मित्रो, मैंने आपका बहुत समय लिया और फिर भी बहुत थोड़ा ही कह पाया। हिन्दी के व्याकरण की समस्याएँ बहुत हैं। मुझे आज इतना ही कहकर विरत होने की अनुमति दें।

संस्कृत में 'कारक' शब्द का प्रयोग

पाणिनीय व्याकरण में 'कारक' को महती संज्ञा, अर्थात् 'अन्वर्थ संज्ञा' बताया जाता है। (महाभाष्य—1-423) इसका मतलब यह हुआ कि कारक अन्वर्थ संज्ञा है। उसका अर्थ है कि करने वाला ही कारक है—करोतीति कारकम्—यह पारिभाषिक अन्वर्थ संज्ञा पाणिनि के पहले भी इसी अर्थ में गृहीत होती थी। परवर्ती वैयाकरणों ने इस बात को स्पष्ट करने के लिए क्रिया-निष्पादक को कारक बताया है। ऊपर बताया गया है कि क्रिया भावप्रधान होती है अर्थात् उसमें एक प्रकार का पूर्वाग्रही भाव होता है। एक के बाद एक कई व्यापार घटते रहते हैं। वह साध्य-रूपा होती है और एक व्यापार-परम्परा में गुथी होती है। इसी क्रिया के निष्पादक कारक होते हैं। जो क्रिया का निष्पादक नहीं है, वह कारक भी नहीं है। वैयाकरणों ने यह भी स्पष्ट कर दिया है कि सभी कारक किसी न किसी प्रकार से कर्ता ही होते हैं क्योंकि क्रिया के पूर्वापर घटित होने वाले अनेक व्यापारों में से किसी न किसी के वे स्वतन्त्र कर्तृत्व हुआ ही करते हैं। अन्यान्य कारकों के नाम मुख्य व्यापार की अपेक्षा में दिये जाते हैं। जैसे देवदत्त आग से स्थाली में चावल पका रहा है। इसमें पकाना मुख्य व्यापार है। इसका कर्ता देवदत्त है, करण आग से है, अधिकरण स्थाली है और चावल कर्म है परन्तु ये सब वक्ता की इच्छा-विवक्षा के अनुसार कर्ता में प्रयुक्त हो सकते हैं। कहने वाला आग पर जोर देना चाहे तो कह सकता है कि आग चावल पकाती है, 'स्थाली' पर जोर देना चाहे तो कह सकता है 'स्थाली' चावल पका रही है, चावल पर जोर देना चाहे तो कह सकता है चावल पक रहा है।

पुरानी हिन्दी में, और कुछ हद तक आधुनिक हिन्दी में, जहाँ उक्त कर्ता से भिन्न कारकों में निर्विभक्तिक पद मिलते हैं वहाँ कुछ कष्ट कल्पना कर के 'जो-है-सो-शैली में—' अर्थ कर लिया जा सकता है और किया भी जाता है। ऐसे स्थलों पर टीकाकारों के मन में यह सिद्धान्त काम करता रहता है। उदाहरणार्थ—''सुनि सीता दुःख प्रभु सुख अयना, भरि आये जल राजिव नयना।'' इसमें 'सुनि' और 'भरि आये' क्रियापद हैं। बाकी नाम या संज्ञा विशेषण पद सभी निर्विभक्तिक पद हैं। इसमें कई कारक हैं। सीता के दुख को (कर्म कारक) सुनकर सुख अयन (विशेषण) प्रभु के राजीव नयन (कर्ता) जल से (करण) भर आये। पर चूर्णिका पद्धति से यह अर्थ सर्वत्र कर्ता मानकर किया जा सकता

है—प्रभु (कर्ता) प्रभु जो सुख अयन हैं, उनके राजीव नयन (कमल के समान) जो नेत्र हैं (कर्ता) सीता का जो दुख है (कर्ता) (उसे) सुनकर जल जो है अश्रु (कर्ता) दुःख से भर आये। इत्यादि। पुरानी टीकाओं में ऐसे अर्थ मिल जाते हैं परन्तु आजकल के भाषाशास्त्री इतना द्राविड़ प्राणायाम नहीं करते और इन पदों को निर्विभक्तिक या लुप्तविभक्तिक मानकर प्रसंग प्राप्त अर्थ के अनुसार विभिन्न कारकों की कल्पना कर लेते हैं। हमने भी इसी विधि का अनुसरण किया है क्योंकि यह अधिक तर्कसंगत है। अब मुख्य व्यापार के निवर्तक कारकों का स्वरूप संस्कृत व्याकरणों के अनुसार समझ लिया जाए।

कर्ता : पाणिनि ने स्वतन्त्र कर्ता (अ० 1\4\54) कहकर क्रिया सिद्धि में स्वतन्त्र कारक को कर्ता कहा है। भाष्यकार इसे प्रधान मानकर बताते हैं कि 'धात्वर्थ व्यापाराश्रय' अर्थात् धातु द्वारा कहे गये व्यापार का आश्रय बताया है जैसे 'देवदत्त जाता है' इस वाक्य में 'जा' धातु द्वारा वाचा व्यापार 'गमन' है और वह देवदत्त को आश्रय करके ही सम्पन्न होता है।

संस्कृत वैयाकरण के अनुसार कर्ता तीन प्रकार का होता है—1. उक्त या अभिहित, 2. अनुक्त या अनभिहित और 3. कर्म कर्ता।

'राम रोटी खाता है' में राम उक्त कर्ता है, वही प्रधान रूप से अभिहित होता है। हिन्दी में क्रिया का लिंगवचन उक्त के अनुसार होता है। परन्तु यदि कहा जाए कि 'राम ने रोटी खायी' तो रोटी प्रधान रूप से अभिहित होती है। जो वस्तुतः कर्म है। जब कर्म उक्त या अभिहित होता है और कर्ता अनभिहित या अनुक्त होकर अनुप्रधान हो जाता है तो क्रिया का लिंगवचन उसी समान होता है। परन्तु यदि हम कहें 'रोटी पक रही है' तो यहाँ रोटी यद्यपि कर्म है और स्वयं पकने में असमर्थ है फिर भी वह उक्त कर्ता के समान व्यवहृत होती है। इसे ही कर्म कर्ता कहते हैं।

जहाँ तक हिन्दी का प्रश्न है, अनुक्त या अनभिहित कर्ता भी दो प्रकार का होता है। एक भूतकालिक सकर्मक क्रिया में 'ने' के प्रयोग के साथ व्यवहृत होता है। इसमें धातुरूप शुद्ध रूप में कर्म के लिंग वचन के अनुसार बनता है, दूसरे में वह 'से' या 'के द्वारा' आदि परसर्गों के योग से बनता है और धातु को 'जा' सहायक धातु के साथ प्रकाशित किया जाता है। पहले का उदाहरण है 'राम ने रोटी खायी' और दूसरे का उदाहरण है 'राम से रोटी खायी गयी / खायी जाती है / खायी जाएगी। पहले को अनुक्त और दूसरे को तिर्यक् अनुक्त कहा जा सकता है। ऋजु अनुक्त इसलिए कहा जा सकता है कि कई सर्वनामों के एक वचन में 'ने' का प्रयोग ऋजु रूप के साथ हो सकता है। मैंने, तूने पर तिर्यक् अनुक्त को यह रियायत प्राप्त नहीं है। वहाँ रूप तिर्यक् अनुक्त के साथ इस प्रकार होगा—मुझसे, तुझसे, मेरे द्वारा, तेरे द्वारा। इस विषय में 'ने' परसर्ग के प्रसंग में भी विचार किया गया है। हर भाषा की कुछ अपनी विशेषताएँ होती हैं।

इस प्रकार प्रयोग की दृष्टि से हिन्दी में चार प्रकार के कर्ता हैं—1. उक्तरूप, 2. ऋजु अनुक्त रूप 3. तिर्यक् अनुक्त रूप, 4. कर्म कर्ता।

कर्म : पाणिनि ने कर्ता के ईप्सिततम को कर्म कहा है, कर्तुरीप्सिततमं कर्म (1.4.49) कहा है। संस्कृत में इस परिभाषा पर बहुत विचार किया गया है। सीधा सादा अर्थ है कर्ता द्वारा निष्पद्यमान क्रिया का इप्सिततम में प्राप्य कर्म है। फिर ईप्सिततम का अर्थ इष्टतम न बताकर 'क्रिया प्राप्य' कहा गया है। भाषा में कर्म रूप में प्रयुक्त होने वाले बहुत से पद कर्ता के ईप्सिततम तो होते ही नहीं, बहुत बार उल्टे भी होते हैं। इसीलिए इस शब्द की चीरफाड़ बड़ी सावधानी से की गयी है। सारे शास्त्रार्थ में जाने की आवश्यकता नहीं है। मुख्य रूप से कर्म तीन प्रकार के होते हैं—1. निर्वर्त्य अर्थात् जहाँ कोई विद्यमान वस्तु से नयी वस्तु बनाना (निर्वर्तन) हो रहा है। कुम्हार घड़ा बनाता है। घड़ा अभी है नहीं, बनने वाला है, निर्वर्त्य है। 2. 'विकार्य' अर्थात् जहाँ किसी वस्तु में विकार लाकर नयी वस्तु तैयार हो रही हो, यह प्रकृति के उद्योग से भी हो सकता है—'काठ को जलाकर भस्म कर रहा है' और गुणान्तर संचार से भी हो सकता है, जैसे 'सोने से कुण्डल बना रहा है।' प्राप्य कर्म में क्रिया का सम्बन्ध मात्र रहता है, न तो वह (निर्वर्त्य) होता है न 'विकार्य', वह केवल क्रिया सम्बन्ध से प्राप्त होने के कारण प्राप्य है। परन्तु इनके अतिरिक्त कुछ और भेद भी बताये गये हैं। 1. उदासीन (तिनका छू रहा है), अभीक्षित—जहर खाओ। संज्ञान्तर से अनाख्यात और अन्य पूर्व कर्म (अनियि) दोनों संस्कृत व्याकरण की विशेषता हैं परन्तु ये भेद-उपभेद अर्थ-दृष्टि से हैं। हिन्दी में व्याकरण की दृष्टि से कर्म के दो मुख्य भेद हैं और प्रत्येक के दो-दो अवान्तर भेद हैं—

उक्त कर्म—जब कर्ता अनुक्त होता है—राम से रोटी खायी गयी या राम ने रोटी खायी।

अनुक्त कर्म—जब कर्ता उक्त होता है—राम फल खाता है।

हिन्दी में दोनों ही प्राणिवाचक और अप्राणिवाचक रूप में कुछ विशेष प्रकार से प्रयुक्त होते हैं। साधारणतः अप्राणिवाचक कर्म पद परसर्ग रहित होते हैं और प्राणिवाचक सपरिसर्ग। पहले का उदाहरण—राम जंगल काट रहा है। दूसरे का उदाहरण—राम लड़के को मार रहा है। ऊपर हमने साधारणतः कहा है। भाषा में इसका मतिभ्रम भी मिलता है।

करण : पाणिनि कहते हैं—साधकतमं करणम् (1.4.42) अर्थात् क्रिया सिद्धि में कर्ता का अतिशय-साधक करण कहा जाता है। परवर्ती वैयाकरणों ने बताया है कि जिसकी सहायता से क्रिया की सिद्धि तत्क्षण हो जाती है, वही करण है। 'कुठार से पेड़ काटता है।' इस बात में कुठार के संयोग से काटना क्रिया तत्क्षण सिद्ध होती है इसलिए कुठार करण है। इसके साथ व्यापार का नित्य सम्बन्ध होता है। जिसके साथ व्यापार का नित्य सम्बन्ध नहीं होता है वह 'हेतु' हो सकता है, करण नहीं । हेतु में भी तृतीया

होती है। पर वह करण नहीं कहा जाएगा। करण 'अतिशय साधक' होता है। और सदा कर्ता के अधीन होता है। कभी-कभी अधिकरण भी व्यापार की अतिशय विवक्षा में करण बन जाता है। जैसे—'स्थाली में पकाना है', इस व्यापार में स्थाली को यदि अधिक साक्षात् सहायक कहने की इच्छा हो तो कहा जा सकता है कि 'स्थाली से पका रहा है' अतिशयत्व अन्यान्य कारकों की अपेक्षा से होता है। एक ही काम में यदि कई शब्द क्रिया की सिद्धि में अतिशय साधक हों तो उनमें कौन-सा अधिक अतिशय साधक है, यह प्रश्न नहीं उठता, वे सभी करण ही होंगे क्योंकि सभी अन्य कारकों की अपेक्षा अतिशय साधक होंगे।

अधिकरण : पाणिनि के अनुसार आधार अधिकरण होता है (आधारो...1.4.34)। पाणिनि के परवर्ती वैयाकरणों में इस बात को लेकर कुछ मतभेद भी दिखता है। मतभेद के मूल में प्रश्न है कि आधार किसका ? भर्तृहरि का कहना है कि अधिकरण कर्म और कर्म की क्रिया को धारण करता है और इस प्रकार का धारण करना ही क्रिया की सिद्धि का सहायक होता है अर्थात् 'आधार' शब्द का मतलब कर्ता व कर्म के व्यापार को धारण करने वाला है। प्राचीन वैयाकरण मानते हैं कि अधिकरण कारक सीधे नहीं बल्कि परम्पराक्रम से क्रियासिद्धि में सहायक होता है। पर नव्य वैयाकरणों को यह मान्य नहीं है। वे मानते हैं कि अधिकरण कारक परम्पराक्रम से सीधे क्रिया का सहायक होता है। अधिकरण शब्द कदाचित् यह बताता है कि यह करण की तुलना में कुछ कम साक्षात् रूप से क्रिया की सिद्धि में सहायक होता है। यह 'साधकतम' नहीं है उससे कुछ दूर (अधि) है परन्तु क्रियासिद्धि में वह सहायक है अवश्य। संस्कृत वैयाकरणों ने इसके कई भेदों की कल्पना की है। 1. व्यापक (तिल में तेल), 2. औपश्रेयिक या एकदेश से ही सम्बन्धित (दरी पर बैठा) और 3. वैषयिक अर्थात् किसी विषय सम्बन्धी (मोक्ष में आस्था)। परन्तु बाद में और भी भेद किये गये हैं जो वस्तुतः यही सूचित करते हैं कि भाषा के प्रयोग को तर्क-संगत परिभाषाओं से नही बाँधा जा सकता है।

ऊपर बताये गये चारों कारक—कर्ता, कर्म, करण व अधिकरण संस्कृत के कृ=करना धातु से बने हुए है। जब इन नामों की कल्पना की गयी होगी, उस समय क्रिया से साक्षात् सम्बन्धित वे चार ही कारक समझे गये होंगे। पर दो और कारक भी पाणिनि ने स्वीकार किये हैं जो 'कृ' से निष्पन्न न होकर 'दा' से निष्पन्न होते हैं। पण्डितों का विचार है कि ये भी पाणिनि पूर्व ही हैं। 'दा' धातु से बने हुए इन दोनों कारकों के नाम हैं—'सम्प्रदान' और 'अपादान'। कई वैयाकरण इन्हें क्रियासिद्धि में प्रत्यक्ष साधन नहीं मानते।

सम्प्रदान : पाणिनि कहते हैं कि जिसके लिए कर्म (क्रिया) किया जाता है वह सम्प्रदान होता है। कर्म...............सम्प्रदानम् (1/4/32)। ऐसा माना जाता है कि यहाँ पाणिनि ने कर्म शब्द का प्रयोग क्रिया और कर्म दोनों ही अर्थों में किया है। जैसा कि शब्द से सूचित होता है, 'सम्प्रदान' में 'दान' का भाव है। पाणिनि के अनुगामी इसे भी

'महती' संज्ञा अर्थात् अन्वर्थ संज्ञा मानते हैं, इसलिए इसमें दान का भाव अवश्य होना चाहिए। इसीलिए पूजा या अनुग्रह कामना से मनुष्य जब अपनी वस्तु अधिकार त्यागपूर्वक जिसे देता है, वह सम्प्रदान कारक होता है। परन्तु संस्कृत भाषा में दान का प्रयोग कई मुहावरों में भी होता है। गुरुः शिष्याय त्रयेशं ददाति—गुरु शिष्य को त्रयेश देता है अर्थात् झापड़ मारता है। यहाँ ऊपर के बताये हुए अर्थ नहीं जमते। इसलिए पतंजलि जैसे महावैयाकरण इस शब्द के इतने अर्थ को नहीं स्वीकार करते। भर्तृहरि की एक कारिका के आधार पर तीन प्रकार के सम्प्रदान बताये गये हैं। (1.) वह, जो न तो धन के लिए प्रार्थना करता है, न प्रेरित करता है और न अनुमोदन करता है 'अनिराकर्ता' सम्प्रदान होता है; जैसे—'सूर्य को अर्घ्य देता है'। इस वाक्य में सूर्य (2.) वह जो दान के लिए दाता को प्रेरित करता है, 'प्रेरयिता' सम्प्रदान कहा जाता है, जैसे 'जजमान पुरोहित को गाय देता है'। इस वाक्य में पुरोहित, और (3.) वह, जो प्रेरणा तो नहीं पर अनुमोदन करता है, अनुमना सम्प्रदान होता है, जैसे—'शिष्य उपाध्याय को वस्त्र देता है'। इस वाक्य में 'उपाध्याय'।

कुछ वैयाकरण सम्प्रदान को कारक मानने में हिचकते हैं। हमने पहले ही देखा है कि वास्तविक कारकों में से सभी विवक्षानुसार, कर्ता रूप में उपस्थित किये जा सकते हैं—कर्म भी, करण भी, अधिकरण भी। पर सम्प्रदान कभी इस रूप में नहीं उपस्थित किया जा सकता।

'उपाध्याय को वस्त्र देता है' इस वाक्य में उपाध्याय को देना धातु के साथ कर्ता रूप में नहीं उपस्थित किया जा सकता है। यही बात अपादान के विषय में सही है। इन दोनों कारकों की अपने-अपने कार्य-व्यापार में स्वतन्त्र विवक्षा नहीं हो सकती 'सम्प्रदानापादानयोः स्वव्यापारे स्वातन्त्र्य-विवक्षा नास्ति।', स्वातन्त्र्य-विवक्षा ही अन्य कारकों में कर्तृत्वाभिमान की अभिव्यक्ति देती है। सो, सम्प्रदान का क्रिया-सम्बन्ध दुर्बल कोटि का होता है—होता अवश्य है।

अपादान : पाणिनि ने बताया है कि किसी वस्तु................या विच्छेद होने पर जो ध्रुव वस्तु होता है अर्थात् जिस वस्तु से विच्छेद होता, वह अपादान कही जाती है—ध्रुवमपायेऽपादानम् (1/4/24)। वैयाकरण ने ध्रुव शब्द को लेकर बहुत विचार किया है। परन्तु यहाँ हम विस्तार में नहीं जा रहे हैं पर यह जरूरी नहीं है कि हर वस्तु वास्तविक व इन्द्रियग्राह्य ही हो। बौद्ध या बुद्धिगाह्य वस्तु भी अपादान हो सकती है, जैसे—'अधर्म से डरता है' इस वाक्य में 'अधर्म'। अपादान में कारकत्व भी सन्देहास्पद है। वैयाकरण लोग अवधि रूप में 'अवस्थान' ही अपादान का मुख्य लक्षण मानते हैं। यह भी सम्प्रदान के समान क्रिया के दुर्बल रूप में ही सम्बद्ध हैं।

कारकों का बल्यक्रम : ऊपर हमने कर्ता—कर्म—करण—अधिकरण—सम्प्रदान—अपादान यह क्रम रखा है और उन सूत्रों का हवाला भी दिया है जो अष्टाध्यायी में पाये जाते हैं। पर उन सूत्रों के क्रम पर यदि ध्यान दिया जाए तो मालूम होगा कि पाणिनि

का क्रम उल्टा है। वे अपादान (1/4/24), फिर सम्प्रदान (1/4/32), फिर अधिकरण (1/4/34), फिर करण (1/4/42), फिर कर्म (1/4/49). और अन्त में कर्ता (1/4/54) की चर्चा करते हैं। उनके सिद्धान्त के अनुसार परवर्ती विधान बलवान् होता है। इसलिए उनकी दृष्टि में कर्ता सर्वप्रधान कारक है और कर्म आदि क्रमशः कम बलवान् या कम प्रधान कारक हैं। इस सम्बन्ध में वैयाकरणों में एक कारिका प्रचलित है, जिसमें करण को अधिकरण (आधार) से पहले गिनाया है। लेकिन बहुत पुराने काल से ही करण व अधिकरण में एकरूपता होने लगी थी। कारिका इस प्रकार है—

> अपादाने—सम्प्रदान—करणाधार—कर्मणाम्।
> कर्तृत्र्योमय....................परमेव प्रवर्तते।

इस विवरण से स्पष्ट है कि कारक शब्द अर्थ को दृष्टि में रखकर प्रयुक्त होता है। आधुनिक भाषा-शास्त्री व्याकरणिक रूप विचार को अर्थ-विचार से अलग रखते हैं।.........................ने बताया है कि व्याकरणिक तथ्यों को 'भीतर से' देखने का नाम सिण्टैक्स (वाक्य-विचार) और 'बाहर से' देखने का नाम मार्फोलॉजी (रूप-विज्ञान) है। अपनी बात को और स्पष्ट करते हुए उन्होंने बताया कि सिण्टैक्स (वाक्य-विचार) में व्याकरणिक तथ्यों पर अर्थ वैशिष्ट्य (मीनिंग व सिग्निफिकैंस) की दृष्टि से देखा जाता है और मार्फोलॉजी (रूप-विज्ञान) में व्याकरणिक रूपों को देखा जाता है—अर्थ व उसके वैशिष्ट्य को नहीं (मॉडर्न इंगलिश ग्रामर, पार्ट 2, पृ. 1.)। ऊपर के विचारों से स्पष्ट है कि संस्कृत वैयाकरण 'कारक' को अर्थ-वैशिष्ट्य की दृष्टि से देखते हैं। वे व्याकरण में शब्द और अर्थ सम्पृक्त मानकर ही चलते हैं। आधुनिकों के मापदण्ड से संस्कृत व्याकरण का कारक प्रकरण 'सिण्टैक्स' के अधिक निकट है।

इस विचार को विस्तार से रखने का उद्देश्य यह है कि 'कारक' जैसी महती संज्ञा का महत्त्व हम समझ लें। पाणिनि महान् वैयाकरण थे। उन्होंने बहुत-सी पूर्व प्रचलित संज्ञाओं के स्थान पर नयी संज्ञाएँ कल्पित की थीं पर 'कारक' को उन्होंने नहीं छुआ। उसके सहस्रों वर्ष से प्रचलित अर्थ को भी उन्होंने नहीं बदला। उनके परवर्ती महान् वैयाकरणों ने भी ऐसा नहीं किया। इसे 'अन्वर्थ' संज्ञा कहते रहे और वैसा ही मानते रहे। आज उस अर्थ को बदल देना कुछ जँचता नहीं। परन्तु हिन्दी में अँग्रेजी व्याकरण का प्रभाव बहुत तेज पड़ा है और भाषा का विश्लेषण नये ढंग से होने लगा है। इस नये ढंग में गुण भी हैं। आजकल अंग्रेजी के 'केस' के अर्थ में कारक शब्द का प्रयोग होने लगा है।

स्वराज्य और स्वभाषा

स्वतन्त्रता-प्राप्ति के बाद हमने अपने देश में लोकतान्त्रिक शासन-व्यवस्था को स्वीकार किया। लोकतान्त्रिक शासन-व्यवस्था का अर्थ यह होता है कि हमारे देश की जनता के चुने हुए लोग देश की कानून और व्यवस्था का संचालन करें। यह शासन-व्यवस्था जनता के द्वारा स्थापित होती है और जनता के हित के लिए कार्य करती है। हमारे देशवासियों की प्रकृति के अनुसार और उसके ऐतिहासिक विकास को दृष्टि में रखते हुए ऐसे नियम बनाने पड़ते हैं, जो ठीक उसी प्रकार बने हुए अन्य देशों के नियमों से कुछ भिन्न होते हैं। हमारे देश का इतिहास हजारों वर्ष पुराना है। इसमें विभिन्न धर्मों, सम्प्रदायों, नस्लों और जातियों के लोग बसते हैं। उनकी अपनी परम्पराएँ भी कुछ अलग-अलग हैं। इस प्रकार हमारे राष्ट्र में विविधताएँ और वैचित्र्य है। अलग-अलग समुदाय के धार्मिक विश्वास, पूजा-पद्धति, भाषा आदि में भी अन्तर दिखाई देता है। ऐसी स्थिति में एक सामान्य राष्ट्रीय हित का मार्ग खोजना कठिन हो जाता है। हमारे लोकतन्त्र ने इसी कठिन मार्ग को अपनाया है। इसके लिए हमारी संविधान-सभा ने धर्म-निरपेक्ष लोकतान्त्रिक व्यवस्था का मार्ग निकाला है। इसका अर्थ यह है कि हम यह संकल्प कर चुके हैं कि किसी समुदाय-विशेष के धार्मिक विश्वासों में राज्य की ओर से कोई हस्तक्षेप नहीं होगा। सबको अपने-अपने मार्ग पर चलने की स्वतन्त्रता होगी। राज्य किसी एक धर्म को मान्यता नहीं देगा और सभी धर्मों के उन महान् आदर्शों को अपनाया करेगा जो मानवता के पोषक और उन्नायक हैं। यह मार्ग कठिन है। इसमें सहनशीलता, उदारता और धैर्य के साथ सभी काम करना जरूरी है। पर कठिन होने पर भी यही मार्ग मनुष्यता का सही मार्ग है।

इसमें भाषा सम्बन्धी समस्या कुछ अधिक जटिल है। हमारे देश के संविधान में बहुत विचार के बाद चौदह मुख्य भाषाओं को मान्यता गयी दी है। इनमें एक संस्कृत भी है। संस्कृत हमारे देश की बड़ी शक्तिशाली और समृद्ध भाषा रही है। हमारे हजारों वर्षों के इतिहास में पीढ़ियों तक देश के सर्वोत्तम विचारकों ने इस भाषा में अपने विचार लिपिबद्ध कर रखे हैं। इसलिए संस्कृत को देश की मुख्य भाषाओं में स्थान देना उचित ही हुआ है। बाकी तेरह भाषाएँ देश के विभिन्न भागों में बोली जाती हैं। ये सभी भाषाएँ

हमारे राष्ट्र की सम्पत्ति हैं इसलिए इन सबकी समृद्धि से ही समूचे राष्ट्र की समृद्धि सम्भव है।

भाषा की समृद्धि उत्तम साहित्य से होती है। भाषा की समृद्धि से उसके बोलने वालों का जीवन स्तर ऊँचा उठता है। उनमें कार्य-कारण-परम्परा को सही-सही समझने की शक्ति विकसित है और उनके चरित्र में नैतिक निष्ठा का विकास होता है। राष्ट्र के सामूहिक सांस्कृतिक स्तर को ऊँचा उठाने का यह सर्वोत्तम उपाय है।

जो सरकार जनता के द्वारा चुनी जाती है उसमें जनता की भाषा का प्राधान्य होना स्वाभाविक ही है। परन्तु पिछले डेढ़-दो सौ वर्षों में हम एक पराधीन राष्ट्र के रूप में जीते रहे हैं। अँग्रेजी ने इस देश की शासन-व्यवस्था के लिए अँग्रेजी भाषा को सारे देश में प्रचलित किया था और हमारी अपनी भाषाओं का विकास रुद्ध हो गया था। अँग्रेजी भाषा द्वारा शासन-व्यवस्था चलाने का परिणाम यह हुआ है कि हमारे देशवासियों को, जो भिन्न-भिन्न भाषाएँ बोलते हैं, एकसूत्र में बाँधने का काम अँग्रेजी ही करने लगी है, हालाँकि विदेशी भाषा होने के कारण वह देश की विशाल जनता में ठीक से रींज-पींज नहीं सकी है। यही कारण है कि देश को एक सूत्र में बाँधने में वह कमजोर सिद्ध हुई है।

अँग्रेजी भाषा बहुत समृद्ध भाषा है और आजकल संसार के कई समृद्ध देशों में राजभाषा के रूप में स्वीकृत है। पर है यह विदेशी भाषा ही और देश की समूची जनता का एक नगण्य अंश ही उसमें कुशलता प्राप्त कर सका है। जनता का राज्य होने पर सारी जनता यदि अपनी भाषा में शासन-तन्त्र और न्याय-व्यवस्था को चलाने का अधिकार नहीं प्राप्त करती तो लोकतान्त्रिक व्यवस्था निश्चित रूप से कमजोर हो जाती है। संविधान बनाने वाले नेताओं के मन में यह प्रश्न बहुत प्रमुख रूप में उपस्थित था। इसको हल करने के लिए उन्होंने अपने देश की एक भाषा को चुना है जो विभिन्न राज्यों के आपसी व्यवहार की भाषा बहुत कुछ पहले से ही बनी हुई है। यह भाषा हिन्दी है। देश की लगभग आधी जनता इस भाषा को बोल या समझ लेती है। इसलिए ऐसा निश्चय किया गया है कि विभिन्न राज्यों में तो अपनी-अपनी भाषाएँ शासन-व्यवस्था के लिए काम में लायी जाएँ परन्तु सारे देश के लिए और राज्यों के पारस्परिक सम्बन्ध के लिए हिन्दी भाषा का प्रयोग किया जाए। ऐसा करने से ही देश में हर अर्थों में लोकतान्त्रिक शासन-व्यवस्था कायम होगी।

स्वतन्त्रता-प्राप्ति के बाद देश में भाषाओं की प्रगति में काफी तेजी आयी है। कई राज्यों ने अपने राज-काज के लिए अपने क्षेत्र में बोली जाने वाली भाषा को स्थान दिया है और विश्वविद्यालयों में भी तेजी से देशी भाषाएँ माध्यम के रूप में व्यवहृत होने लगी हैं। परन्तु अँग्रेजी अभी बनी हुई है। उसे एकदम हटा देने में भी कठिनाई है। धीरे-धीरे देशी भाषाएँ अपना उपयुक्त स्थान प्राप्त करती जा रही हैं और हिन्दी के प्रचार का भी थोड़ा-बहुत प्रयत्न हो रहा है। जब तक हमारी अपनी भाषाएँ समृद्ध नहीं हो जातीं तब

तक लोकतान्त्रिक व्यवस्था कमजोर ही बनी रहेगी।

भारतवर्ष की अपनी समृद्ध संस्कृति को उजागर करने के लिए देशी भाषाओं को प्रोत्साहन देना बहुत जरूरी है। विदेशी भाषा में शिक्षा पाने से हमारा स्वतन्त्र चिन्तन कुण्ठित हो गया है। समूचे राष्ट्र के सांस्कृतिक अभ्युत्थान के लिए भी हमें अपनी भाषाओं को समृद्ध करना आवश्यक है।

यह प्रसन्नता की बात है कि स्वाधीनता-प्राप्ति के बाद बहुत-सी बाधाओं और कठिनाइयों के होते हुए भी प्रादेशिक भाषाएँ उन्नति कर रही हैं। हिन्दी भी सार्वदेशिक भाषा के रूप को अवश्य प्राप्त कर रही है। इसमें अनेक विश्वविद्यालयों में एम.ए. तक की पढ़ाई हिन्दी में होने लगी है लेकिन अभी बहुत प्रयत्न की आवश्यकता है। जब तक आधुनिक ज्ञान-विज्ञान के हर क्षेत्र में उत्तम साहित्य का निर्माण नहीं होता, तब तक भाषा सम्बन्धी परमुखापेक्षिता बनी रहेगी। आशा की जाती है कि शीघ्र ही हमारी देशी भाषाएँ इस प्रकार के साहित्य से समृद्ध हो जाएँगी और हिन्दी तो विशेष रूप से समृद्ध हो जाएगी। स्वराज्य तभी सार्थक होगा जब स्वभाषा की उन्नति होगी। जिस भाषा को साधारण जनता तक ज्ञान-विज्ञान पहुँचा सकता है, उसकी उपेक्षा करना बहुत हानिप्रद होगा।

पंजाब का भाषा-सर्वेक्षण

पंजाब सरकार के भाषा विभाग और पंजाबी विश्वविद्यालय ने मिलकर पंजाब राज्य में बोली जाने वाली भाषाओं और बोलियों के तथा उसके सांस्कृतिक महत्त्व के कार्यों का सर्वेक्षण कराने का निश्चय किया है। यह बहुत ही उत्तरदायित्वपूर्ण और पवित्र कार्य है। इसके लिए अधिक से अधिक सावधानी और वैज्ञानिक तटस्थ बुद्धि की आवश्यकता होती है।

हमारे देश में भाषाओं के अध्ययन का कार्य बहुत पुराना है। हमारे वैयाकरणों ने समय-समय पर विभिन्न प्रदेशों में बोली जाने वाली भाषाओं और बोलियों के बारे में कुछ उल्लेख योग्य काम किया। परन्तु 'लिंग्विस्टिक सर्वे' उनसे भिन्न श्रेणी का काम है। यह केवल कुछ बोलियों के नाम गिनाने या व्याकरण बनाने का काम नहीं है। यह उससे भिन्न भी है और अधिक महत्त्व का काम भी है। आधुनिक युग में हमारे देश के भाषा सर्वेक्षण का काम उन्नीसवीं शताब्दी के अन्तिम चरण से शुरू हुआ है। यद्यपि यूरोपीय विद्वानों ने इस देश की भाषाओं की जानकारी प्राप्त करने के लिए थोड़ा-बहुत काम बहुत पहले से ही शुरू कर दिया था, लेकिन सन् 1878 ई. तक कोई ऐसा काम नहीं हुआ था जिसे आधुनिक दृष्टि से एक अच्छा 'केटलाग' भी कहा जा सके। यूरोपियन यात्रियों में जिन लोगों ने भाषा के विषय में जानकारी प्राप्त करने का प्रयत्न किया, उन्होंने बहुत कुछ अटकल का ही सहारा लिया। किसी-किसी ने इस देश की भाषाओं की संख्या 50-60 बतायी और किसी ने 250 तक। परन्तु 1878 ई. में प्रसिद्ध भाषाशास्त्री डॉ कल्ट ने पहला शानदार प्रयत्न किया और अपनी खोज का विवरण Modern Languages of the East Indies नामक ग्रन्थ में प्रकाशित कराया।

इस पुस्तक में पहली बार भाषाशास्त्रीय सूझ-बूझ के साथ इस देश की भाषाओं के वर्गीकरण का प्रयत्न किया गया है। उनका यह प्रयत्न अधूरा ही था क्योंकि किसी एक व्यक्ति के लिए चाहे वह कितना भी बड़ा पण्डित हो, सम्पूर्ण भारत की भाषाओं का सर्वेक्षण एक असम्भव कार्य ही है। फिर भी डॉक्टर कल्ट का काम बहुत ही शानदार था। क्योंकि उसने विद्वानों को और सरकार को इस कार्य के करने की बड़ी प्रेरणा दी।

सन् 1886 ई. में वियना में ओरियण्टल कांग्रेस की ऐतिहासिक बैठक हुई। डॉ. कल्ट

इस कांग्रेस के सदस्य थे। इसी कांग्रेस में सुप्रसिद्ध विद्वान् डॉ. बइलर ने प्रस्ताव किया जिसे प्रोफेसर बेकर ने समर्थन दिया। इस प्रस्ताव में भारत सरकार से अनुरोध किया गया था कि वह भारतवर्ष की भाषाओं का 'A deliberate Systematic Survey कराये। कांग्रेस में यह प्रस्ताव सर्व-सम्मति से पास हुआ जिसका भारत सरकार पर बड़ा प्रभाव पड़ा। कोई आठ वर्ष के विचार-विमर्श और सलाह-मशविरे के बाद सन् 1884 ई. में भारत सरकार ने इस महान् कार्य के लिए दृढ़ संकल्प किया। उस समय भारतवर्ष की आबादी उन्तीस करोड़, चालीस लाख कूती गयी थी, जिसमें बाईस करोड़ चालीस लाख लोग ब्रिटिश इण्डिया के ही निवासी थे। इस सर्वेक्षण का काम प्रसिद्ध विद्वान् सर जार्ज ग्रियर्सन को सौंप दिया गया। इस प्रकार वर्षों के कठिन परिश्रम से भारतवर्ष का पहला सर्वांगीण भाषा-सर्वेक्षण प्रस्तुत हुआ। इस सर्वेक्षण के आधार पर पता चला कि भारतवर्ष में 169 भाषाएँ और 544 बोलियाँ हैं। परन्तु यह सर्वेक्षण अत्यन्त महत्त्वपूर्ण होते हुए भी त्रुटिहीन नहीं कहा जा सकता। स्वाधीनता-प्राप्ति के बाद कई बार यहाँ अनुभव किया गया कि भाषा-सर्वेक्षण का काम फिर से और नये सिरे से करना चाहिए। परन्तु नयी परिस्थितियों में भाषा के साथ भावावेग, अनुचित आसक्ति और राजनीतिक हानि-लाभ की भावना इतनी जुड़ गयी है कि वैज्ञानिक तटस्थ दृष्टि बनने में बराबर कठिनाई अनुभव की जाती रही है। परन्तु कठिनाई कितनी भी क्यों न हो, भाषा-सर्वेक्षण का महत्त्वपूर्ण कार्य स्थगित नहीं किया जा सकता। कुछ न कुछ राजनीतिक लाभ-हानि की भावना और भावावेग तो हमेशा बना ही रहेगा। ग्रियर्सन के भाषा-सर्वेक्षण पर भी यह आरोप लगाया गया था कि उसमें तत्कालीन भारत सरकार की साम्राज्यवादी नीति काम कर रही थी। आवश्यकता है यथाशक्ति शुभ बुद्धि, निष्पक्ष वैज्ञानिक दृष्टि और सच्चे ज्ञान के प्रति अटूट निष्ठा की। जिसके भीतर ये बातें होंगी, वही इस कार्य को ठीक-ठीक कर सकेगा। भारतवर्ष अब स्वाधीन हुआ है। अब हमारी सभी भाषाएँ और सभी बोलियाँ अपनी हैं। हमारा पक्षपात हो तो सभी भाषाओं और बोलियों के साथ होना चाहिए और होगा। इसी शुभ बुद्धि से इस महान् कार्य को हाथ में लेना चाहिए।

ग्रियर्सन ने जब भाषा सर्वेक्षण का काम शुरू किया था तो उस समय के भाषा-प्रेमी विद्वानों के सहयोग से कुछ पद्धतियाँ अपनायी गयी थीं। उनकी जानकारी हमारे इस कार्य के लिए आवश्यक होगी। पहली बात यह तय की गयी थी कि एक परिनिष्ठित या स्टैण्डर्ड कहानी दी जाए जिसे भिन्न-भिन्न बोलियों के बोलने वालों से अपनी भाषा में कहलवाया जाए और उसका शुद्ध लेखन किया जाए। यह भी निश्चय किया गया कि उस क्षेत्र में जो लिपि प्रचलित हो, उसी में वह कहानी लिखी जाए और फिर उसे रोमन लिपि में उतार लिया जाए। हर प्रकार की ध्वनि रोमन लिपि में लिखी जा सके, यह प्रयत्न बहुत सावधानी से किया गया। अनेक नये चिह्नों की योजना करके रोमन वर्णमाला को अधिक से अधिक पूर्ण बनाने की कोशिश की गयी। 'स्टैण्डर्ड कहानी' के लिए बाइबल की Parable of Prodigal Son नामक कहानी चुनी गयी। परन्तु भारतीय जनता

की रुचि का ध्यान रखते हुए उसमें थोड़ा परिवर्तन भी कर लिया गया। इस कहानी की सबसे बड़ी विशेषता यह है कि इसमें सभी वचन, कारक और लिंग आ जाते हैं। क्रियाओं के भी तीनों कालों के रूप आ जाते हैं और अधिकतर सर्वनाम रूप भी इसमें आ जाते हैं। परन्तु आशंका की बात यह थी कि अँग्रेजी न जानने वाले के लिए यह दुर्बोध्य थी। उसे अनुवाद करके हिन्दुस्तानी या अन्य किसी भाषा में समझाना पड़ता था और कहने वाला उस अनुवाद का अनुवाद करता था। इससे मुहावरेदार सहज-स्वाभाविक भाषा का परिचय मिलना कठिन हो जाता था। यद्यपि इस कहानी के अनुवाद से व्याकरण के ढाँचे का तो पता चल जाता था किन्तु उस बोली या भाषा का जीवन्त रूप सामने नहीं आ पाता था। इस कमी को पूरा करने के लिए एक दूसरी पद्धति अपनायी गयी। यह दूसरी पद्धति यह थी कि बोलने वाले से उसी क्षेत्र में प्रचलित कोई लोक-कथा कहलायी गयी। इसमें बोलने वाले को पूरी स्वतन्त्राा थी कि वह अपनी इच्छा से स्वतन्त्रतापूर्वक जो भी कहना चाहे, कहे। इन दोनों बातों के अतिरिक्त एक तीसरी बात और स्वीकार की गयी। सर जार्ज कैंम्पबेल ने बहुत पहले भारतीय भाषाओं की एक परिनिष्ठित शब्द-सूची तैयार की थी जो बंगाल एशियाटिक सोसायटी के जर्नल में बहुत पहले प्रकाशित हो चुकी थी। इस सूची में कुछ और शब्द जोड़कर 'A Standard List of Words' बनाया गया। प्रत्येक बोली में इनके लिए कौन-से शब्द प्रयुक्त होते हैं और इनका उच्चारण किस प्रकार का है, यह जानने की कोशिश की गयी। प्रत्येक जिला अधिकारी और पोलिटिकल ऐजेण्ट को ये सारी बातें अच्छी तरह से समझा दी गयीं। और इस प्रकार विभिन्न भाषाओं और बोलियों के नमूने इकट्ठे किये गये और भाषा-सर्वेक्षण का कार्य सम्पन्न किया गया। इन नमूनों का भाषा-शास्त्रीय विश्लेषण बड़ी सावधानी से किया गया। सारे नमूने जब मिल गये तो देखा गया कि इनमें भाषाओं की संख्या 231 है और बोलियों की 774 । बाद में छानबीन करने पर मालूम हुआ कि यह संख्या ठीक नहीं है क्योंकि कई बोलियाँ दो या अधिक जिलों में बोली जाती हैं। इसलिए कई बोलियों का नाम दो या तीन बार भी आ गया है। इन सबको भाषाशास्त्र की कसौटी पर कसकर देखा गया तो पता चला कि भाषाओं की संख्या वस्तुतः 169 है और बोलियाँ 544 । परन्तु गलती की सम्भावना इसमें भी है। क्योंकि सन् 1921 की जनसंख्या में इन्हीं आधारों पर भाषाओं की संख्या 188 बतायी गयी है।

स्पष्ट है कि जिला अधिकारियों और पोलिटिकल एजेण्टों ने जिन लोगों को इस काम के लिए नियुक्त किया था, वे सभी भाषा-शास्त्रीय नियमों के जानकार नहीं थे। इस काम में अधिकतर पटवारियों और पोस्टमैन जैसे लोगों से मदद ली गयी। कई बार तो ऐसी बोलियों का पता चला जिनको जानने वाला कोई पढ़ा-लिखा आदमी ही नहीं मिला। हिमालय में एक ऐसी बोली का पता चला जो तिब्बती परिवार की थी। उसके बोलने वाले बहुत-थोड़े लोग थे जो तिब्बत से आकर वहाँ बस गये थे। उनकी भाषा आस-पास के लोग बिलकुल नहीं समझते थे। लेकिन उत्साही कार्यकर्ताओं ने उसके नमूने भी पेश

कर ही दिये। ग्रियर्सन ने लिखा है कि उस बोली का नाम ''Was a solemn procession of weird monosyllobles wandering right across a page'' अर्थात् एकाक्षरिक शब्दों की लम्बी कतार थी जो पूरा पन्ना घेरे हुए थी। मूँड मारकर के भी ग्रियर्सन इस नाम का कोई मूल किनारा नहीं खोज सके। दोबारा पूछताछ करने पर रहस्य का पता लगा। पूछने वाले राजकर्मचारी ने उस बोली के बोलने वाले से पूछा कि तुम्हारी बोली का नाम क्या है ? उसने अपनी बोली में उत्तर दिया कि मैं कुछ भी नहीं समझ रहा हूँ कि आप पूछना क्या चाहते हैं ''I don't understand what you are driving at ?'' कर्मचारी महोदय ने इस पूरे वाक्य को उस बोली का नाम समझ लिया। ऐसी ही कहानियाँ और भी हैं। इस कहानी से आप आसानी से समझ सकते हैं कि कर्मचारी महोदय ने भाषा का नमूना कैसा संग्रह किया होगा। आशा करनी चाहिए कि पंजाब सरकार के कर्मचारी इस प्रकार की गलतियाँ नहीं करेंगे।

एक विचित्र बात यह है कि हिन्दुस्तान की अधिकांश जनता यह नहीं जानती कि वह कौन-सी बोली बोलती है। कम से कम ग्रियर्सन के समय तो यही अवस्था थी। हर बोली का नाम उसके पड़ोसियों का दिया हुआ है। पंजाब के दक्षिण और बीकानेर के उत्तर में एक बोली बोली जाती है, उसका नाम है—'जंगली'। परन्तु बोलने वाले में से कोई भी अपनी बोली को जंगली कहने को तैयार नहीं हुआ। पड़ोसियों ने ही उसको यह नाम दे रखा था और लिंग्विस्टिक सर्वे में यह नाम भी उजागर हो गया। मेरी अपनी बोली का नाम 'भोजपुरी' है। परन्तु गाँव के लोग यह नहीं जानते थे कि उनकी बोली का नाम भोजपुरी है। यह नाम अँग्रेज सिपाहियों का दिया हुआ है। कुछ लोग एक सामान्य भाषा नाम जानते हैं और इसी से अपनी बोली का भी परिचय दे दिया करते हैं। भाषा-सर्वेक्षण का काम करने वालों को सब बातों का सामना करना पड़ेगा। हो सकता है कि Linguistic Survey of India में दिये हुए नामों में अधिकांश कल्पित या बनावटी जान पड़ें। आपको बड़ी सावधानी के साथ सही स्थिति का पता लगाना होगा। पड़ोसियों के दिये हुए नाम कभी-कभी घृणासूचक या उपहाससूचक होते हैं, जैसे बंगाली लोग पूर्वी बिहार वालों की भाषा को 'खोटा भाषा' कहते हैं और स्वयं बिहार वाले मैथिली को 'छिकाछिकी'। कहने का मतलब यह है कि केवल दूसरों की बात पर अन्ध भाव से विश्वास करने की जरूरत नहीं है, स्वयं विश्लेषण करके तथ्यों का पता लगाना चाहिए।

भाषा-सर्वेक्षण करने वालों के सामने एक प्रश्न यह भी रहा है कि भाषा और बोली का अन्तर कैसे किया जाए। यूरोपियन विद्वानों में एक मान्यता यह रही है कि बोली विभिन्न क्षेत्रों की घरेलू भाषा है। कई बोलियों के लोग आपसी व्यवहार के लिए एक सामान्य भाषा का व्यवहार करते हैं, जिसे उस क्षेत्र के सभी बोलियों के बोलने वाले समझ जाते हैं। यह मान्यता व्यावहारिक दृष्टि से ठीक कही जा सकती है। पर भाषाशास्त्रीय कसौटी पर ठीक नहीं उतरती। ग्रियर्सन ने कहा है कि लगभग समूचे उत्तरी

भारतवर्ष में लोग एक सामान्य भाषा हिन्दी हिन्दुस्तानी को समझ लेते हैं। फिर भी भाषा-शास्त्रीय दृष्टि से मैथिली, भोजपुरी, कुमायुँनी, गढ़वाली भाषाएँ एक नहीं हैं। उनका परिवार अलग है। साधारणतः क्रियापद, सर्वनाम और वाक्य-रचना से परिवार के भेदक लक्षणों का ज्ञान होता है। हमारे संविधान में चौदह (अब अठारह-सम्पादक) भाषाएँ मानी गयी हैं। पर भाषाशास्त्री इसे व्यावहारिक भेद ही कहेगा। भाषा-परिचय की दृष्टि से हिन्दी और उर्दू अलग भाषाएँ नहीं हैं। हिन्दी का लिखा जाने वाला भाषाशास्त्रीय रूप भोजपुरी और अवधी के उतना निकट नहीं है, जितना पंजाबी या गुजराती का रूप। इसी प्रकार बिहार की भाषाएँ बँगला के अधिक निकट हैं। इस बात की अधिक सावधानी से जाँच होनी चाहिए कि विभिन्न बोलियों का असली परिवार कौन है। इस विषय को सामयिक राजनीति से यथासम्भव दूर रखना चाहिए। राजनीति बदलती रहती है, भाषा अधिक स्थायी वस्तु है।

जिस क्षेत्र के भाषा-सर्वेक्षण का कार्य आप करने जा रहे हैं उसका गठन ही भाषा के आधार पर हुआ है। कुछ दिन पूर्व तक 'पंजाब' बहुत बड़ा क्षेत्र था। देश-विभाजन के बाद वह आधे से भी कम रह गया। अब नये सिरे से जिस राज्य को हम पंजाब कहते हैं वह बिलकुल पंजाबी भाषा-भाषी क्षेत्र है। इसके वर्तमान रूप की कहानी आप सबको मालूम है। पर इस तथ्य से आपका काम आसान नहीं हो जाता। पंजाबी यहाँ की मुख्य भाषा है। पर यहाँ और भाषाएँ हैं ही नहीं, यह नहीं समझना चाहिए। जिस भाषा या बोली को बोलने वाले दस आदमी हों वह भी भाषा या बोली ही है। लिंग्विस्टिक सर्वे के कार्यकर्ता उसे भूल नहीं सकते और न उपेक्षा कर सकते हैं। इससे भाषाओं और बोलियों की संख्या बढ़ भी सकती है फिर भी पंजाबी भाषा का महत्त्व उससे घटने वाला नहीं है। भाषा-सर्वेक्षण वैज्ञानिक अध्ययन है। व्यवहार के क्षेत्र में उसके सैकड़ों प्रकार के उपयोग हो सकते हैं। उत्तरी अमेरिका की राजभाषा अँग्रेजी है। वही वहाँ की मुख्य भाषा है। पर भाषा-सर्वेक्षण से पता चलता है कि वहाँ अँग्रेजी के सिवा लगभग 25 परिवारों की 345 भाषाएँ बोली जाती हैं। केन्द्रीय अमेरिका और मैक्सिको में 20 परिवारों की कोई 84 भाषाएँ हैं और दक्षिणी अमेरिका में लगभग 77 परिवारों की 776 भाषाएँ बोली जाती हैं। इनमें कुल अमेरिका में 122 परिवारों की 1205 भाषाएँ बोली जाती हैं। इनमें अँग्रेजी या अन्य यूरोपीय भाषाओं को नहीं जोड़ा गया है। इससे स्पष्ट है कि भाषा-सर्वेक्षण करने वालों ने छोटे से छोटे समुदाय की भाषा को भी छोड़ा नहीं है। पर इस बड़ी संख्या से अंग्रेजी के राजभाषा होने में कोई बाधा नहीं आती। इस विशाल संख्या को देखते हुए भारतवर्ष की 169 भाषाएँ और 544 बोलियाँ बहुत कम दिखती हैं। ग्रियर्सन के भाषा-सर्वेक्षण की चर्चा हम कर चुके हैं। दूसरे देशों में छोटे-छोटे जिलों या तहसीलों को लेकर उनका सर्वेक्षण किया गया है और भाषाओं या बोलियों के एटलस तैयार किये गये हैं। सन् 1821 से पहले श्मेलर ने बबेरियन उपभाषाओं का काम किया था। सन् 1893 में स्कीट नामक अँग्रेजी विद्वान् ने

इंग्लिश डायलेक्टोलॉजी सोसायटी की स्थापना की थी और इंगलैण्ड की कई बोलियों का एटलस तैयार किया था। सन् 1876 में जर्मन पण्डित जार्ज बेंकट ने राइन की बोलियों का सर्वेक्षण किया था और बाद में पूरे जर्मनी, सरकारी सहायता से और स्कूली शिक्षकों के उत्सापूर्ण सहयोग से, भाषाओं का बहुत शानदार काम किया था। पर विद्वानों को इस कार्य से सन्तोष नहीं हो सका क्योंकि उत्साह देने वालों में उत्साह तो बहुत था पर इस विषय का प्रशिक्षण नहीं मिला था। और भी बहुत काम हुए हैं। इनका नाम गिनाना यहाँ अभिप्रेत नहीं है। परन्तु 1928-43 के कनाडा के न्यू इंग्लैण्ड का कुरेथ द्वारा बनाये एटलस की चर्चा कर देना उचित समझता हूँ। भारतीय भाषाओं के विभिन्न क्षेत्रों में भी कुछ काम हुए हैं। वस्तुतः क्षेत्रीय भाषा उसके अध्ययन की भाषाशास्त्रीय धारणा (जिसे लिंग्विस्टिक जियाग्रफी या भाषा भूगोल का नाम दिया गया है) काफी महत्त्वपूर्ण बन गयी है।

अब तक इस विषय पर जिन लोगों ने काम किया है, वे थोड़े-बहुत भेद के साथ मोटे तौर पर एक ही पद्धति से काम करते रहे हैं। जिस क्षेत्र का अध्ययन करना होता है उसे कई विभागों में बाँट लिया जाता है और वहाँ की सामाजिक और अन्य परिस्थितियों की मोटी रूपरेखा बना ली जाती है। यह जरूरी है इसलिए कि जिस क्षेत्र में काम करना हो उसके सामाजिक, धार्मिक विश्वासों, अन्धविश्वासों और रीति-रिवाजों की जानकारी न होने से कार्यकर्ता को कभी-कभी बड़ी कठिनाइयों का सामना करना पड़ता है। उस बोली के प्रतिनिधि का विश्वास अर्जन करना पड़ता है। नहीं तो यदि लोग उसे सन्देह की दृष्टि से देखने लगें तो ठीक उत्तर नहीं देते या बिल्कुल सहयोग नहीं करते।

आज कल इस पद्धति को Field Method कहा जाता है और इस पर अनुभवी लोगों ने पुस्तकें भी लिखी हैं। भाषा का अध्ययन पाँच दृष्टियों से किया जाता है— ध्वनि, रूप, शब्द, अर्थ और वाक्य। ऐसी कहानियाँ लोगों से कहलाने के लिए चुनी जानी चाहिए जिनमें भाषा के ये सभी रूप मिलाये जा सकें। यह ध्यान रखना बहुत आवश्यक है कि जिस व्यक्ति से सूचनाएँ संग्रह की जा रही हैं वह यथासम्भव बाहरी बोलियों या साहित्यिक भाषा से प्रभावित न हो। पहले केवल संग्रहकर्ता के सुनने और ठीक-ठीक लिख सकने की क्षमता पर ध्यान दिया जाता था अब टेप यन्त्रों के आविष्कार के बाद से इसकी सहायता ली जाने लगी है। पर अनुभव से देखा गया है कि कभी-कभी इस यन्त्र को ही भूतों की करामात मान लिया जाता है और संग्रहकर्ता को परेशानी उठानी पड़ती है। पिछड़े इलाकों में इस बात की अधिक आशंका होती है। इसीलिए सावधानी बरतने की आवश्यकता होती है। अब भाषाओं और बोलियों की विभाजक रेखाओं के निश्चय के लिए आइसोग्लास या आइसोफोन पद्धति प्रचलित है। इससे उस विभाजक रेखा का पता चलता है जहाँ से भाषा में परिवर्तन के चिह्न स्पष्ट होने की ओर झुकने लगते हैं। इस विषय के जानकार अब हमारे देश में बहुत तो नहीं, पर मिल जाएँगे।

सर्वेक्षण आरम्भ करने के पूर्व हमें 'पूर्ववर्ती' विद्वानों के अनुभव और आधुनिक पद्धतियों पर सावधानी से विचार कर लेना चाहिए। भाषा बोलियों के नक्शों को आजकल बहुत महत्त्व दिया जाता है। ध्वनि, शब्दरूप, वाक्य-विन्यास, अर्थ आदि की रेखाएँ प्रायः भिन्न-भिन्न क्षेत्रों को घेरे लिया करती हैं। फिर भी कुछ ऐसे स्थल होते हैं जहाँ वे प्रायः मिल जाती हैं और पास-पास आ जाती हैं। इन्हीं मिली हुई या सटी हुई रेखाओं से बोलियों का क्षेत्र विभाजित होता है। पर कितनी भी सावधानी क्यों न बरती जाए स्पष्ट विभाजक रेखा प्रायः कल्पित रेखाएँ ही होती हैं। भाषा एक जीवन्त तत्त्व है। उसे भौतिक पद्धतियों से सीमाबद्ध करना कठिन है। प्रायः एक क्षेत्र की विशेषताएँ दूसरे में मिल जाया करती हैं। भाषा-सर्वेक्षण के समय यह सदा याद रखना चाहिए कि बहुत सुकुमार प्राणवन्त वस्तु की जाँच की जा रही है

पंजाब राज्य कई बार विभाजित हुआ है। पाकिस्तान बनने के समय जो विभाजन हुआ उससे भाषा विषयक उथल-पुथल हुई है और पुरानी परिस्थितियों में बड़ा अन्तर आ गया है। विभिन्न बोलियों के बोलने वाले झुण्ड के झुण्ड लोग इधर से उधर आये गये हैं। पंजाबी भाषा के शब्द के पुराने अर्थों में अन्तर आया है। किसी समय सिराइकी हिन्दकी के लिए इस शब्द का प्रयोग होता था। सिराइकी शब्द का अर्थ है ऊँची भूमि की भाषा। सिरो ऊँची भूमि को कहते हैं। परिनिष्ठित लहँदा, जिसे लायलपुर में अधिक परिनिष्ठित रूप में पाया जाता है, को पंजाबी भाषा के नाम पर समझा जाता था। लहँदा या लहँदी का अर्थ पश्चिमी है। यह सूर्यास्त के अर्थ में प्रयुक्त शब्द है। पूरे पंजाब के पश्चिमी भाग की भाषा को यह नाम दिया गया था। वस्तुतः 'लहँदे दी बोली' अर्थात् पछाँही भाषा से अँग्रेज अधिकारी ने इस शब्द को ले लिया था। कभी हिन्दुओं की भाषा होने के कारण 'हिन्दकी', जाटों की भाषा होने के कारण 'जटकी', उच्च कस्बे के नाम पर इसे 'उच्ची' दिया गया। ग्रियर्सन ने इसके परिनिष्ठित रूप को सुपरिभाषित नाम दिया। उनके अनुसार इसके बोलने वालों की संख्या कोई 48 हजार के आस-पास थी। अब कितने लोग हैं, कितने बाहर चले गये हैं और कितने अन्य क्षेत्रों से आकर लहँदा भूमि में बस गये हैं, इसका अभी तक ठीक-ठीक पता नहीं है। आज पंजाबी भाषा का प्रयोग साहित्यिक भाषा के लिए अधिक रूढ़ हो गया है। परिनिष्ठित पंजाबी का शुद्ध भाषा वैज्ञानिक ढाँचा केन्द्रीय पंजाब के मैदानों में है। अमृतसर के आस-पास का इलाका मध्य-भूमि या माझ कहा जाता था। माझ की भाषा माझी के अतिरिक्त जालंधरी, दोआबी, बोवाई, रावी, मालवाई, भट्टियानी (जिसमें बीकानेरी, राठी, फाजिल्काई, बागड़ी, फीरोजपुरी, राठौरी, हैं) आदि से प्रचुर उपादान लेकर साहित्यिक परिनिष्ठित पंजाबी का गठन हुआ है। विभाजन के बाद इसमें कौन-कौन से नये उपादान आये हैं, यह आपके प्रयत्नों से स्पष्ट होगा। पाकिस्तानी पंजाबी की अनेक बोलियों के बोलने वाले इन प्रदेशों में आ बसे हैं। निश्चय ही भाषा उनके सम्पर्क से प्रभावित हुई होगी।

भाषा का अध्ययन हमारे सांस्कृतिक विकास और आदान-प्रदान को स्पष्ट करता है।

यह उचित ही है कि भाषा के सर्वेक्षण के साथ-साथ हम सांस्कृतिक सर्वेक्षण की ओर भी अग्रसर हों। भाषा में प्रयुक्त एक-एक शब्द एक-एक स्वराघात कुछ सूचना देते हैं। व्यक्तियों के नाम, कुलों या खानदानों के नाम, पुराने गाँव के नाम जीवन्त इतिहास के साक्षी हैं। हमारे रीति-रिवाज, पहनावे, मेले, नाच-गान, पर्व, त्यौहार,उत्सव हमारे पुराने इतिहास की कथा सुना जाते हैं। यह आश्चर्य और कुतूहल की ही नहीं, उल्लास और आनन्द की बात है कि उपरले स्तर पर जहाँ इतिहास हमें लड़ाई-झगड़े और मार-काट की बात बताते हैं वहीं गहरायी में हमारे शब्द हमारे स्वराघात, हमारे गाँव, हमारे त्यौहार, हमारे मेले भुजा उठाकर घोषणा करते हैं कि उपरले स्तर पर जहाँ पर राज्यलिप्सा है, झगड़े हैं, धक्का-मुक्की है वहीं गहरायी में मिलन का मार्ग तैयार होता रहता है। मनुष्य मिल रहा है, ले-दे रहा है, एक हो रहा है। कभी पंजाब में नागों का और आर्यों का कितना भयंकर संघर्ष था, इसका आभास हमें महाभारत के अर्जुन द्वारा किये गये खाण्डव वन दाह और जनमेजय द्वारा अनुष्ठित नागयज्ञ से मिलता है। कब वह संघर्ष कहाँ बिला गया पर नागों के देवता या उनके आठ कुलों में से एक के नेता ककौट या गग्गोट आज भी गूफा पीर या गोगा पीर के नाम से पूजे जा रहे हैं। पुरानी यक्ष-सभ्यता पता नहीं कहाँ चली गयी, पर कानेर कोटला (कोटला-कोटर) में शताब्दियों से चली आती हुई यक्ष-रात्रि का उत्सव आज भी मुस्लिम सन्तों के संरक्षण में जी रहा है। हिमालय में दूर-दूर तक फैली हुई खस पर्वत श्रेणी अब कहीं हैं या नहीं, यह पण्डितों के अध्ययन का विषय बना हुआ है। पर खस फल्ली कसौली के रूप में जी रही है और स्मरण दिलाती है कि किसी जमाने में खस यहाँ बसते थे। अम्बाला से जालन्धर तक न जाने कितने गाँव सड़क पर ही मिल जाते हैं जिनके अन्त में आला लगा हुआ है। लुधियाना का पुराना नाम भी कदाचित् लुधियाला ही था और वर्ण व्यत्यय से उसी प्रकार लुधियाना बन गया है, जिस प्रकार नफासत पसन्द लोगों के मुँह से लखनऊ नखलऊ बन जाता है। क्या गाँवों की यह नामावली किसी विशेष सभ्यता की सूचना नहीं देती ? कौन-सी सभ्यता या सभ्यता की स्थिति वह रही होगी। पंजाब के कुलसूचक पदों को सुनकर मेरा मन कुतूहल से भर जाता है। राजपूत जैसी नव क्षत्रिय जाति का नाम 'राजपुत्र' शब्द का विकास है। उस आधार पर मल्हों के वंशज 'मल्ह:पुत्र' मल्होत्रा, मिहिरों के वंशज मेहरोत्रा समझ में आ जाते हैं क्योंकि पुराने साहित्य से इनका सन्धान मिल जाता है। पर बहुत से आसाद हमें चुनौती देते हैं। वह आपके बारे में कुछ कह जाते हैं। अपने को उजागर करने के लिए व्याकुल दीखते हैं पर हम सुन नहीं पाते। सुन पाने का प्रयत्न भी नहीं करते। मिहिर शब्द मिहिरपुत्र या मेहरोत्रा से भी अधिक मनोरंजक है। उज्जैन के प्रसिद्ध ज्योतिषी (छठी शताब्दी) के वराहमिहिर के नाम में जो मिहिर शब्द है उसका कोई सम्बन्ध है। मिहिर ही क्या मिसिर है जो आगे चलकर संस्कृतीकरण की प्रक्रिया में मिश्र और अँग्रेजी प्रभाव से मिश्रा बन जाता है, कौन बताएगा ?

हिन्दी भाषा और साहित्य के विगत पचीस वर्ष

पिछले पचीस वर्षों में हिन्दी साहित्य निश्चित रूप से बहुत समृद्ध हुआ है। ज्ञान-विज्ञान के प्रायः प्रत्येक क्षेत्र में कुछ प्रकाशन हुआ है। सब समय पुस्तकों का स्तर अच्छा नहीं रहा है। पर यह सच है कि हिन्दी का लेखक बहुत जागरूक है और यथाशक्ति कुछ नयी जानकारी देने का प्रयत्न कर रहा है। बहुत से विद्वान् इस प्रगति से बिलकुल सन्तुष्ट नहीं हैं। क्योंकि विविध विज्ञानों के क्षेत्र में जो कुछ प्रयत्न हो रहा है उसमें भाषा की त्रुटियाँ हैं, वाक्य-विन्यास में विदेशीपन की बू है। नये भावों को व्यक्त करने के लिए जो शब्द गढ़े गये हैं, वे वांछित अर्थ देने में असमर्थ हैं और कभी-कभी विषय का अधकचरा ज्ञान लेकर लेखक लिखने बैठ जाता है। ये सब शिकायतें किसी न किसी रूप में सही हैं परन्तु यह बात और भी अधिक सही है कि साहित्य इस प्रकार के असन्तोष से ही आगे बढ़ता है, निखरता है और क्रमशः सशक्त होता जाता है। हमें यह नहीं भूलना चाहिए कि हम आरम्भ कर रहे हैं और सारे आरम्भ कुछ न कुछ दोष लेकर आते ही हैं। भगवान श्रीकृष्ण ने गीता में कहा है कि जिस प्रकार आग जलाने के पहले धुआँ हुआ करता है, उसी प्रकार सभी आरम्भ में पहले दोष आ जाते हैं —सर्वारम्भदोषेण धूमेनाऽग्निरिवावृताः। सो, आरम्भ में दोष होना अच्छा तो नहीं है पर बहुत चिन्ता की बात भी नहीं है। महत्त्वपूर्ण बात यह है कि हिन्दी का लेखक उच्चकोटि का साहित्य लिखने के लिए व्याकुल है और प्रबुद्ध पाठक सन्तोष अनुभव नहीं कर रहा है। वह और अच्छा, और स्वादिष्ट, और सुपाच्य साहित्य चाहता है। लेखक की व्याकुलता बढ़ी है और पाठक की भूख।

स्वतन्त्रता-प्राप्ति के बाद हम यथार्थ की भूमि पर उतरें, इसके पहले हम सपनों की दुनिया में विचरते थे। हिन्दी सेवक की धारणा थी कि हिन्दी के राजभाषा स्वीकृत होने के साथ ही साथ हिन्दी अपना गौरवमय स्थान तुरन्त ग्रहण कर लेगी और उसका साहित्य देखते-देखते समृद्ध हो जाएगा, पर ऐसा हुआ नहीं। वास्तविकता की दुनिया में अप्रत्याशित बाधाएँ आ खड़ी हुईं और अब भी नित्य नये रूप में प्रकट हो रही हैं। स्वभावतः हिन्दी के पुराने सेवकों के मन में झुँझलाहट पैदा होती है और कभी-कभी वे हताश भी देखे जाते हैं। एक बड़ी प्रतिक्रिया हुई है अँग्रेजी के पक्ष की दृढ़तापूर्वक

स्थापना, दूसरी प्रतिक्रिया हुई है अनेक स्वीकृत-अस्वीकृत भाषाओं का सिर उठाना। अगर ध्यान से इस समस्या पर विचार किया जाए तो दोनों में से एक भी ऐसी नहीं है जिससे चिन्तित या परेशान हुआ जाए। ये दोनों ही प्रतिक्रियाएँ प्रच्छन्न रूप से हिन्दी की शक्ति की स्वीकृति हैं। यह स्पष्ट समझ लेना चाहिए कि हिन्दी का आन्दोलन 'निज भाषा उन्नति' का आन्दोलन है। इसीलिए देश के भिन्न-भिन्न भागों में बोली जाने वाली भाषाएँ या बोलियाँ उन्नति करना चाहती हैं तो वे वस्तुतः हिन्दी को समृद्ध ही करेंगी। हिन्दी का आन्दोलन सदा से भारतीयकरण का आन्दोलन रहा है—स्वस्थ भारतीयकरण का अँग्रेजी के पक्ष में जोर देकर बोलने वाले जानते हैं कि वे हिन्दी को दबा नहीं सकेंगे और अँग्रेजी के स्थान पर किसी अन्य भारतीय भाषा को खड़ा करना उनके वश के बाहर की बात है। अन्य भारतीय भाषाओं की जितनी भी उन्नति होगी उतनी ही हिन्दी की समृद्धि होगी। इसलिए इन प्रतिक्रियाओं से विचलित होने का कोई कारण नहीं है। यह उसकी जाग्रत् और उदीयमान शक्ति का प्रमाण ही है। हिन्दी सबकी उन्नति को आनन्द और प्रेम की दृष्टि से देखती है।

इस प्रकार स्वतन्त्रता-प्राप्ति के बाद सभी राष्ट्रीय कार्यों में हिन्दी का आना अनिवार्य था परन्तु हमारा देश बड़ा विशाल है और उसकी समस्याएँ भी बहुत उलझी हुई हैं। किसी देश के जीवन में पच्चीस वर्ष का समय बहुत बड़ा नहीं होता। पच्चीस वर्षों में देश अनेक उलझनों को सुलझा लेने में समर्थ हुआ है। और बहुत-सी नयी उलझनों को पैदा करने के लिए बाध्य हुआ है। यह जीवन का लक्षण है। समस्याएँ सुलझेंगी, नयी पैदा होंगी, उन्हें भी सुलझाने का प्रयत्न होगा और देश की आन्तरिक शक्ति निरन्तर जागरूक होती रहेगी। वैरागी निराश होकर कहेगा—'को छुट्यो यहि जाल परि'। लेकिन कर्मयोगी कहेगा-'बाधाएँ हैं, विघ्न जानता हूँ मैं, पर यही जानकर प्राण वक्ष में झूमें'।

हमारे बड़े-बड़े विश्वविद्यालयों में, वैज्ञानिक और तकनीकी शोध-प्रतिष्ठान, नागरिक और सैनिक सेवाओं के लिए चुनाव करने वाले आयोग, चिकित्सा और स्वास्थ्य के नियामक भारतीय परिषदें—सर्वत्र अँग्रेजी का बोलबाला है। लगता है कि नीचे से चलने वाले सारे प्रयत्नों को ये ऊपरली संस्थाएँ दबा रही हैं। अभी जो स्थिति है, उससे लगता है कि जिन विद्यार्थियों को हम आरम्भ और माध्यमिक स्तर पर अँग्रेजी की अनिवार्य जानकारी से वंचित रहने देते हैं, उनका भविष्य सन्देहास्पद है। कदाचित् जीवन की उच्चतर आकांक्षाओं की पूर्ति का अवसर उन्हें नहीं मिलेगा, गोया बोतल के नीचे से उठने वाली हलचल निरन्तर कार्क से दबी रहेगी। परन्तु यह सामयिक और अस्थायी परिस्थिति है। बहुत शीघ्र कार्क से दबाने वाली प्रवृत्ति समाप्त होने वाली है। यदि सभी भारतीय भाषाओं में उन्नति करने की स्वस्थ प्रतियोगिता है तो अँग्रेजी कभी उनका मार्ग नहीं रोक सकेगी। पिछले पच्चीस वर्षों की हलचलें सहस्र गुणा शक्तिशाली होकर ऊपरी ढक्कन को उसी प्रकार फेंक देंगीं जिस प्रकार व्यायलर का भाप ढक्कन को फेंक दिया करता है। परन्तु यहीं एक सावधान वाणी की आवश्यकता है। नीचे से उठने वाली ताकतों को

अगर नियन्त्रित भाव से उपयोग में नहीं लगाया गया तो देश के हरेक क्षेत्र में अराजकता आ जाएगी। इसलिए देश के नेताओं को सावधानी से इस नयी शक्ति का उपयोग करना चाहिए।

हमारे देश में विकास को सुनियन्त्रित रूप में, योजनाबद्ध रूप में, लाने का प्रयास शुरू हो गया है। यह पं. जवाहर लाल नेहरू की दूरदर्शिता की देन है, विकास के विभिन्न क्षेत्रों में सुविचारित योजनाएँ शुरू हुई हैं। कुछ का सुफल भी दिखाई देने लगा है। भाषा और साहित्य के क्षेत्र में कुछ प्रयत्न भी शुरू हुए हैं पर उसकी गति बहुत मन्थर हैं। अभी यह नहीं कहा जा सकता कि हिन्दी-प्रेमियों ने गम्भीरता के साथ सुचिन्तित योजनाबद्ध भाव से इस दिशा में कार्य आरम्भ किया है। सबसे कष्टकर बात यह है कि उत्तर प्रदेश इस दिशा में अधिक लस्टम-पस्टम साबित हुआ है। जहाँ तक रचनात्मक साहित्य का सम्बन्ध है उसके लिए योजना वाली बात नहीं चल सकती। पर सूचनात्मक साहित्य के लिए सुविचारित योजना बन सकती है, बन रही है। मुझे ऐसा लगता है कि आरम्भिक कुण्ठाओं के समाप्त होते ही यह प्रक्रिया तेज होगी। इस प्रकार का साहित्य क्रमशः निखरता और पुष्ट होता जाएगा। जो लोग जल्दी हताश हो जाते हैं वे हिन्दी की आन्तरिक शक्ति को नहीं पहचानते। पिछले पचीस वर्षों में उठापटक के बावजूद इस आन्तरिक शक्ति ने अपने जीवन्त वेग का थोड़ा- बहुत परिचय दिया है, और भी तीव्र गति से वह आगे बढ़ेगी। मैं कभी-कभी हताश तो होता हूँ पर निराश कभी नहीं हुआ। किसी के निराश होने की जरूरत नहीं है। हिन्दी समस्त विघ्न-बाधाओं का दलन करके आगे बढ़ने में समर्थ है।

हिन्दी में उच्च स्तरीय पुस्तकें

हिन्दी में विभिन्न शास्त्रों की उच्च-स्तरीय पुस्तकों के निर्माण की समस्या अब केवल बहस की बात नहीं रह गयी है। हमें शीघ्रता के साथ इसका समाधान करना होगा। इसके लिए तुरन्त व्यावहारिक कदम उठाने की आवश्यकता है। विश्वविद्यालयों का यह आवश्यक कर्तव्य है कि वे ऐसी पुस्तकें लिखावाएँ और प्रकाशित करें जो ज्ञान के उच्च-स्तर को बनाये रखें और साथ ही भाषा की प्रकृति के अनुकूल भी हों।

साधारणतः भाषा का विकास उसके बोलने वालों की आवश्यकताओं के अनुरूप होता है। जब नये पदार्थ (आब्जेक्ट) और नयी धारणाएँ (कन्सेंट्स) आते हैं तो भावना की प्रकृति के अनुसार उनके लिए शब्द बन जाते हैं। हमारे देश की भाषाओं को पिछले कई सौ वर्षों से इस प्रकार शब्द-निर्माण का यथोचित अवसर नहीं मिला है। इसलिए आधुनिक ज्ञान-विज्ञान के उपयुक्त शब्द या वाक्यांश बनाने का कार्य प्रायः रुक गया था। स्वाधीनता प्राप्ति के बाद हमारी भाषाएँ संसार के समृद्ध देशों की भाषाओं के बीच एकाएक खड़ी हो गयी हैं। इनके बोलने वालों में यह उचित आकांक्षा तेजी से बढ़ रही है कि इन भाषाओं के माध्यम से वे संसार के ज्ञान-विज्ञान को पा सकें। इस उचित आकांक्षा की उपेक्षा नहीं की जा सकती। देश के विद्वानों और सरकार का ध्यान इस समस्या की ओर पहले से ही गया है। इस दिशा में कुछ कार्य भी हुए हैं। परन्तु नाना कारणों से इस दिशा में यथोचित प्रगति नहीं हुई। नये अनुभव अवश्य हुए हैं। हमें उन अनुभवों का लाभ उठाकर दृढ़ता के साथ आगे बढ़ने का प्रयास करना चाहिए। सबसे बड़ी कठिनाई पारिभाषिक शब्दों या टर्मिनोलॉजी की अनुभव की गयी है। विभिन्न भाषाओं में इस दिशा में स्वतन्त्रता-प्राप्ति के पहले से ही प्रयास होते रहे हैं। स्वाधीन भारत की सरकार ने इस दिशा में महत्त्वपूर्ण कदम उठाये हैं। हमारी भाषाओं को संस्कृत भाषा के धातु-प्रत्ययों का विशाल भण्डार मुक्त रूप में प्राप्त है। अलग-अलग जो प्रयत्न हुए उनमें शब्द तो अधिकतर संस्कृत के धातु-प्रत्ययों से ही बने पर उनमें एकरूपता नहीं थी। कभी-कभी एक ही भाषा में भिन्न-भिन्न विद्वानों ने अलग-अलग शब्द बनाये। भारत सरकार का प्रयत्न रहा कि ऐसे शब्द बनाये जायें जो सभी भाषाओं में व्यवहार में आ सकें। मैं यह नहीं कह सकता कि इन शब्दों का प्रयोग विभिन्न भारतीय भाषाओं में

कितना हो रहा है। परन्तु हिन्दी में हो रहा है। भारत सरकार के अनुदान से जो काम हो रहे हैं, उनमें इन शब्दों का प्रयोग आवश्यक शर्त है। परन्तु अनुभव से लगता है कि इन शब्दों का प्रयोग आँखें मूँद कर नहीं किया जा सकता। कई बार बने-बनाये शब्दों को वाक्यों में गूँथ देने से भाषा बोझिल हो जाती है, और अर्थप्रसू नहीं रह जाती। वस्तुतः जो लोग रचनात्मक काम करते हैं, वे ही ठीक शब्दों का निर्माण भी कर सकते हैं। बनी-बनायी पारिभाषिक शब्दावली सहायक सिद्ध हो सकती है पर उससे सब समय काम नहीं चलता। लैंग्वेज कमीशन ने परिनिष्ठित पारिभाषिक शब्दावली के विषय में जो सिफारिश की थी, उसका पालन करना आवश्यक है। जो पारिभाषिक शब्दावली अब तक बनी है वह उच्च-स्तरीय साहित्य-निर्माण के लिए पर्याप्त भी नहीं है। उसमें 'रिस्टैण्डर्डाइजेशन' का अवसर भी अभी नहीं आया है और साहित्य-निर्माण का कार्य तेजी से करना आवश्यक भी हो गया है।

ऐसी स्थिति में क्या किया जाए। जब तक सभी पारिभाषिक शब्द बन न जाएँ तब तक साहित्य-निर्माण रुका रहे,यह वांछनीय नहीं है। वस्तुतः साहित्य-निर्माण के साथ-साथ ही पारिभाषिक शब्दों का निर्माण भी होता चले, यही सहज मार्ग है। इस सम्बन्ध में कुछ सुझाव विचारार्थ रखे जा रहे हैं। सभी शास्त्रीय अनुशासनों की एक ही समस्या नहीं है। मानवीय विद्याएँ और समाजशास्त्रीय विषयों में भाषा का आधार अधिक लेना पड़ता है। विज्ञान, गणित और प्रविधि-विज्ञान में भाषा की अपेक्षा प्रतीकों (सिम्बल) चिह्नों, (साइन) और सूत्रों (फारमूलाज़) का आश्रय लेना पड़ता है। भाषा की आवश्यकता वहाँ कम होती है।

मानवीय विद्याओं और समाजशास्त्रीय विषयों की भाषा में अमूर्त विचार, धारणाएँ और नियतार्थक परिभाषाओं की बहुलता होती है। पारिभाषिक शब्दावली के लिए स्वीकार किया गया है कि जो शब्द केवल नये पदार्थों के वाचक हैं और जिनके लिए पहले से शब्द विद्यमान नहीं हैं उन्हें अँग्रेजी के प्रचलित रूप में ले लिया जाए, पर जो शब्द पूरे विचार के बोधक हैं उनके लिए नये शब्द बनाये जाएँ।

इस दृष्टि से मानवीय विद्याओं के लिए विचारपरक शब्दों के निर्माण की सबसे अधिक आवश्यकता है। यह तथ्य कई बार उपेक्षित रह जाता है और अधिक ध्यान वैज्ञानिक शब्दावली के निर्माण की ओर दिया जाता है। बहुत से मानवीय विद्या विषयक शब्दों के पुराने साहित्य में उपलब्ध न होने की सम्भावनाओं के कारण भी ऐसा होता है।

यह सही है कि साहित्य, कला, दर्शन, मनोविज्ञान आदि के क्षेत्रों में हमारे पुराने साहित्य से प्रचुर शब्द-सामग्री मिल सकती है पर नये शब्दों और प्रकाशनभंगिमाओं की आवश्यकता किसी प्रकार कम नहीं है। ये शब्द मुख्य रूप से विचारपरक होंगे इसलिए इनके संस्कृत धातु, प्रत्यय और उपसर्गों का सहारा लेना ही पड़ेगा। जहाँ तक वैज्ञानिक शब्दावली का सम्बन्ध है, हमें इस बात को नहीं भूलना चाहिए कि विज्ञान, जो आज इतनी उन्नति कर सका है, उसका अत्यन्त प्रमुख साधन अन्तरराष्ट्रीय सहयोग है। विज्ञान

अलग-अलग आराम कुर्सियों पर बैठे न्यूटनों के फलपात निरीक्षण की वैयक्तिक साधना से ही नहीं बढ़ा है। हमारे लाखों छोटे बड़े साधक, जो अलग-अलग देशों और भाषाओं में काम करते रहे हैं, के सहयोग से आगे बढ़ा है और बढ़ रहा है। दूसरे अन्तरराष्ट्रीय सहयोग की उपेक्षा नहीं की जा सकती।

इसलिए विज्ञान और तकनीकी विद्याओं के क्षेत्र में अन्तरराष्ट्रीय प्रतीकों और सूत्रों को ग्रहण करने में कोई हिचक नहीं होनी चाहिए। भारत सरकार द्वारा नियुक्त बोर्ड ऑव, साइण्टिफिक टर्मिनालॉजी ने अन्तरराष्ट्रीय शब्दों और प्रतीकों के व्यवहार के विषय में इसी प्रकार का निर्णय किया था।

इस समय साहित्य-निर्माण के लिए इस निर्णय का उपयोग करना चाहिए। परन्तु जैसा अन्य पारिभाषिक शब्दों के बारे में कहा गया है, वैसा ही इस नियम के बारे में भी समझना चाहिए। इसका भी कोई बँधा-बँधाया जड़-नियम नहीं होना चाहिए और लिखने वालों को इसमें यथा-स्थान और यथा-आवश्यक स्वाधीनता होनी चाहिए।

यदि अँग्रेजी शब्दों को ज्यों का त्यों ले लेना पड़े, तब भी संकोच नहीं करना चाहिए। विज्ञान के क्षेत्र में हमारे देश में बहुत प्राचीन काल से ही विदेशी शब्दों को निस्संकोच ले लिया गया है। ज्योतिष में लगभग तीन दर्जन शब्द ग्रीक भाषा से लिये गये। केन्द्र, होरा, हरिण, (होराइजन) आदि शब्द ऐसे ही हैं। इन्हें सूर्यसिद्धान्त जैसे पवित्र और मान्य ग्रन्थ में भी ले लिया गया है।

अँग्रेजी शब्दों के लेने में एक कठिनाई भी है। बहुत से शब्दों से उपसर्ग और प्रत्यय जोड़कर नये शब्द अँग्रेजी में भी बनते हैं और भारतीय भाषाओं में भी। एक बार एक अँग्रेजी शब्द ले लेने पर उससे बने एक दर्जन (कभी-कभी अधिक भी) शब्दों को लेने की जरूरत पड़ सकती है। ऐसे शब्दों में संस्कृत के उपसर्ग और प्रत्यय बे-ढंगे लगते हैं इसलिए ऐसे शब्दों को सावधानी से देशी उच्चारण के अनुकूल बनाकर लेना चाहिए। यह भी लेखकों के विवेक पर छोड़ देना चाहिए। पर ऐसे शब्दों के साथ मूल अँग्रेजी शब्द कोष्ठक में दे देना आवश्यक होगा। पुस्तक-लेखन का कार्य निश्चित योजना के अनुसार होना चाहिए। विभिन्न विश्वविद्यालय अपने-अपने क्षेत्र के उपयुक्त विषय ले लें और निर्धारित अवधि के भीतर काम पूरा कर दें तो यह विशाल कार्य सुव्यवस्थित रूप से हो सकेगा। जिन विषयों में भारतीय परम्परा विद्यमान है, उन्हें कम समय में किया जा सकता है पर जिन विषयों में सब कुछ नये सिरे से करना है, उन्हें अधिक समय में करना पड़ेगा, सारा कार्यक्रम कालक्रमबद्ध (फेज्ड) होना चाहिए और दृढ़ता से उसका पालन होना चाहिए। उदाहरणार्थ—

1. मानवीय विद्याओं और समाजशास्त्रीय विषयों के ग्रन्थों के लिए : 2 से 4 वर्ष तक तथा 2. वैज्ञानिक विषयों और प्रविधि विज्ञान की पुस्तकों के लिए : 4 से 6 वर्ष तक निर्धारित किया जा सकता है। किस शाखा के लिए इस सीमा में कितना समय निर्धीरित किया जाए, यह विशेषज्ञों पर छोड़ देना चाहिए।

प्रत्येक विषय के लिए एक स्थायी समिति होनी चाहिए, जिसमें एक संस्कृत-हिन्दी का जानकार अवश्य होना चाहिए। यह समिति पुस्तक लिखने वालों की समस्याओं पर, जैसे उचित पारिभाषिक शब्द, उपयुक्त अर्थप्रसू वाक्यांश, आवश्यक परिवर्धन या संक्षेपण आदि पर समय-समय पर लेखक को सलाह दें। अन्त में यही समिति ग्रन्थ के प्रकाशन की भी अनुमति देगी। दूसरी समिति को अपने विषय की पुस्तकों का सर्वेक्षण भी कर लेना चाहिए ताकि ऐसी शाखाओं का पता लग जाए जिन्हें प्राथमिकता दी जाए। यथासम्भव अनुवाद पर जोर न देकर परिनिश्चित ग्रन्थों के आधार पर स्वतन्त्र ग्रन्थ लिखने का प्रयास होना चाहिए। अनुवाद की कई समस्याएँ हैं। कॉपीराइट का पेचीदा सम्बन्ध तो है ही। स्वतन्त्र चिन्तन को प्रोत्साहन देने की आवश्यकता है।

यथा-सम्भव ऐसे तरुण अध्यापकों और शोध-छात्रों को यह काम देना चाहिए जिनके पास अवकाश हो और नव-निर्माण की लगन हो। बहुत व्यस्त लोगों से काम नहीं हो पाता। उनका निर्देशन अवश्य रहना चाहिए। लेखकों को पुस्तक पर पारिश्रमिक भारत सरकार द्वारा निर्धारित दर से देना चाहिए।

विश्वविद्यालयों को इस विषय पर भी विचार करना चाहिए कि कुछ विशिष्ट विषयों पर हिन्दी या अन्य देशी भाषाओं में उच्च-स्तर की पुस्तकें लिखने पर पी-एच.डी. की उपाधि देना सम्भव है या नहीं, नव-निर्माण के लिए ऐसा करने में झिझक नहीं होनी चाहिए।

जी.सी. की ओर से जो ग्रीष्मकालीन स्कूल चलाये जाते हैं, उनमें आधे को कुछ दिनों के लिए देशी भाषा के माध्यम से अध्ययन की समस्याओं और नये ग्रन्थ लिखने की विधियों की आलोचना के लिए नियत कराने का प्रयत्न होना चाहिए। ऐसा होने से इस दिशा में अधिक गम्भीर काम होने की आशा है।

सारे प्रयत्न के लिए इस बात पर कड़ी दृष्टि रखनी चाहिए कि पुस्तकें स्पष्ट, सारप्रकाशी और अविनथ हों, जिसे अँग्रेजी में प्रेसिजन और एक्यूरेसी कहते हैं। वह इस प्रयत्नों का प्रधान स्वर होना चाहिए। यह विशेष रूप से ध्यान में रखना चाहिए कि इस प्रयत्न का उद्‌देश्य ज्ञान के स्तर को ऊँचा करना है। देशी भाषाओं में साहित्य का निर्माण इसलिए किया जा रहा है कि हमारा विश्वास है कि विदेशी भाषा की तुलना में देशी भाषा का साहित्य विद्यार्थियों को अधिक ज्ञानव्रती और रचनात्मक शक्ति देंगे। किसी प्रकार का कामचलाऊ या घटिया दर्जे का साहित्य बनाना इसका उद्‌देश्य हर्गिज नहीं है।

भारतीय चिन्तन-धारा : साहित्य के क्षेत्र में

भारतवर्ष बहुत विशाल देश है, इतिहास की दृष्टि से भी और भूगोल की दृष्टि से भी। इसकी साहित्यिक परम्परा भी विशाल और अपने ढंग की निराली रही है। संसार में प्राचीन सभ्यता वाले देश अनेक हैं। पर ऐसी अविच्छिन्न धारावाहिक प्राचीन साहित्यिक परम्परा, जो आज भी जीवन्त प्रेरणा का स्रोत बनी हुई है, किसी दूसरे देश के पास नहीं है। इस दिशा में भारतवर्ष की साहित्यिक परम्परा अनुपम और अद्वितीय है। ऐसी विशाल, अटूट और जीवन्त चिन्तन-धारा को थोड़े में कह सकना कठिन है। पर सौभाग्यवश कठिन होने पर भी वह असम्भव नहीं है।

संस्कृत साहित्य के महान् फ्रान्सीसी विद्वान् प्रो. सिलवां लेवी के अनुसार भारतवर्ष की सम्पूर्ण साहित्यिक चिन्तन- धारा को एक शब्द में कहा जा सकता है। वह शब्द है—रस। रस जो शब्द और अर्थ के साहित्य, अर्थात् साथ-साथ मिलित भाव से रहने के भाव द्वारा कहा नहीं जाता, अनुमित नहीं होता, लश्वित नहीं होता बल्कि व्यंग्य होता है और केवल समान हृदयवाले अनुभवी सहृदय द्वारा ही ग्राह्य होता है। आध्यात्मिक साधना के क्षेत्र में भी जैसा कि मैक्समूलर ने समझाया था भारतवर्ष की उपलब्धि को एक शब्द द्वारा कहा जा सकता है; परे, अतीत, वियाण्ड। साहित्य चित्रण में भी रस उन्हीं शब्दों द्वारा अभिव्यक्त किया जा सकता है—परे, अतीत, वियाण्ड। कोई आश्चर्य नहीं कि धर्म, अध्यात्म और साहित्य के क्षेत्रों में परम प्राप्तव्य को एक ही शब्द रस के द्वारा अभिव्यक्त करने का प्रयास मिलता है—'रसो वै सः' वह रस ही है।

मनुष्य के चैतन्य के दो आवरण हैं—मृण्यम शरीर, अर्थात् मिट्टी की देह और चिन्मय शरीर, अर्थात् चेता की देह। इनके पाँच कोश हैं। दूसरे कारणों से स्तर या अधिष्ठान भी कहे जाते हैं। ये हैं—इन्द्रिय, प्राण, मन, विज्ञान और आनन्द। अगजग में व्याप्त चेतना इन पाँचों स्तरों पर अपने आपको अभिव्यक्त करती है। इन अभिव्यक्तियों को अवरुद्ध करने में प्रधान भाव से निर्मित होने पर ये कोश कहे जाते हैं और अभिव्यक्तियों को आगे बढ़ने की आधारभूमि के रूप में काम करने पर इन्हें अधिष्ठान कहा जाता है। पुष्प का वर्ण, गन्ध रूप, रस, जब आबद्ध रहता है तो कली के रूप में वह कोश में रहता है और जब पटल खुल जाते हैं तो वर्ण, गन्ध, रूप, रस के रूप में

अभिव्यक्ति पाने पर वे अभिष्ठान कहे जाते हैं। दोनों का अन्तर व्यापार के अवरोध और प्रस्फोटन व्यापार द्वारा समझा जा सकता है। अभिव्यक्ति के प्रयत्न का अवरोध कोश है और प्रस्फोट का आधार अधिष्ठान।

परन्तु पाँच तो ये मोटे रूप में हैं, इनके अनेक छोटे-बड़े भेद हैं। गिनाना सम्भव नहीं है। शास्त्रकारों ने मोटे तौर पर इन्हें पाँच कहा है।

इन पाँचों सारों पर विश्वव्यापी चेतना अपने आप की अभिव्यक्ति करने को व्याकुल है। इसी व्याकुलता में उसकी सत्ता प्रतीयमान है, अर्थात् प्रतीति का विषय है। जो कुछ विश्व ब्रह्माण्ड में दिखाई देता है या दिखाई दे सकता है वह सब पिण्ड में भी है। ब्रह्माण्डे यत् किंचित् तत् पिण्डे सर्वथा। जोइ-जोइ पिण्डे सोइ-सोइ ब्रह्माण्डे। भारतीय मनीषियों ने हर स्तर पर इस अभिव्यक्ति की व्याकुल वेदना को पकड़ने का प्रयास किया है। इसीलिए कला, शिल्प, नृत्य, वाद्य, गीत, वादित्र, काव्य, शास्त्र आदि के विभिन्न धरातलों पर विभिन्न शास्त्रीय अनुशासनों द्वारा वे इस नतीजे पर पहुँचे हैं कि यह व्याकुलता चैतन्य का जड़ता के बन्धन को तोड़कर अपने सही स्वरूप की उपलब्धि का प्रयास है। चैतन्य को जो रस रूप भी है और रस के पाने का प्रयासी भी है। रसो वै सः। रसं सेव्य·····भवति। सो रस की रस को पाने की मानवमयी व्याकुलता ही मनुष्य की सारी रचनात्मक अभिव्यक्ति के मूल में है।

साहित्य मन के स्तर पर होने वाली व्याकुलता की अभिव्यक्ति है। वह वैरागी का आश्रय लेकर अभिव्यक्त होता है। भारतीय आचार्य चार स्तरों की चर्चा करते हैं। अन्यन्त्र गहराई में वह शान्त निस्पन्द है। कुछ और ऊपर की स्थिति में उसमें शब्द और अर्थ एक-दूसरे से ऐसे मिले रहते हैं कि यह कहना कठिन ही होता है कि कहाँ शब्द और अर्थ अलग होते हैं। रहते दोनों हैं पर एकमेव होकर। अन्तर करना कठिन है। कहिय न भिन्न, न अभिन्न। कुछ और ऊपर आकर शब्द और अर्थ भिन्न होते तो हैं पर भाव रूप में। परन्तु और भी ऊपर के स्तर पर शब्द और अर्थ स्पष्ट रूप से अलग हो जाते हैं। इनके नाम क्रमशः परा, पश्यन्ती, मध्यमा और वैखरी हैं। अन्तिम अर्थात् वैखरी लोक-व्यवहार की भाषा है। यह दो अनुशासनों में बँधी होती है। व्याकरण और वाक्य-विन्यास का अनुशासन और बाह्य यथार्थ की तर्कसंगत व्यवस्था का अनुशासन उपरले स्तर की इस भाषा से, जहाँ व्याकरण और तर्क का अनुशासन काम करता रहता है, लोक-व्यवहार चलता है। उसमें शास्त्रीय आलोचना चल सकती है, दैनिक जीवन के प्रयोजनों की सूचना मिल सकती है, पर उसमें मनःसंयोग से विच्युत होने की आशंका बनी रहती है। यह बाह्य यथार्थ तक सीमित रहती है। परन्तु तीसरे स्तर की भाषा सम्पूर्ण रूप से मानसिक संयोग की अपेक्षा रखती है। वह केवल अर्थ (अर्थात् मतलब) की अभिव्यक्ति करती है। वह अभिधा और अधिक से अधिक लक्षणा की भाषा है। उसमें 'चन्द्रमा गरम लगता है' जैसा वाक्य नहीं चल सकता क्योंकि वह व्याकरण के अनुशासन से दुरुस्त होने पर भी तर्क के अनुशासन से विच्युत है। साहित्य मध्यमा वृत्ति

के क्षेत्र में आता है, संगीत पश्यन्ती वृत्ति के। इनके लिए एक तीसरे अनुशासन की आवश्यकता होती है। यह तीसरा अनुशासन व्यंजना-वृत्ति का क्षेत्र है। अभिधा शब्द के संकलित अर्थ तक सीमित है, लक्षणा संकेतित अर्थ से बँधी हुई है पर व्यंजना-वृत्ति न तो संकेतित अर्थ तक ही सीमित है और न संकेतित अर्थ में बँधना ही चाहती है। वह दोनों से परे है। रस व्यंजना-वृत्ति का विषय है। वह भाषा के क्षेत्र में उसी प्रकार निर्बन्ध है, जिस प्रकार अध्यात्म के क्षेत्र में इन्द्रियग्राह्य जड़त्व से परे कोई चित् तत्त्व अभिव्यक्त हो रहा है।

भारतीय मनीषियों ने अनेक दिशाओं से चलकर इस रस वस्तु तक पहुँचने का प्रयास किया है। शासन या अनुशासन अनेक हैं। उनके अनुसन्धान के मार्ग भिन्न-भिन्न हैं। पर लक्ष्य एक ही है। परिदृश्यमान जगत् में उस तत्त्व की खोज जो समस्त परिदृश्यमान जगत् को रूप दे रहा है पर स्वयं अरूप है, जो बहुधा विभक्त विश्व का अन्तःस्पन्दन सँभालते हुए भी स्वयं अविभक्त है, जो नानात्व के भीतर अभिन्न होकर विद्यमान है इस प्रयत्न में व्याकरण, छन्द, अर्थ-मीसांसा, शब्द-शक्ति-अलंकार, दोष, गुण आदि बातों का बहुत सूक्ष्म विवेचन किया गया है। भावाभास, भावशबलता, भावसांकर्य आदि का मनोविज्ञान सम्मत विवेचन किया गया है। रस और रसाभाव का विवेक किया गया है और शब्द और अर्थ के सम्बन्धों का विशाल साहित्य प्रस्तुत हुआ है।

ऐसा नहीं कहा जा सकता कि भारतवर्ष के हजारों वर्ष की चिन्तन-धारा का इतिहास केवल एक ही लीक पर चलता आ रहा है, तत्त्वदृष्टियाँ अनेक हैं। उनके अनुसार पद और पदार्थ के स्वरूप और सम्बन्धों के स्वरूप भी बहुविचित्र हैं। अध्यात्म तत्त्व तो और भी बहुविचित्र है पर सर्वत्र यह प्रयत्न दृष्टिगोचर होता है कि भासमान सत्ता को ही चरम और परम न मानकर उस वस्तु की खोज की जाए जो वास्तव में इस भासमान सत्ता के परे है। इसमें रह कर भी जो इससे भिन्न है। जिसके होने से ही सब कुछ सत्तावान है। सहस्रों वर्ष की साधना में अनेक मोड़ आये हैं, अनेक ग्रहण और त्याग के प्रयास हुए हैं। पर मूल अनुसन्धानिक यही है—परे, अतीत। रस केवल साहित्य का लक्ष्य नहीं है, जीवन के विविध प्रयत्नों का भी वैसा ही लक्ष्य है। पर स्वरूप उसका वही, सन्दर्भ बदलने पर वह बदला हुआ-सा लगता है। मूर्ति में, चित्र में, सामाजिक आकार में, वैयक्तिक विचारों में, धर्म में, साधना में सन्दर्भ बदल जाते हैं, पर लक्ष्य उसी का अनुसन्धान होता है।

साहित्यिक चिन्तन के क्षेत्र में भारतवर्ष ने बहुत दिया है। शब्द और अर्थ के विविध अनुशासनों का जैसा सूक्ष्म विवेचन हमारे साहित्य में हुआ वैसा अन्यत्र दुर्लभ है। पर खास चिन्तन-मननशील संसार भारतवर्ष की इस महिमा को स्वीकार करता है। सर्वत्र ऐसा लगता है कि विविध क्षेत्रों के सूक्ष्म चिन्तन-मनन का लक्ष्य वह चिन्तन- मनन ही नहीं है। उनसे कुछ विशिष्ट, कुछ परे का सन्धान ही मुख्य है। इस परे का रूप सबका एक ही समान नहीं बताया जाता, विभिन्न पक्षों पर बल देने से वह कुछ भिन्न प्रतीयमान

होता है। पर उपरले स्तेर की प्रतीयमानता से सन्तोष कभी नहीं अनुभव किया जाता। रस का अर्थ कभी- कभी बहुत ही संकुचित भी हो गया है। पर समूची साहित्यिक चिन्तन-धारा को अभिभूत वह अवश्य किये रहता है।

भारतवर्ष के विशाल चिन्तन के इतिहास में इस परतत्त्व को विभिन्न स्तरों पर पकड़ने का प्रयास अद्भुत महिमा से मण्डित है। किसी दूसरे देश में उसे अपनी स्पष्टता और सफाई से पकड़ने का प्रयास दिखाई नहीं देता है। अत्यन्त प्राणवेग से उच्छ्वसित प्रयत्नों में भी बात प्रायः नहीं भुलायी जाती कि यह चरम और परम नहीं है। आधुनिक पण्डित विकास प्रक्रिया पर बड़ा बल देते हैं पर जो बात उपेक्षित रह गयी है वह यह है कि कौन विकसित हो रहा है। क्यों ? भारतीय चिन्तन इस तथ्य को नहीं भुलाता। कोई अदृश्य चेतन अपने आप को जीवन के विविध स्तरों पर विकसित कर रहा है, वह रस रूप ही और रस की खोज में व्याकुल भी है। साहित्य के क्षेत्र में यह भारतवर्ष की बहुत बड़ी उपलब्धि है।

मधुराचार्य और उनका 'सुन्दरमणिसन्दर्भ'

श्रीकृष्णोपासक भक्तों में मधुर भाव की भक्ति बहुत अधिक परिचित है पर श्रीरामोपासक भक्तों में भी इस भाव की भक्ति कम प्रचलित नहीं है। कई कारणों से इस श्रेणी के भक्तों और उनकी रचनाओं की विवेचना बहुत कम हुई है। साधारणतया हिन्दी के विद्वानों के मन में इस श्रेणी के साधकों के प्रति बहुत आदर का भाव न होने से इनकी रचनाएँ उपेक्षित रह गयी हैं। इस श्रेणी के रामभक्तों में इस साधना का प्रचार कब से हुआ यह कहना बहुत सरल नहीं है। जहाँ तक रामोपासक मधुरभाव के कवियों की लिखी उपलब्ध रचनाओं का सम्बन्ध है, वहाँ तक इन्हें तुलसीदास का परवर्ती ही माना जा सकता है। कम से कम मुझे इसके पूर्व की कोई रचना नहीं प्राप्त हुई। सम्भवतः खोज करने पर कुछ और भी पुराना साहित्य उपलब्ध हो जाए। क्योंकि परम्परा क्रम से इस भाव के उपासक यह मानते आ रहे हैं कि स्वामी रामानन्द तो इस भाव के उपासक थे ही, उनके पूर्ववर्ती गुरुओं को भी मधुरभाव की साधना प्रिय थी। इस बात के विश्वास करने का कारण है कि गलता (गालवाश्रम) की गद्दी पर रामानन्दी वैष्णवों के अधिकार होने के बाद मधुर भाव की उपासना अधिक व्यापक हुई है। इस श्रेणी के भक्तों का विश्वास है कि श्री सिद्ध नाभादास और उनके गुरु अग्रदास तथा अग्रदास के गुरु भाई श्रीकील (कीन्ह) स्वामी जी मधुर रस के सुख-भोक्ता थे। मधुर रस का 'रसिक' (वस्तुतः आगे चलकर ये भक्त अपने को 'रसिक' ही कहने लगे) भक्त अपने में श्रीरामचन्द्र की प्रिया, सखी, (श्री जानकी जी की सखी, या दासी आदि) का अभिमान करता है और या तो श्री जानकी जी के सुख में सुख मानता है या श्री रामचन्द्र जी की प्रीति का पात्र बनकर जीवन धन्य करता है। हनुमत्संहिता में पाँच प्रकार की भक्ति बताई गयी है। शान्त, दास्य, सख्य, वात्सल्य और शृंगारक या मधुर। इन में शृंगार रसाश्रया या मधुरा भक्ति वह है जिसमें भक्त 'मधुर-मनोहर' भगवान रामचन्द्र को पति रूप में भजता है।

पञ्चधा भक्तिरस्तीह तच्छृणुष्व महामुने !
शान्तो दास्यस्तथा सख्यो वात्सल्यश्च शृंगारकः।।
मधुरं मनोहरं रामं पति-सम्बन्धपूर्वकम्।
ज्ञात्वा सदैव भजते सा शृंगाररसाश्रया।।

इस भाव के रसिक भक्तों का विश्वास है कि श्री अग्रदास जी इसी भाव के साधक

थे। इनका साधना का नाम 'अग्रअली' था। श्री रूपकला जी (श्री सीतारामशरण भगवानप्रसाद जी) ने भक्तपाल के 'भक्ति सुधास्वाद' नाम तिलक में बताया है कि श्री अग्रदेव जी 'शृंगार रस के आचार्य' 'श्री अग्रअली' के नाम से प्रसिद्ध हैं। आपका अष्टयाम, आपकी ध्यानमंजरी, आपकी कुण्डलियाँ, पदावली इत्यादि प्रख्यात ही हैं। अस्तु। इन्हीं अग्रदास जी की परम्परा के श्री 'बालअली' नामधारी सन्त हुए जिन्होंने 'नेहप्रकाश', 'ध्यानमंजरी' आदि की रचना की। जो हो, मधुर भाव के रामोपासक 'रसिक' भक्तों का दावा है कि स्वामी अग्रदास और स्वामी कीलदास अपने गुरु कृष्णदास जी पयहारी के समान ही मधुर भाव के साधक थे। स्व. आचार्य रामचन्द्र शुक्ल के अनुसार, अग्रदास जी सं. 1632 के आस-पास वर्तमान थे। यदि मधुर भाव के साधक भक्तों की यह बात स्वीकार कर ली जाए कि अग्रदास जी मधुर भाव के उपासक थे तो मानना पड़ेगा कि विक्रम की सत्रहवीं शताब्दी में रामोपासक भक्तों में मधुर भाव की साधना प्रचलित हो चुकी थी। अग्रदास की ध्यानमंजरी से स्पष्ट होता है कि वे मधुर भावना के प्रेमी थे। एक स्थान पर उन्होंने बताया है कि वे आगमों के आधार पर अपनी ध्यानमंजरी की रचना कर रहे हैं। और एक दूसरे स्थल पर मंजरी का एक पद सदाशिव संहिता के मधुर भाव प्रतिपादक श्लोकों का हू-ब-हू अनुवाद जान पड़ता है। इन दो बातों पर विचार करने से अनुमान किया जा सकता है कि वह आगम जिसका उन्होंने उल्लेख किया है, सदाशिव संहिता ही होगा। इस प्रकार मधुर रस का प्रतिपादन करने वाली यह प्रमुख संहिता अग्रदास के पहले लिखी गयी जान पड़ती है। इस तरह यह साधना कम से कम सोलहवीं शताब्दी में राम-सम्प्रदाय में निश्चित रूप से प्रविष्ट हो गयी होगी। ऐसा अनुमान होता है। इसी प्रकार श्री राजेन्द्र लाल मित्र के कैटलाग में हनुमत्-संहिता की एक प्रति सं. 1715 की मिलती है जो इस साधना को सत्रहवीं शताब्दी से पुरानी सिद्ध करती है।

इसके पूर्व ही वृन्दावन में श्रीकृष्ण भक्तों में 'मधुर रस' की उपासना प्रचलित हो चुकी थी। श्री रूप गोस्वामी, सनातन गोस्वामी और जीव गोस्वामी के भक्तिग्रन्थ विद्वज्जन का चित्तहरण कर चुके थे। इन गोस्वामियों ने गौड़ीय वैष्णव सम्प्रदाय के भक्ति सिद्धान्त को शास्त्रीय प्रतिपादन योग्य गम्भीर विषय बना दिया था। जीव गोस्वामी के छहों सन्दर्भ भक्ति और पाण्डित्य के मणिकांचन योग के उत्तम निदर्शन हैं। इन तीन गोस्वामियों ने भक्तिमूलक सभी पन्थों को थोड़ा- बहुत प्रभावित किया। इन लोगों के पाण्डित्यपूर्ण ग्रन्थों ने जहाँ श्री चैतन्यदेव के प्रति पूरे भक्तसमाज की आस्था दृढ़ की, वहाँ मधुर भाव की उपासना की श्रेष्ठता की भी धाक जमा दी। वृन्दावन के कई अन्य भक्त सम्प्रदायों ने भी इस भाव को ग्रहण किया। नाभादास जी के शिष्य प्रियादास जी के मन में तो निस्सन्देह श्री चैतन्य महाप्रभु की भजन-पद्धति का बड़ा मान था। अपनी टीका के प्रथम कवित्त में ही उन्होंने अपनी इस निष्ठा का परिचय दिया है। 'महाप्रभु कृष्ण चैतन्य मन हरन जू के चरन को ध्यान मेरे नाम मुख गाइये'। कहते हैं कि जब नाभादास जी ने श्रीकृष्ण

चैतन्य महाप्रभु को 'दसधा रस आक्रान्ति' कहा था। उनके मन में नवधा भक्ति से परे जाने वाली मधुर या उज्ज्वल रस की रागानुगा भक्ति की ही बात प्रधान थी। यह दसवीं भक्ति प्रेमाभक्ति ही है। जब तक रामोपासक मधुर भक्तों का और कोई पुराना साहित्य उपलब्ध नहीं होता, तब तक यही मत ठीक जान पड़ता है कि मधुर भाव की साधना श्रीकृष्णोपासक भक्तों से श्री रामोपासक भक्तों में आयी है।

श्री कीलस्वामी (स्वामी अग्रदास जी के गुरु भाई) की परम्परा में मधुराचार्य जी हुए थे जो किसी समय गलता की गद्दी पर विराजमान थे। परम्परया सम्प्रदाय में विश्वास किया जाता है कि कील स्वामी के शिष्य छोटे कृष्णदास जी, उनके विष्णुदास जी, उनके नारायण मुनि, उनके हृदयदेव और हृदयदेव के शिष्य स्वामी रामप्रपन्न जी या मधुराचार्य हुए। अर्थात् कील स्वामी जी और मधुराचार्य जी के बीच में पाँच और गुरु हो चुके थे। इसमें लगभग सौ वर्ष का व्यवधान पड़ा होगा। ऐसा अनुमान किया जा सकता है कि मधुराचार्य विक्रम की अठारहवीं शती के मध्य भाग में वर्तमान होंगे। प्रसिद्धि है कि दिल्ली के किसी बादशाह के यहाँ किसी वाद-सभा में इन्होंने श्रीमद्वाल्मीकीय रामायण को मधुर भाव का प्रतिपादक ग्रन्थ सिद्ध किया था। इसी से प्रसन्न होकर उक्त बादशाह ने इन्हें 'मधुराचार्य' की उपाधि दी थी। इस विजय के पश्चात् इन्होंने वाल्मीक रामायण की एक टीका लिखी, जिसमें मधुर भाव की भक्ति ही उस ग्रन्थ का प्रधान प्रतिपाद्य बताया गया है। जहाँ तक मुझे मालूम है, यह टीका अभी तक प्रकाशित नहीं हुई है।

रामानन्दीय मधुररसोपासक भक्तों में मधुराचार्य जी का वही स्थान है जो गौड़ीय भक्तों में जीव गोस्वामी-पाद का है। जीव गोस्वामी ने जिस प्रकार षट्सन्दर्भात्मक विशाल भक्ति ग्रन्थ का निर्माण किया था उसी प्रकार मधुराचार्य ने भी छः सन्दर्भों का विशाल ग्रन्थ लिखा था। इनमें केवल एक ही सन्दर्भ—'सुन्दरमणिसन्दर्भ,—'प्रकाशित हुआ है। सं. 1984 में श्री स्वामी रामवल्लभा शरण जी की आज्ञा से पं. पुरुषोत्तम शरण जी ने इसे हिन्दी अनुवाद के साथ प्रकाशित किया था। अन्य सन्दर्भ यदि प्रकाशित हुए हों तो वे मेरे देखने में नहीं आये। भक्ति-साहित्य के विद्यार्थी श्री रामवल्लभा शरण जी तथा पं. पुरुषोत्तम शरण जी के चिर कृतज्ञ रहेंगे कि उन्होंने इस अत्यन्त महत्त्वपूर्ण ग्रन्थ का प्रकाशन कराया। यद्यपि यह ग्रन्थ आज से 25-26 वर्ष पहले प्रकाशित हो गया था तथापि इसकी कोई विशेष चर्चा नहीं हुई। इस उपेक्षा के दो कारण हुए, एक तो इस सम्प्रदाय के भक्तों में ही यह पुस्तक सिमट कर रह गयी, दूसरे प्रदेश के विद्वज्जनों में इस प्रकार की भक्तिभावना के प्रति बहुत आदर का भाव भी नहीं है। परन्तु आदर का भाव हो या न हो, भक्तिशास्त्र के विद्यार्थी उस अभिनव प्रयास की उपेक्षा नहीं कर सकते। जीव गोस्वामी पाद के प्रतिपादन का प्रधान आधार भागवतपुराण है परन्तु मधुराचार्य का वाल्मीकीय रामायण। आधुनिक पद्धति से अर्थ-मीमांसा करने वाले विद्वान् यह तो नहीं मानेंगे कि इस ग्रन्थ में वाल्मीकि-रामायण की जो व्याख्या की गयी है वह ठीक ही है। ऐसे ग्रन्थों में खींचतान करने का प्रयास होता ही है। परन्तु इससे ग्रन्थ का महत्त्व कम

नहीं हो जाता। चिरकाल से इस देश में प्राचीन ग्रन्थों से अभीष्ट मत प्रतिपादन कराने का प्रयास करने वाली टीकाएँ लिखी जाती रही हैं। प्रत्येक दर्शनीय मत प्रस्थानत्रयी की व्याख्या अपने ढंग से करता है। इस ग्रन्थ में यही कार्य वाल्मीकीय रामायण के आधार पर किया गया है। सम्भवतः वाल्मीकीय रामायण की इस प्रकार की व्याख्या बहुत कम हुई है। 'सुन्दरमणिसन्दर्भ' में शायद प्रथम बार साम्प्रदायिक मत की स्थापना के लिए वाल्मीकीय रामायण का ऐसा उपयोग किया गया है। इस एक कारण से ही यह ग्रन्थ साहित्य के विद्यार्थी के लिए महत्त्वपूर्ण हो जाता है। परन्तु महत्त्व का यह एक ही हेतु नहीं है। मधुराचार्य बहुत बड़े वक्ता और पण्डित थे। इस ग्रन्थ में उनकी विद्वत्ता पूर्णरूप से प्रमाणित हुई है। इस ग्रन्थ का सबसे बड़ा महत्त्व यह है कि इसने परवर्ती 'रसिक' भक्तों को बहुत प्रेरणा दी है।

पं. पुरुषोत्तम शरण जी ने बताया है कि इन्हें षड्यन्त्र करके गलता की गद्दी से उतार दिया गया था। ये सदा मधुर रस के आनन्द में विह्वल रहा करते थे। और इनके विरोधियों को षड्यन्त्र करने का अवसर मिल गया था परन्तु गद्दी से हटने से इनकी भक्तिभावना और भी अधिक उद्बुद्ध हो गयी। ये चित्रकूट आये और साहित्य-रचना तथा भजन-भाव में रम गये। श्री पुरुषोत्तम शरण जी ने बताया है कि इसके पूर्व ही इन्होंने बारह वर्ष तक श्री रासोत्सव का संकल्प किया था। उस रास में आप 'दिव्य अली के रूप में श्रीलली लाल जी का लाड़ लड़ाया था।' और छठी रास में 'चिरजीवी कृष्णदास जी ने साक्षात् अपनी अद्भुत केलि-कला प्रकट कर समाज को रस से छा दिया था।' चित्रकूट के पास उन्होंने सीतापुर नाम का एक गाँव भी बसाया था। अपने सन्दर्भों की रचना सम्भवतः उन्होंने चित्रकूट निवास-काल में ही की थी। इनके विषय में जो कुछ थोड़ा मालूम हो सका है वह पं. पुरुषोत्तम शरण जी की भूमिका से ही।

मधुराचार्य के सन्दर्भों का आधुनिक पद्धति से सम्पादन होना चाहिए। इनके और इनके पूर्ववर्ती और परवर्ती महात्माओं के सम्बन्ध में अधिक छानबीन होनी चाहिए। अठारहवीं-उन्नीसवीं शताब्दी में गलता, चित्रकूट, अयोध्या और जनकपुर में रामभक्ति ने नया रूप ग्रहण किया था। साधना के क्षेत्र में तो उसने नयी पद्धति स्वीकार की ही है, साहित्य में भी उसका दान कम नहीं है। उस ओर अब विद्वानों का ध्यान जाना चाहिए। मेरे मित्र पं. भुवनेश्वर मिश्र जी 'माधव' और ठाकुर भगवती प्रसाद सिंह जी इस क्षेत्र में प्रशंसनीय कार्य कर रहे हैं। और भी विद्वानों को इस ओर प्रवृत्त होना चाहिए।

श्री युगल प्रिया जी ने अपने 'रसिक प्रकाश भक्तमाल' में मधुराचार्य के बारे में यह सुन्दर छप्पय लिखा है जिससे जान पड़ता है कि राम-रास-पद्धति के प्रवर्तक मधुराचार्य ही थे।

मधुराचारज मधुर शृंगार उपासी।
रंग-महल रस-केलि कुंज मानसी खवासी।।
निमिकुल जन्म उदार सुखद सम्बन्ध प्रतापी।

पैहारी रसिकेन्द्र कृपा माधुर्य अलापी।।
द्वादस वार्षिक रास-रस लीला करि बहु सुख दवे।
विपुल ग्रन्थ रचि रसिकता राम-रास पद्धति किये।।

जिस प्रकार जीव गोस्वामि पाद ने 'यस्य ब्रह्मेति संज्ञा' आदि कहकर मंगलाचरण में ही अपने सिद्धान्तों का सार रख दिया है उसी प्रकार मधुराचार्य ने मंगलाचरण के श्लोक में ही अपना मत स्पष्ट कर दिया है। इस मंगलाचरण में अयोध्या के मध्य में स्थित सूर्य के समान प्रभा विस्तार करने वाले रत्न-समूहों से आलोकित शुभ्र प्रमोद वन में मंजु वनितावृन्द से सेवित रासोल्लास के आरम्भ में दिव्यमहामण्डप में आसीन सीता सहित राम की वन्दना की है।

प्रोद्यद्भानु सपत्न-रत्न-निकरे देदीप्यमाने महा-
मोदे दिव्यतराति मंजु वनितावृन्दैः सदा सेवितम्।
रासोल्लास मुखे समाहततमं दिव्ये महामण्डपेऽ-
योध्यामध्य-प्रमोद-शुभ्रविपिने रामं ससीतं भजे।।

ग्रन्थ के आरम्भ में उल्लेख है कि वाल्मीकीय रामायण में भगवान् रामचन्द्र को ही उपास्य बताया गया है। परन्तु उपास्य तभी निरतिशय आनन्द का हेतु हो सकता है जब उसमें परत्व और सौलभ्य दोनों गुण हों। परत्व तो परमैश्वर्य- घटित होता है। रामायण में अनेक स्थलों पर भगवान् रामचन्द्र के परत्व का उल्लेख है। प्रमाण देकर उस बात को सिद्ध किया गया है। किन्तु उपास्य केवल परत्व युक्त हो तो मेरु-शिखर की तरह उपासक के लिए दुर्लभ ही रह जाएगा। इसलिए उसमें सौलभ्य गुण (सुलभता) भी होना चाहिए। जब भगवान् की माधुर्यादि विशिष्ट, सीतादि-परिकर-जनों से संश्लिष्ट, सभी अवस्थाओं में अक्लिष्ट, सहजलभ्य और निर्हेतुक बन्धुप्रिय के रूप में उपासना की जाती है, तभी उसमें सौलभ्य गुण का सद्भाव कहा जा सकता है। केवल परत्व जिस प्रकार दुर्लभ होने से उपास्य को कष्टसाध्य बना देता है, उसी प्रकार केवल सौलभ्य भी उसे बहुत सस्ता बना देता है। यदि केवल परत्व मेरुशृंग की भाँति दुर्लभ है तो केवल सौलभ्य भी लोष्ठपिण्ड की भाँति उपेक्षणीय है। इसीलिए मधुराचार्य का मत है कि उपास्य में परत्व और सौलभ्य दोनों ही गुण होने चाहिए। श्रीमद्वाल्मीकीय रामायण में, उनके मत से, श्रीराम में दोनों गुणों का सद्भाव बताया गया है। श्रीमद्वाल्मीकीय रामायण 'निरतिशय निर्दोष नित्य रसमय' काव्य है। वह पूर्णरूप से श्री सीता जी का चरित है। वाल्मीकि रामायण के उत्तरकाण्ड के सोलहवें सर्ग में हनुमान जी ने स्पष्ट रूप से कहा है कि इसी विशालाक्षी सीता के लिए रामचन्द्र ने दुष्कर कार्य किये हैं। उन्होंने संक्षेप में पूरे रामचरित को सीता के लिए बता दिया है और अन्त में कह दिया है कि—

अस्या हेतोर्विशालाक्ष्या विचितेर्या महामही।
अस्याः कृतं जगत्सर्वमरमु मन्येत् केवलम्।।

मधुराचार्य ने वाल्मीकि रामायण से प्रमाण उद्धृत करके बताया है कि स्वयं भगवान् रामचन्द्र ने कई बार कहा है कि मैंने सब कुछ श्री सीता जी के लिए ही किया है। इस प्रकार उनके मत से पूरा ग्रन्थ सीता-हेतुक है और नारी-प्राधान्य के कारण शृंगार रसात्मक है।

मधुराचार्य ने जोर देकर बताया है कि जिस प्रकार श्री राम जी अपने से भिन्न अन्य सब पदार्थों के कारण हैं उसी प्रकार श्री रामायण भी अपने से भिन्न समस्त वाङ्मय का कारण है। इसीलिए वेदादि की अपेक्षा भी यह अधिक प्रामाणिक है। इसे किसी अन्य प्रमाण की अपेक्षा नहीं है। वरन् स्वतः प्रमाणभूत है। इसीलिए श्रीमद्रामायण के विरुद्ध जो भी प्रमाण हों वे उपेक्षणीय हैं। विद्वानों को इस बात को मत्सरत्याग करके स्वीकार करना चाहिए,''यथा श्रीरामचन्द्रः स्वेतर सर्वकारणं तथा श्रीमद्रामायणमपि स्वान्य सर्व-वाङ्मय-कारणमिति वेदादिभ्योऽप्यस्य प्रामाण्यमवगन्तव्यम्। तेन श्रीमद्रामायणस्य प्रमाणान्तरापेक्षा नास्त्येवेति। तद्विसंवादि प्रामाण्यमुपेक्षामिति निर्मत्सरत्यागी कार्यं विद्वद्भिरिति।''(पृ०23)

वेदों से भी श्रीमद्रामायण को अधिक प्रामाण्य कहकर निस्सन्देह मधुराचार्य ने अनेक विरोधी बना लिये होंगे, उनके अन्तिम वाक्यांश में इसकी ध्वनि मिल जाती है। इस देश में वेदों से अधिक प्रामाणिक कुछ भी नहीं है। जो व्यक्ति किसी अन्य ग्रन्थ को वेदों से भी अधिक प्रामाणिक मानेगा, उसका विरोध स्वाभाविक है। मधुराचार्यने इन विरोधियों से निर्मत्सर होने की प्रार्थना की थी, अस्तु।

अब, शृंगार रस का विश्रामस्थल केवल श्री रामचन्द्र ही हो सकते हैं, ऐसा मधुराचार्य का मत है। क्योंकि क्लेश, कर्म-विपाक, आशय आदि दोषों से ग्रसित मनुष्य तो शृंगारादि रसों की पूर्ति का साधन हो ही नहीं सकता और देवता भी पुण्य-बल से मित्र-सत्त्वमय शरीर धारण करने के कारण इसके अयोग्य ही हैं। भगवान के मत्स्य कूर्म आदि अवतार भी इसकी योग्यता नहीं रखते। अवतारों में केवल श्रीकृष्ण शृंगार रस की पूर्ति-भूमि हो सकते हैं पर मधुराचार्य उन्हें श्री रामचन्द्र का अंशावतार मानते हैं और रामतापनी आदि उपनिषदों और श्रीमद्वाल्मीकीय रामायण के वचनों से सिद्ध करना चाहते हैं कि अवतारी तो श्रीरामचन्द्र ही हैं, शेष अवतार 'अवतार' मात्र हैं। नायक के चार भेद शास्त्र में बताये गये हैं और इन चारों की पूर्ण योग्यता एक मात्र श्रीरामचन्द्र में ही है।

गौड़ीय वैष्णवों ने परकीया प्रेम को प्राधान्य दिया था। जीव गोस्वामी तो परकीया प्रेम को सर्वोत्तम सुख का हेतु मानने के पक्ष में नहीं जान पड़ते, पर गौड़ीय वैष्णव सम्प्रदाय में परकीया प्रेम की महिमा अवश्य प्रतिष्ठित हुई थी। परकीया प्रेम की निरतिशय आनन्दजन्यता के लिए कहा गया है कि अनेक बाधा-विघ्नों के भीतर से जो प्रच्छन्न-कामुकता अग्रसर होती है, वह निरतिशय प्रीति का कारण बनती है। मधुराचार्य ने इसका जोरदार खण्डन किया है। वे बड़ी शक्तिशाली भाषा में लिखते हैं कि यह

प्रच्छन्न-कामुकत्व वाली बात प्राकृत जन के लिए है। भगवत्पक्ष में यह बिलकुल बेमतलब की चीज है। वस्तुतः स्वकीया प्रेम ही उत्तम प्रीति-सुख का हेतु है। विघ्न-बाधाएँ इसमें ही अधिक हैं। गुरुजनों की सेवा और प्रियजनों की आँख बचाकर स्वकीया पत्नी जो प्रेम दे सकती है, वह किसी अन्य विधि से नहीं प्राप्त हो सकता। मधुराचार्य ने भागवत में प्रयुक्त 'जार' 'उपपति' आदि शब्दों का अर्थ परकीया प्रेमी न करके 'जीर्ण' करने वाला और 'अन्तर्यामी रूप से प्रीतिदाता' किया है। फिर प्रेम शारीरिक नहीं मानसिक होना चाहिए। क्योंकि गीता में भगवान् ने जब स्पष्ट कह दिया है कि 'ये हि संस्पर्शजा भावा दुःखयोनय एव ते' अर्थात् संस्पर्श से उत्पन्न भाव दुःखहेतुक हैं तो संसारी मनुष्यों के समान कामुकत्व का पूर्ण निषेध ही हो गया, फिर यह प्रश्न ही कहाँ उठता है कि प्राकृत जन के समान भगवान् की शृंगार-लीला होती है या नहीं। वस्तुतः परात्पर भगवान् को जब शृंगार या मधुर रस का आलम्बन कहा जाता है तब यह रस प्राकृतजनों में परिचित शरीर सुख-मूलक शृंगार नहीं है। मधुराचार्य ने इस प्रकार शृंगार रस को बहुत ऊँची आध्यात्मिक भूमिका पर रखा है और मर्यादा-पालन पर बहुत अधिक जोर दिया है। शरीर-सुख को तो उन्होंने घृणित कहा है। वस्तुतः मधुराचार्य के मत से चित्त का परम-प्रीति रूप ब्रह्मावगाहन करने वाला जो परिणाम है, जिसको श्रुतियों में 'आनन्द नाम दिया गया है' वही शृंगार रस है।

इस प्रकार रस की व्याख्या करने के बाद मधुराचार्य ने वाल्मीकि रामायण से अनेक वचनों को उद्‌धृत करके बताया है कि पुरुष भी किस प्रकार भगवान् का कमनीय मुख देखकर उसी प्रकार रमणोच्छुक हो उठते हैं जिस प्रकार सती स्त्री अपने कान्त को देखकर हो उठती है। ऐसे स्थलों पर मधुराचार्य बराबर मानसी प्रीति की चर्चा कर दिया करते हैं ताकि 'लोक-वेद-किंकर' भक्तजन भ्रान्ति में न पड़ें। उनकी व्याख्या पद्धति कुछ 'रहस्य' शब्दों और संकेतों पर आश्रित है।

मधुराचार्य की व्याख्या और स्थापना शैली बहुत विचित्र है। उन्होंने वाल्मीकि रामायण के प्रायः सभी मुख्य पात्रों के मुँह से निकले वाक्यों से यह दिखा दिया है कि वे लोग भगवान् को कान्त रूप में पाने की अभिलाषा करते हैं। ऐसे स्थलों पर वे प्रायः किसी एक या दो शब्द को 'रहस्य' मानकर अपना मतलब सिद्ध करते हैं। संस्कृत व्याकरण सदा उनकी सहायता करने को प्रस्तुत रहता है। एक उदाहरण लिया जाए—

अयोध्याकाण्ड में ऋषियों ने राम और सीता को देखकर बड़ा हर्ष प्रकट किया और स्तुति करते हुए कहा कि—

ते वयं भवता रक्ष्या भवद्विषयवासिनः।
नगरस्थो वनस्थो वा त्वन्नो राजा सनातनः।।

अर्थात् हम लोग आपके देश या राज्य (विषय) के निवासी हैं अतएव आप चाहे नगर में रहे चाहे वन में आप सदा हमारे राजा हैं। इस श्लोक में मधुराचार्य ने 'विषय'

शब्द को रहस्यद्योतक मान लिया है। 'विषय' शब्द का अर्थ देश या राज्य नहीं है बल्कि श्रीविग्रह धर्म है। 'श्रीविग्रह धर्म' का मतलब हुआ—रूप माधुर्य, सौन्दर्य, संहनन, लक्ष्मी, सौकुमार्य, सुवेषत्व आदि। इनमें वसने वाले ऋषि वस्तुतः तद्विषय भोगेच्छावान् थे। वे कान्ता रूप में भगवान के रूप-माधुर्य और सौकुमार्य आदि का उपभोग करना चाहते थे। आगे विस्तारपूर्वक रामायण के श्लोकों को उद्धृत करके मधुराचार्य ने अपने मत की स्थापना की है। एक स्थल पर 'हरि' शब्द को रहस्य मान लिया है। 'हरि' अर्थात् जो ऋषियों के चित्त को हर ले। आगे इसी प्रसंग में रामायण में कहा गया है कि 'वरं प्रदायाथ स तापसानामिक्ष्वाकुवंशप्रभवो महात्मा', अर्थात् रामचन्द्र जी ने ऋषियों को वर दिया। इसका तात्पर्य मधुराचार्य यह बताते हैं—भगवान् ने उनको वर दिया कि अवश्य तुम्हारी मनोवांछा पूर्ण करूँगा, मनोवांछा ऋषियों की यह थी कि स्त्री होकर हम तुम्हारे साथ रमण कर सकें ! 'अवश्यं भवतां मनोरथानुगतेन मया कर्तव्यं यत् तन्मनीषितं पूरयिक्ष्यामि। स्त्रियो भूत्वा रमेमहीति'। 'रामायण में भगवान् के श्रीमुख से जो यह वचन निकला था कि हे महर्षियो, आपके ही मनोरथ की सिद्धि के लिए मैं लक्ष्मण-सहित वन आया हूँ—भवतामर्थसिद्ध्यर्थमागतोऽहंस लक्ष्मणः—उसमें इसी मानोकामना की ओर संकेत था। (पृ० 104)

इतना ही नहीं, मधुराचार्य ने इस प्रसंग को श्रीरामावतार के सर्वश्रेष्ठ होने का प्रमाण भी बताया है।

श्रीकृष्णावतार में भगवान् की रूप-माधुरी केवल गोपियों को अर्थात् रमणियों को ही आकृष्ट कर सकी थी। भागवत में कहा है—हे कृष्ण, तुम्हारे मधुर-स्वन वेणु-निनाद को सुनकर और त्रैलोक्य-संमोहन रूप को देखकर कौन स्त्री कुलधर्म नहीं छोड़ देगी। इन से गायें, मृग, और पक्षी, वृक्ष भी पुलक-कण्टकित हो जाते हैं।

> कास्त्र्यंग ते कलपदामृत-वेणुनाद-
> सम्मोहितार्थ चरितान्न चलेत् त्रिलोक्याम्।
> त्रैलोक्य सौभगमिदं च निरीक्ष्य रूपं
> यद्वो मृगद्विजगणाः पुलकान्यविभ्रन्।।

इस प्रकार श्रीकृष्ण केवल स्त्रियों को आकृष्ट कर सकते थे परन्तु श्रीराम के रूप और माधुर्य का ही यह गुण था कि उन्होंने पुरुषों को—तत्रापि तपोनिरत ऋषियों को भी—रमणेच्छु बना दिया, मधुराचार्य के मत से यह रामावतार 'की श्रेष्ठता का सबूत है'। फिर श्रीकृष्ण को तो वेणु बजाने की जरूरत पड़ती थी। वंशी बजाकर भी उनका मनोहर रूप केवल स्त्रियों को चंचल बना सकता था, इधर श्रीरामचन्द्र केवल अपने सौन्दर्य से स्त्री-पुरुष, साधारण सर्व जन्तुओं को मोहित कर करते थे ! (पृ. 106)

अस्तु, महर्षियों की मनोकामना परजन्म में पूर्ण हुई और उन्होंने गोपी रूप में नया चोला पाया और श्रीकृष्ण को श्रीराम के समान जानकर कान्त रूप में पाया। मधुराचार्य

सावधानी से समझा देते हैं कि यहाँ 'श्रीकृष्ण को श्रीराम के समान जाना' यही कहना ठीक है। यह नहीं कह सकते कि श्री राम को कृष्ण के समान जाना। क्योंकि मुख्यता और उत्कर्ष श्रीराम का ही है !

मधुराचार्य ने भगवान् श्रीरामचन्द्र के अयोध्या में निरन्तर रास-विहारों को रामायण में ढूँढ़ निकाला है। जो लोग भगवान् के प्रेम-रस से अपरिचित हैं वे केवल उनके मर्यादा-पुरुषोत्तम रूप की दुहायी दिया करते हैं और कहा करते हैं कि भगवान् रामचन्द्र तो एक पत्नीव्रत के पालक हैं। उनके नाम के साथ इस प्रकार रास-विहार की बात करना अनुचित है। मधुराचार्य इन रस-वंचित लोगों का मत जोरदार भाषा में खण्डन करते हैं पर उन्हें बुरा-भला नहीं कहते। उनके मत से ये लोग भगवान् के केवल एक रूप को सब कुछ मान कर उसे सीमाओं में बाँधने का प्रयत्न करते हैं। इससे भगवान् के सर्व भोक्तृत्व रूप का निरसन तो नहीं होता केवल इन नीरस भक्तों की सीमा बुद्धि का परिचय मिल जाता है। मधुराचार्य कहते हैं कि 'जो लोग नीरस चित्त के हैं, अर्थात् जो लोग श्री रामचन्द्र के निरंकुश निरवधिक नित्यविहार रस के ज्ञाता नहीं हैं, केवल एक पत्नीव्रत वचनों के छायानुसारी हैं, जितेन्द्रियत्वादि बल वाले श्रीरामचन्द्र जी के अघटित घटना पटीयसी शक्ति के जानकार नहीं हैं, वे अपरिमित ज्ञानानन्दाश्रय भूत परब्रह्म श्री रामदेव के शृंगार रस का परम उत्कर्ष तथा उनके नित्य सुखैश्वर्य की पराकोटि में संकोच करते हैं कि परब्रह्म स्वरूप एक पत्नीव्रत रामचन्द्र जी में यह विहार लीला सम्भव नहीं हो सकती। ये लोग लोक और वेद के किंकर हैं। इस कारण से धर्म-विषयक भक्ति में अन्ध हैं। वे इस रस को समझ नहीं सकते, अपनी सीमा में आप ही बँधे हुए हैं। मैं उन्हें नमस्कार करता हूँ। ये दूषणीय नहीं हैं, भूषणींय ही हैं। दूषणीय इसलिए नहीं हैं कि उनकी दृष्टि श्रीराम जी के नित्य ऐश्वर्य, नित्य माधुर्य और नित्य-सौकुमार्य-रूपों तक जा नहीं पायी है, नहीं तो वाल्मीकि जी ने अत्यन्त स्पष्ट शब्दों में कह रखा है कि रामचन्द्र 'सुखैश्वर्य रसज्ञः सन् कामिनी-काम-वर्द्धन' हैं (पृ. 327-28)

मधुराचार्य की अनेक व्याख्याओं का तात्पर्य यह है कि श्रीरामचन्द्र को कान्त रूप में पाने का रस लोक-वेद-मर्यादा के परे है। लोक में'रमण' का अर्थ शारीरिक भोग है और वेद-विहित आचार में विधि-निषेध के जो वचन हैं वे इसी शरीर-सुख के प्रसंग में ग्रहणीय है, परात्पर चिद्‌धन-विग्रह श्रीरामचन्द्र के प्रति रमणेच्छुता तक न तो लोक-मर्यादा की पहुँच है न वेद-विहित वैध मार्ग की।

परन्तु वाल्मीकि-रामायण को प्रमाण मानकर चलने वाले को ऐसी व्याख्या करते समय कम कठिनाइयों का सामना नहीं करना पड़ेगा। ऐसे प्रमाणों से यह ग्रन्थ भरा पड़ा है जिसमें बताया गया है कि श्रीरामचन्द्र दूसरी स्त्री कीओर देखते भी नहीं थे—न रामः परदारांस्तु चक्षुर्भ्यामपि पश्यति। ऐसे ग्रन्थ की रसात्मक व्याख्या कठिन कार्य है। मधुराचार्य ऐसी कठिनाइयों से पूर्ण परिचित हैं। ग्रन्थ के अन्त में उन्होंने स्वयं 'ऐसी शंका उठायी है और उसका समाधान भी किया है। यह प्रतिपादन शैली बड़ी रोचक है। परन्तु

ऐसा लगता है कि ऐसे स्थलों पर उन्हें वाल्मीकि-रामायण की अपेक्षा अगस्त्य संहिता, हनुमत्संहिता, सुन्दरीय तन्त्र आदि ग्रन्थों पर अधिक भरोसा करना पड़ता है।

मधुराचार्य ने बताया है कि अयोध्या में कामद, केलि, कल्हार, कन्या, कौशिक, कौशल, कौमुद, कौम्भ, कौशेव, कालिक, तालिक, सिद्ध, साध्य, सुसिद्ध, दौर्ग, शौक, सौरभ, शाम्भव, श्रीसदन, बर्हिस्थत्य, वशिष्ठ, शाण्डिल्य, कात्यायन, गणेश्वर आदि अनेक वन हैं जहाँ श्री सीता जी के साथ श्री रामचन्द्र विहार करते हैं। अगस्त्य-संहिता के बचनों के अनुसार श्री सीता जी की सहस्रों सखियाँ हैं जिनके नाम चन्द्रा, चन्द्रकला, चान्द्री, चद्रकान्ता आदि हैं। इनमें जो रूप-शील वय में श्री सीता जी के समान हैं वे सखी कहलाती हैं, जो न्यून हैं वे दासी कहलाती हैं, इनके सौ मुख्यगण हैं। मुख्य सखियों के नाम से इन गणों के नाम हैं। कुछ गणों के नाम उन्होंने गिना भी दिये हैं—जैसे शान्तागण, कृष्णागण, धृतिगण, प्रकीर्तिगण, ज्ञानागण, कार्तिदागण, विशारदागण, बुधागण, भाववेत्रीगण इत्यादि।

यहीं पर एक पत्नीव्रत वाली शंका का उत्थापन करके सुन्दरीयतन्त्र के द्वितीय पटल में कहे हुए श्री जानकी जी के वचनों को उद्धृत करके मधुराचार्य ने अपने पक्ष की स्थापना की है (पृ. 432-34)। वहाँ का प्रसंग यह है कि श्री जानकी जी ने जनक जी को रामचन्द्र का यह ध्यान बताया—

कामपूर्ण कामणं कामास्पद मनोहरम्।
कन्दर्प कोटिलावण्यं रमणी-गण-मोहनम्।।

यहीं पर जनक जी को शंका हुई और उसके उत्तर में जानकी जी ने कहा कि हे पिता, 'आप पुरुषोत्तम श्री राम जी में रस-रूपा शक्ति मुझे जानें'। श्री राम महादेव हैं, वे सत् और असत् से परे हैं, वे भोक्ता हैं। मेरी ईक्षणकला के आक्षेप से श्री रामचन्द्र शरीर धारण करते हैं और उनकी इच्छा से मेरा शरीर है, ऐसा समझिए। श्री रामचन्द्र और मेरे शरीर के ऐक्य भाव से यह रस-रूप परब्रह्म है जो आत्यन्तिक सुखरूप है। इसी से विश्व सुखी होता है। इसी रस से बहुत से रस—वीर, करुणा, हास्य, भयानक आदि—उद्भिन्न हुए हैं, सभी शक्तियाँ मुझसे निकली हैं जो शुद्ध सत्वरूपा हैं और विकार-रहिता हैं। वागीशा, माधवी, नित्या, विज्ञा, अविज्ञा, हरिप्रिया, कूटरूपा, मनोजीवा, आदि भुक्ति मुक्तिप्रदात्री शक्तियाँ ऐसी ही हैं। ये सब श्री रामचन्द्र की भोग्यरूप हैं। सदानन्दा और रसमोद-विहारिका हैं, ये मेरे समान हैं। इन सबके भोक्ता रघुनन्दन ही हैं, इत्यादि। इन वचनों से मधुराचार्य बताना चाहते हैं कि रामायण का कहा हुआ कोई भी वचन बाधित नहीं होता।

वस्तुतः लीला-रस के लिए अद्भुत, अप्राकृत मनुष्यरूपी भगवान् परब्रह्म स्वरूप श्री

रामचन्द्र में प्राकृत मनुष्य के समान आभास देखना उन्हें विधि-निषेध का किंकर मान लेने के समान है और उनकी अनीश्वरता बताना है। इस बात को तत्त्वज्ञ लोग ही समझ सकते हैं। लौकिक आचार में ही लोक प्रमाण मानना चाहिए, भगवद्रसस्यात्मक अलौकिक अर्थ में नहीं।

इस प्रकार ग्रन्थ में बड़े आकर्षक ढंग से मधुर रस का प्रतिपादन किया गया है। यह ग्रन्थ रामभक्ति की इस नयी प्रवृत्ति की बहुत ही मनोहर शास्त्रीय शैली में स्थापना करता है। जैसा कि शुरू में ही कहा गया है, आधुनिक ढंग के विद्वान् इन व्याख्याओं को स्वीकार करने में कुण्ठा अनुभव करेंगे परन्तु मध्यकाल की धर्मसाधना की इस नयी धारा का उद्‍घाटन करने वाले इस ग्रन्थरत्न का वे अवश्य आदर करेंगे।

देत सिख, सिखयो न मानत

सीख देता हूँ, सिखाया नहीं मानता—तुलसीदासजी ने विनय-पत्रिका में अपनी दुर्बलताओं को बताते समय ऐसा कहा है। कौन मानेगा कि जिस आदमी ने नाना पुराण, श्रुति, स्मृति, इतिहास, साहित्य आदि विविध स्रोतों से बूँद-बूँद संग्रह करके रामचरितमानस जैसा अमृत सरोवर दिया है, वह किसी का सिखाया नहीं मानता था। वस्तुतः यदि वे स्वयं ऐसा न कह गये होते तो उनके बारे में ऐसी बात सोचना भी धृष्टता मानी जाती, परन्तु लगता है अपने बहाने उन्होंने मनुष्यमात्र की एक बड़ी कमजोरी की ओर इंगित किया है। जो सीखने को तैयार नहीं है, उसे सिखाने का भी हक नहीं है। मनुष्य है कि दूसरों को सिखाने के लिए कमर कसे बैठा हैं। आज लोकतन्त्र और संगठन युग में यह व्यक्तिगत दुर्बलता सामाजिक अभिशाप का रूप लेती जा रही है। सीखना उपेक्षित है सिखाना मुखर है।

तुलसीदास और साधारण मनुष्य में अन्तर है। तुलसीदास अपनी रंचमात्र दुर्बलता को भी जानते हैं, उसे स्पष्ट रूप में स्वीकार करने में उन्हें संकोच नहीं है : अपनी कमजोरी को पहचानना और उसे स्पष्ट रूप में स्वीकार करना बहुत चरित्रवान लोगों के लिए ही सम्भव है। यह क्षमता अन्तर के महान अन्तर्यामी को स्वीकार करने से ही प्राप्त होती है।

तुलसीदास ने कितने निश्छल भाव से अपनी कमजोरियाँ बता दी हैं। यह किससे ? किसी मनुष्य से नहीं, भगवान राम से।

सोचने वाला दुखी होता है, न सोचने वाला निर्द्वन्द्व रहता है, खुद तुलसीदास सराह गये हैं : सबते भले बिमूढ़ जिन्हें न ब्यापे जगत गति।

कबीरदास कुछ ज्यादा सोचते थे। रोना पड़ता था उन्हें :

सुखिया सब संसार है, खावै और सोवे।
दुखिया दास कबीर है, जागे और रोवे।।

सो जागनेवाले विवेकशील लोग होते हैं, वे सोचते हैं, समझते हैं, परेशान होते हैं,

तुलसीदास ऐसे ही थे, कबीरदास ऐसे ही थे।

विवेक भले से बुरे को अलग करता है, वैराग्य बुरे का परित्याग कर केवल भले का ग्रहण करता है।

विवेक हो, पर वैराग्य न हो तो वह केवल जानकारी का गट्ठर लादने की प्रवृत्ति को बढ़ावा देता है और विवेकहीन वैराग्य सामाजिक सड़न पैदा करता है। दोनों ही हों तो कर्म और ज्ञान को सन्तुलित करके व्यक्ति और समाज को स्वस्थ और गतिशील बनाते हैं। गोसाईंजी ने आचरण पक्ष को मानो अधिक स्पष्ट करने के लिए ही कहा था :

पर उपदेश कुशल बहुतेरे।
जे आचरहिं ते नर न घनेरे।।

प्रत्येक अच्छी बात आचरण के अभाव में अधूरी और पंगु बन जाती है। किसी से डरना नहीं चाहिए, यह अच्छी बात है पर यह तब तक अधूरा और पंगु सिद्धान्त ही है जब तक इसके साथ विधिविहित आचरण प्रधान दूसरा पक्ष न जुड़ा हो, किसी को डराना भी नहीं चाहिए।। गीता में उत्तम पुरुष के लिए कहा गया कि वह लोगों से उद्विग्न नहीं होता परन्तु साथ ही वह स्वयं भी लोगों को उद्विग्न नहीं करता।

सीखने का प्रयत्न किये बिना सिखाने की लालसा विफल होती है। प्रत्येक अच्छी बात की कसौटी अन्तर्वैयक्तिक सम्बन्ध होते हैं। अपने ही मन में किसी वास्तविक या कल्पित सत्य को मान लेने में कोई कठिनाई नहीं होती। कठिनाई तब आती है जब उसकी परीक्षा होती है और यह परीक्षा आचरण की कसौटी पर कसके ही ली जाती है। मनुष्य सीमाओं से बँधा है। उसमें बहुत-सी कमजोरियाँ सिर्फ इसलिए हैं कि वह पूरे को देख नहीं पाता, वह क्षण विशेष की शक्तिशाली चेतना से अभिभूत हो जाता है। उसके परिणाम के प्रति उसकी दृष्टि जाती ही नहीं। परन्तु साथ ही वह अन्य प्राणियों से अधिक शक्तिसम्पन्न है। उसमें प्रयत्न का अशेष भण्डार है। जिसे इच्छाशक्ति कहते हैं, जो मनुष्य को अविचल संकल्प की प्रेरणा देती है, वह मनुष्येतर प्रणियों में विकसित नहीं हो सकी। तान्त्रिक योगियों की भाषा में कहें तो केवल मनुष्य की ही कुल कुण्डलिनी उद्बुद्ध है, अन्यत्र वह सुप्त या निष्क्रिय है। समाज का आत्यन्तिक कल्याण शुभ-बुद्धि द्वारा चालित दृढ़संकल्प में है। सामाजिक मंगल भावना के आदर्श को गतिशील बनाता है। गति क्रिया से उत्पन्न होती है। इच्छा-शक्ति क्रिया से मिलकर चरितार्थ होती है। क्रियारहित इच्छा किसी भी संकल्प को रूप नहीं दे सकती। मनुष्य आत्म-निरीक्षण की भी क्षमता रखता है। वह अपनी गलतियों और कमजोरियों को दूर करने का प्रयत्न कर सकता है। प्रयत्न की क्षमता अनन्त सम्भावनाओं का कारण है। तुलसीदास और कबीरदास कमजोरियों को इस द्वार तक पहुँचा देते हैं कि साधारण मनुष्य नहीं पहुँच पाता, पर उनकी वाणी हमें साहस देती है, मार्ग दिखाती है।

अनन्त सम्भावनाओं का द्वार ही भगवान का साम्मुख्य है। तुलसीदास ने इस बात को साधारण जन की भाषा में समझाया है। भगवान् रामचन्द्र से उन्होंने कहलवाया कि

जीव जिस क्षण मेरे सम्मुख होता है तो मैं उसी क्षण उसके कोटि-कोटि जन्मों का पाप नष्ट कर देता हूँ :

सनमुख होइ जीव मोहि जबहीं।
जनम कोटि अघ नासौं तबहीं।।

जो भी निश्छल-निष्कपट भाव से अपनी सारी कमजोरियों और त्रुटियों के साथ महा अज्ञात अन्तर्यामी के सामने उपस्थित हो जाता है, उसकी सारी त्रुटि विच्युतियाँ समाप्त हो जाती हैं, फिर त्रुटियाँ त्रुटियाँ नहीं रह जातीं, वह पूजा के नैवेद्य बन जाती हैं।

कोई नहीं जानता कि वह क्यों और कैसे सन्तुष्ट होता है ? पर इतना सभी अनुभव करते हैं कि उसके सम्मुख अपने-आपको अनावृत रूप में समर्पण करने से नयी चेतना प्राप्त होती है। 'तथापि' बच्चा बीमार है, कमजोर है, चिड़चिड़ा है पर सब होते हुए भी माँ के लिए वह अजस्र प्रेम का पात्र है। यही कारण है कि भक्तजन अपनी त्रुटियाँ महा-प्रेमिक के चरणों में निश्छल भाव से समर्पण कर आश्वस्त हो जाते हैं।

एक बार जब यह चेतना आ जाती है तो मनुष्य के भीतर अहंकार की भावना नहीं रहती। अहंकार पृथक्त्व भाव का नाम है, अपने को सारे जगत्-प्रवाह से अलग मानने का परिणाम है। अहंकार असामाजिक बनाता है। जो भगवान के सर्वमय रूप के सम्मुख हो चुका है, वह अहंकारी नहीं हो सकता। सामाजिक कल्याण वही करता है जो अपने को अलग-अलग न मानकर सबके साथ एकमेक अनुभव करे। वह दूसरों को मान देता है। स्वयं अमानी होता है। अपनी ही कमजोरियों का बहाना बनाकर गोस्वामी तुलसीदासजी ने कहा—'बहुत प्रीति पुजाइवे मैं थोरी पुजाना' अधिक पसन्द करता हूँ, पूजना कम। उनकी बात का सीधा अर्थ है कि औरों को सम्मान देने में हिचक और साथ ही स्वयं सम्मानित होने की लालसा बाधक है। औरों को सम्मानित किये बिना स्वयं सम्मान पाने की इच्छा भी सामाजिक अमंगल की ओर ले जाती है। दूसरों से सीखना और दूसरों को सम्मान देना एक ही सत्य के दो पहलू हैं।

तुलसीदासजी का आत्मनिवेदन उतना व्यक्तिगत आत्मनिवेदन नहीं है, जितना सामाजिक अन्यथाचरण का इंगित।

रामचरितमानस

दिव्य प्रेरणा की अप्रतिम कृति

रामचरितमानस मध्यकाल का सर्वश्रेष्ठ ग्रन्थ है। आज से लगभग 400 वर्ष पहले गोस्वामी तुलसीदासजी ने इसे लिखना प्रारम्भ किया था। इस चार सौ वर्षों में यह ग्रन्थ देश और काल की सीमा का अतिक्रमण करके संसार में समादृत हुआ। यह सच्चे अर्थों में कालजयी ग्रन्थ है। प्रत्येक ग्रन्थ भाषा और अभिव्यक्ति में अपने काल से प्रभावित होता है। रामचरितमानस भी है। परन्तु बहुत थोड़े से ग्रन्थ इस सीमा को अतिक्रम करके सर्वकाल के सहृदयों को प्रभावित करने में समर्थ होते हैं। यह लोकोत्तर तेज संसार के गिने-चुने ग्रन्थों में ही उपलब्ध होता है। यही कारण है कि वह देश और काल सीमा पार करके समस्त संसार के सहृदयों को प्रभावित करने में समर्थ हुआ है।

रामचरितमानस के लेखक कविवर तुलसीदास जिस काल, समाज और देश में पैदा हुए, वे उससे प्रभावित थे। उनका व्यक्तिगत जीवन भी किसी न किसी रूप में उनमें स्वीकृत विचारों को दे रहा था। इसलिए वे अपने देश, काल और समाज से संस्कारों और व्यक्तिगत रुचि, कुण्ठा और झिझक आदि से प्रभावित थे। रामचरितमानस और उनके ग्रन्थों के आलोचकों ने इन बातों पर बहुत विचार किया है और भविष्य में भी करते रहेंगे। परन्तु इन सब सीमाओं के भीतर रहकर भी उनमें एक अलौकिक दीप्ति थी जो सीमा में नहीं बँध सकती। जिस प्रकार दीपक की लौ दीया, तेल, बाती और हवा के कम्पन से प्रभावित होते हुए भी इन सीमाओं से बाहर दूर तक अपनी दीप्ति बिखेर सकती है, कुछ उसी प्रकार व्यक्ति कवि के भीतर जलनेवाली दिव्य लौ भी अपनी दीप्ति देश, काल और सीमा का अतिक्रम करके प्रकाशित करती रही है।

ऐसा लगता है कि तुलसीदास के सामने तत्कालीन समाज में प्रचलित एक बड़ा भारी सन्देह मुख्य रूप से उनके चित्त को आन्दोलित किये हुआ था। उनका प्रयत्न मुख्य रूप से लोकचित्र के सन्देहों को उखाड़ देना था। वस्तुतः सन्देह के कारण ही विषाद उत्पन्न होता है। रामचरितमानस के भरद्वाज, पार्वती, गरुड़ आदि मुख्य श्रोताओं के मन में संशयजनित विषाद उत्पन्न हुआ था। यह सन्देह था कि जो ब्रह्म सब प्रकार की धाराणाओं से ऊपर है, व्यापक है, निर्गुण है, अजन्मा है, जिसे श्रुति नेति-नेति कहकर

बखानती है, वह क्या मनुष्य के रूप में अवतार धारण कर सकता है ? इस सन्देह का उन्मूलन तुलसीदास का एक लक्ष्य था। जब तक यह सन्देह उन्मूलित नहीं होता तब तक विषाद का शमन भी नहीं होता। यह एक सामयिक प्रश्न था। तुलसीदास के पूर्ववर्ती महान् निर्गुणवादी सन्तों ने सगुण राम का प्रत्यास्थान किया था और लोकचित्त में ऐसा संशय उत्पन्न किया था। यह एक निश्चित देशकाल में उत्पन्न स्थिति थी, इस संशय का उच्छेद ऊपर से देखने में एक सामयिक प्रश्न था। तुलसीदास के चित्त में कुछ ऐसे संस्कार थे जो इस संशय को मनुष्य के लिए हानिकारक मानते थे। यह एक प्रकार का द्वन्द्व था जो बाह्य समाज में बहु-प्रचारित सिद्धान्त और तुलसीदास के व्यक्तित्व चित्त में प्रतिष्ठित रुचि और संस्कार के संघर्ष से उत्पन्न हुआ था। रामचरितमानस के निर्माण में इस द्वन्द्व का महत्त्वपूर्ण स्थान था। परन्तु यह सामाजिक तथ्य ही सब कुछ होता तो रामचरितमानस खण्डन-मण्डन के रूप में लिखे हुए ग्रन्थों के समान अल्पकालीन प्रभाव ही छोड़ जाता। परन्तु ऐसा नहीं हुआ। इस द्वन्द्व ने तुलसीदास के संवेदनशील चित्त को केवल खण्डन-मण्डन की ओर प्रवृत्त नहीं किया, बल्कि उनकी रचनात्मक प्रतिभा को झंकृत कर दिया, जिससे शाश्वत मानवीय मूल्यों का अद्‌भुत रागात्मक सृजन हुआ। शतवार वीणा को यद्यपि छेड़नेवाली चीज बहुत मामूली-सी होती है, परन्तु उसके एक तार के झंकृत होने से अन्य अनेक तार झनझना उठते हैं, और उस मोहक संगीत का प्रादुर्भाव होता है जो छेड़नेवाली वस्तु को एकदम अभिभूत करके अपूर्व रागात्मक-संगीत की सृष्टि करती है। उस युग के इस मामूली से प्रश्न ने तुलसीदास के चित्त को झकझोर दिया कि उसकी सम्पूर्ण सत्ता ही उमड़ उठी। वह मनुष्यमात्र के रागात्मक चित्त के साथ एकमेव होकर उन चिन्मय मूल्यों की रचना कर सकी जो अपूर्व कहे जा सकते हैं। भारतवर्ष की साधना का जो सर्वोत्तम है, जो महान् है, जो कुछ सरल है और जो कुछ भव्य है वह इस बहाने अभिव्यक्ति पाने को व्याकुल हो उठा। इस उदात्त भव्य अभिव्यक्ति में ही रामचरितमानस की महिमा है। देश और काल की सीमा में बँधा हुआ तुलसीदास का व्यक्ति रूप भी उसमें जहाँ-तहाँ प्रकट अवश्य हुआ और कई बार उस सीमित अभिव्यक्ति ने भिन्न श्रेणी के लोगों को क्षुब्ध और उत्तेजित भी किया है। परन्तु रामचरितमानस की दिव्य ज्योति में ये छोटे-छोटे धब्बे कोई बाधा नहीं उत्पन्न कर सके। वे हैं, क्योंकि उनका होना रोका नहीं जा सकता था। परन्तु रामचरितमानस का निर्माण उनसे अलग दिव्य अलौकिक तेज से हुआ है। कभी-कभी लोग उन छोटी-छोटी बातों को लेकर ही झगड़ते हैं। वे भूल ही जाते हैं कि रामचरितमानस का लक्ष्य उन बातों से कहीं अधिक ऊँचा है। वह मनुष्य को उस लक्ष्य तक ले जाता है जिससे बड़ा लक्ष्य और कुछ हो ही नहीं सकता।

सामंजस्य एवं अविरोध :

तुलसीदास केवल ज्ञान का ग्रन्थ नहीं लिख रहे थे। मनुष्य के नित्य जीवन में

घटनेवाले ईर्ष्या, द्वेष, सुख-दुख और लोभ-मोह के विकारों के भीतर से उन्होंने परम लक्ष्य की प्राप्ति की ओर अपने पाठक को ले जाना चाहा। इसलिए उनका यह ग्रन्थ शुष्क आचारसंहिता या थोथे उपदेशों की पोथी नहीं है, वह मनुष्य जीवन की गहरायी में उतरा है और अत्यन्त सहज भाव से उसे रामोन्मुख करता रहा है। राम, जो मनुष्य की समस्त आशा-आकांक्षाओं का सर्वोत्तम केन्द्र है वहाँ काम, क्रोध, द्वेष, मोह-रूपी अन्धकार की कल्पना नहीं की जा सकती। परन्तु यह राम हमारे दैनन्दिन जीवन के अनुभवों के भीतर से उजागर हुआ है। वह मनुष्य-रूप में अवतरित हुआ है और मुनष्य की सारी कमजोरियों और विकारों के भीतर उज्ज्वल आलोक के रूप में निकलता चला गया है। वह ज्ञेय बनकर नहीं, बल्कि अनुभव योग्य होकर हमें आकर्षित करता है। वह केवल अनादि, अनन्त और व्यापक सच्चिदानन्द मात्र नहीं है बल्कि शील, सौजन्य और मर्यादा का अधिष्ठाता भी है। वह केवल ज्ञान और उपासना का विषय नहीं है, बल्कि प्रेम और भक्ति का आश्रय भी है। वह केवल संसार की अपवित्रताओं के वैराग्य की भावना का उत्पादयिता नहीं है, बल्कि सब प्रकार की मानवीय दुर्बलताएँ भी उसे समर्पित होकर धन्य हो जाती हैं। यह राम सब प्रकार से मनुष्य होकर भी परब्रह्म है।

रामचरितमानस के राम शोभा और सौन्दर्य के आगार हैं, प्रेम के वश्य हैं, शौर्य और पराक्रम के निधान हैं। वे आरतिहरण और सरण-सुखद हैं। नर भूपाल रूप में दिखायी देने पर भी वे साक्षात् परब्रह्म हैं और समस्त देवताओं द्वारा सेवित हैं। इन विविध रूपों में तुलसीदास ने अद्‌भुत सामंजस्य और अविरोध दिखाया है। ऐसा चमत्कार कोई अलौकिक शक्तिसम्पन्न कवि ही कर सकता था।

जन-मन-मानस हंस :

सारे संसार में भक्तों में भगवान दो रूप में स्वाकार किये जाते हैं। एक तो गुणातीत और समस्त शक्तियों के उत्स और दूसरी ओर भगवान भक्तों के स्वभाव के अनुसार उनके हृदय में अवतीर्ण होते हैं। वे माता, पिता, पुत्र, स्वामी, सखा, प्रिय आदि के रूप में भक्ति भावना के अनुरूप रहा करते हैं और प्रत्येक स्वामी के स्वभाव और आकांक्षाओं के अनुसार उसके हृदय में आविर्भूत होते हैं। कभी-कभी इसे व्यक्तिगत भगवान् भी कहा जाता है। तुलसीदास इन दोनों रूपों को अच्छी तरह स्वीकार करते हैं परन्तु उनके सामने एक तीसरा मार्ग भी है। भगवान लोकचित्त में किसी-न-किसी रूप में विद्यमान रहते हैं। तुलसीकालीन भारतवर्ष में समष्टि चित्त में वह दशरथ के पुत्र के रूप में प्रतिष्ठित थे। यह परम्परा-क्रम से समष्टि चित्त में प्रतिष्ठित राम हैं। तुलसीदास इस जन मन मानस हंस रूप की उपेक्षा नहीं करते बल्कि पूरा बल देकर उसे व्यक्तिगत भगवान और निरपेक्ष भगवान के सामन ही आदर देते हैं। समष्टि चित्त में बसे हुए इस राम का विविध लीलाओं के रूप में उदात्तीकरण तुलसीदासजी का प्रिय कार्य था। जो राम जन-मानस

में अनादि काल से प्रतिष्ठित है, उसे तुलसीजी ने अपने रामचरितमानस में पूर्ण वैभव के साथ निखारा है। रामचरितमानस इसलिए भगवत् स्वरूप को पूर्ण रूप में दिखानेवाला महान् ग्रन्थ है, क्योंकि वह लोकचित्त के साथ ताल मिलाकर चलता है और भगवत् स्वरूप के उत्तम और वैभवशाली पक्ष को उजागर करता है। लोकचित्त में प्रतिष्ठित इस राम को जनता के दैनन्दिन संघर्षों और विषम परिस्थितियों के भीतर से पूर्ण ब्रह्म के रूप में प्रकाशित करना तुलसीदास की कठिन साधना थी। एक ओर जहाँ राम परात्पर ब्रह्म हैं, वहीं दूसरी ओर वे सहजभाव से जनता के अपने प्रतिनिधि भी हैं। रामचरित उस भक्ति को श्रेष्ठ समझता है जिससे भक्त के मन में यह बुद्धि कभी नहीं टलती कि भगवान सचराचर रूपराशि ही है और मैं (भक्त) इस सचराचर रूप का सेवक हूँ। लोकमानस के साथ राम के घनिष्ठ रूप से जुड़े हुए होने के कारण तुलसीदास के मन में सेवक-सेव्य भाव ही श्रेष्ठ है।

लोकसुलभ लक्ष्य :

जीवन में मनुष्य को अनेक प्रकार के सुख-दुख और आशा-आकांक्षा के भीतर से गुजरना पड़ता है। प्रत्येक मनुष्य किसी-न-किसी दुर्बलता का शिकार है। इन दुर्बलताओं से पार पाना कठिन है। एक मात्र उपाय यह है कि अपनी सारी कमजोरियाँ भगवान को समर्पित करके मनुष्य उनसे मुक्ति पा ले। जो कोई भी राम के सम्मुख हो जाता है, उसके सारे पाप नष्ट हो जाते हैं, परन्तु जो राम-विमुख है उसके सारे वैभव व्यर्थ हो जाते हैं। राम का सामुख्य प्राप्त करना रामचरितमानस का लक्ष्य है। कोई भी व्यक्ति, चाहे वह ऊँचे कुल में ही जन्मा हो या नीच कुल में, उत्तम योनि में पैदा हुआ हो या अधम योनि में, सात्त्विक शरीर का अधिकारी हो या तामस शरीर का, सभी राम के सम्मुख आकर कृतार्थ हो जाते हैं। जो सम्मुख नहीं आ पाते उनका जन्म अकारथ सिद्ध होता है, रामचरितमानस ने इस महान् लक्ष्य को लोक सुलभ करने में आश्चर्यजनक ढंग से पूर्ण सफलता प्राप्त की है।

यह मानस ग्रन्थ पिछले कई सौ वर्षों से मनुष्य के चित्त में उदात्त मानवीय मूल्यों को प्रतिष्ठित करता रहा। इसकी भाषा-अभिव्यक्ति और भाव-प्रेषण क्षमता अपूर्व है। रामचरितमानस एक सुनिश्चित योजना से लिखा हुआ काव्य है इसके प्रत्येक शब्द को कवि ने अच्छी तरह से तौलकर प्रयोग किया है। यदि आरम्भ में कोई शब्द किसी निश्चित अर्थ में प्रयुक्त हुआ है तो अन्त तक उसका निर्वाह हुआ है। परन्तु यह 'सचेत भाव' अभ्यास से नहीं, बल्कि व्यक्ति के सम्पूर्ण विसर्जन से आया है। सत्य यह है कि रामचरितमानस का कवि पूर्ण रूप से अपने व्यक्तित्व को अपने लक्ष्य में निमज्जित कर सका है। यह उस श्रेणी का काव्य है जिसकी प्रत्येक उक्ति किसी दिव्य प्रेरणा से निकली है। जैसा कि आरम्भ में कहा गया है, जहाँ तक व्यक्ति तुलसीदास का सम्बन्ध है, वे

अपने युग से और समाज से प्रभावित हैं। परन्तु उनका व्यक्तित्व और लक्ष्य अद्‌भुत है। उस महान्‌ लक्ष्य की कल्पना नहीं की जा सकती। यही कारण है कि रामचरितमानस उस दिव्य कोटि का ग्रन्थ बना है जो एक ही साथ काव्य और शास्त्र दोनों ही होते हैं।

सन्त कवि दादू

जन्मस्थान : यद्यपि किसी- किसी के मत से अहमदाबाद ही दादू का जन्मस्थान है, तथापि वहाँ दादू का कोई चिह्न भी नहीं है। कुछ दिन पहले मैंने दादू के सम्बन्ध में खोज करने के लिए अहमदाबाद की यात्रा की। मेरे साथ श्री हरिप्रसाद, पीताम्बरदास मेहता, श्री करुणाशंकर, कुबेर जी भट्ट, डॉक्टर हरिप्रसाद व्रजराज देसाई आदि मित्रों ने बहुत खोज की लेकिन कुछ फल न निकला। शिक्षित भले आदमी और साहित्यिक लोगों को तो दादू का कुछ पता ही नहीं था, बहुतों ने पहली बार उनका नाम सुना। और कुछ लोगों ने तो जब यह सुना कि दादू सम्भवतः धुनिया-वंश में उत्पन्न हुए थे, इस प्रकार का भाव प्रकाश किया कि इस प्रकार के नीच-वंशीय आदमी की कोई बात कोई जान कैसे सकता है। नाना शिक्षित-मण्डली में खोज कर लेने के बाद अन्त में कबीरपन्थी समाज में पूछताछ की गयी। इन लोगों के यहाँ भी कोई खबर नहीं मिली। वे यह भी नहीं जानते थे कि दादू नाम का कोई आदमी कभी पैदा भी हुआ था। म्युनिसिपल ऑफिस और थाने में खोज पूछ करने पर भी दादूपन्थियों के किसी मठ या अखाड़े का वहाँ परिचय नहीं मिला। श्री दुर्लभराम नाम के एक सज्जन, जिन्हें अहमदाबाद के प्रत्येक गलीकूचे की खोज खबर थी, दादू का कोई पता निकालने में हार मान गये। लेकिन परिश्रम बिल्कुल व्यर्थ नहीं गया। आखिरकार एक साधु मिल ही गये जिन्होंने बताया कि काँकड़िया हृद के किनारे एक दादूपन्थी साधु रहा करते थे जो निर्जन स्थान में साधना किया करते थे। उनके तिरोधान के बाद दादू के सम्बन्ध में कुछ बता सकने वाला आदमी एक भी नहीं है। और अहमदाबाद में दादूपन्थी कोई मठ तो वहाँ है ही नहीं। बाद को और भी खोज करने पर मालूम हुआ कि काँकडिया के दादूपन्थी साधु मेरे पूर्व परिचित थे। उनके साथ किसी-किसी तीर्थ में साथ-साथ भ्रमण करने का सुअवसर भी मुझे मिला था। वे उत्तर भारत राजपूताना से आकर अहमदाबाद में वास करने लगे थे।

जन्मकाल : इस विषय में अपने पूर्ववर्ती ग्रन्थ-लेखकों का मत संग्रह कर रहा हूँ। विल्सन साहब के मत से दादू सोहलवीं शताब्दी में विद्यमान थे। उनके मत से दादू के प्रधान ग्रन्थ हैं 'दादू की वाणी' और 'दादूपन्थी ग्रन्थ'। इसके सिवा और भी अनेक दादू के पद और वचन हैं। सिडन्स साहब ने दादू के कुछ गानों का अँग्रेजी अनुवाद प्रकाशित

किया था।

अध्यापक विल्सन (Asiatic Researches Part XVII p. 302 और Religious Sects of the Hindus (p.103) तथा फ्रांसीसी अध्यापक टैसी (Garcin De Tassy) के मत से दादू रामानन्द की छठी पीढ़ी के बाद पड़ते हैं। अर्थात् रामानन्द की शिष्य परम्परा में दादू का स्थान उनके छः शिष्यों के बाद है। क्रम इस प्रकार है–

1. रामानन्द
2. रामानन्द के शिष्य कबीर
3. कबीर के शिष्य कमाल
4. कमाल के शिष्य जमाल
5. जमाल के शिष्य विमल
6. विमल के शिष्य बुड्ढन
7. बुड्ढन के शिष्य दादू

(History de la Litrature Hindonie et Hinduoslanie Vol I p.-403)

उक्त ग्रन्थ के मत से दादू सन् 1600 ई. में वर्तमान थे। इलाहाबाद के वेलवेडियर प्रेस द्वारा प्रकाशित सन्तवानी ग्रन्थमाला के दादू-ग्रन्थ के सम्पादक के मत से, दादू ने सन् 1601 संवत् अर्थात् 1544 ई. में जन्म ग्रहण किया था। दादू के शिष्य भक्तजन गोपाल ने लिखा है कि फतेहपुर सीकरी में सम्राट् अकबर प्रायः ही दादू के साथ धर्म विषयक बातचीत करते थे। क्रूक ने भी अपने ग्रन्थ में इस बात का उल्लेख किया है (क्रूक की Tribes and Castes of the North Western Provinces and Oudh, Vol II p. 237)

दादू की जाति : किसी-किसी का कहना है कि दादू ने अहमदाबाद में जन्म ग्रहण किया था और वे जाति के धुनिया थे। बारह वर्ष की अवस्था में जन्मभूमि परित्याग करके साँभर गये। वहाँ से चार कोस दूर नारायणा या निराणा ग्राम में वास करने लगे और जीवन का अन्तिम भाग उन्होंने वहीं व्यतीत किया। साधना करते-करते उहोंने गम्भीर सत्य की उपलब्धि की जिसे अपनी स्वभाव-सिद्ध कवित्व शक्ति से प्रकाशित किया। आमेर के मठ वाले भी दादू की साधना गुहा अपने यहाँ दिखाया करते हैं। वहाँ (आमेर में) एक लाठी और खड़ाऊ रखे हुए हैं। कहा जाता है कि दादू इनका व्यवहार किया करते थे। लेकिन यह निश्चयपूर्वक नहीं कहा जा सकता कि ये चीजें सचमुच दादू की हैं।

स्वर्गीय पं. सुधाकर द्विवेदी ने दादू के सम्बन्ध में परिश्रमपूर्वक खोज करके यह स्थिर किया है कि दादू मोट सिलाई करने वाले मोचियों के वंश में उत्पन्न हुए थे। उनका कहना है कि इस बात का समर्थन दादू की अपनी वाणियों से ही होता है। उनका और भी कहना है कि में दादू का जन्म जौनपुर में हुआ था और उनका पहला नाम 'महाबली' था। वैरागियों और भक्तों में प्रचलित है कि एक बार दादू का मन जब सूनेपन की व्यथा

से भरा हुआ था, उसी समय कबीर के पुत्र कमाल के साथ उनका साक्षात्कार हुआ। कमाल से ही उन्होंने आध्यात्मिक पूर्णता प्राप्त की।

सम्प्रदाय स्थापन विरोधी गुरु कमाल : कमाल पहुँचे हुए साधक थे। वे सर्व प्रकार की साम्प्रदायिक भावनाओं से परे, सच्चे मरमिया साधक थे। जिन कबीर ने आजीवन धार्मिक संकीर्णता और साम्प्रदायिकता के विरुद्ध युद्ध किया, उन्हीं की मृत्यु के बाद, उन्हीं के शिष्यों ने कमाल को प्रधान बना कर सम्प्रदाय प्रवर्तन करना चाहा। किन्तु कमाल बिल्कुल राजी न हुए। उन्होंने कहा कि ऐसा करने से हम अपने आध्यात्मिक गुरु की हत्या करने के पाप-भागी होंगे। मठ और सम्प्रदाय स्थापना के सम्मान-लोलुप शिष्यों को यह बात पसन्द न आयी। उन्होंने कहा— कमाल ने कबीर का वंश डुबो दिया :

बूड़ा वंश कबीर का जब उपजा पूत कमाल।

इस पद की और भी अनेक तरह से व्याख्या की जाती है।

कमाल ने कहा—'महापुरुषगण साधना की 'बारात' चलाने के लिए आते हैं। महापुरुष अगर आकर देखते हैं कि बाराती दल—जुलूस के यात्री—सो रहे हैं या अचेत पड़े हैं तो वे वज्र के आघात से सब को जगा देते हैं, और सब के हाथ में वज्राग्नि की मशाल दे देते हैं। उनके मन्त्र और वाणियाँ ही ये मशाल हैं। जलते हुए मन्त्रों और वाणियों को लेकर कोई भाण्डार नहीं भर सकता। उन्हें संचित करके रख सकना असम्भव है। इसीलिए सम्प्रदाय स्थापना के इच्छुक अपनी सुविधा के लिए जब इन वाणियों का संग्रह करते हैं तो उनकी आग बुझा कर उन्हें निरापद बना लेते हैं। जलती आग को संचित कर सकने का न तो उनके पास कोई उणय है और न साहस ही। इन निरापद भाण्डारों के लिए बुझी हुई मशाल के डण्डों का संग्रह करके हम लोग महापुरुषों की साधना की हत्या करते हैं, सम्प्रदाय सत्यद्रष्टा महापुरुषों का गोर या समाधि स्थान है जहाँ चेले विशाल अट्टालिकाएँ तैयार कर लेते हैं। यदि गुरु मरना न भी चाहे तो भी इन गौरवमय गोर-अट्टालिका की रचना करने के लिए चेला लोग गुरु को और सत्य को जबर्दस्ती मारकर उसके ऊपर सम्प्रदाय और संकीर्ण साधना की कब्र रचा करते हैं। ऐसा कुकर्म तुम लोग न करो ! बुझे हुए मशाल और अग्नि का उच्छिष्ट संग्रह करके अन्धकार भाण्डार का बोझ न बढ़ाओ। गुरु को मार कर सम्प्रदाय की अट्टालिका निर्माण करने की लुब्धता से बचो।'

किन्तु कमाल की बात का कोई फल नहीं निकला, यद्यपि दीर्घकाल तक कमाल अपने प्रभाव से इस दोष को दूर करने की चेष्टा करते रहे, तो भी अन्त में सुरत गोपाल और धर्मदास इन दो व्यक्तियों को केन्द्र करके कबीर का सम्प्रदाय गठित हो उठा। महापुरुषों के सम्प्रदाययुक्त जीवनी-लेखक ऐतिहासिक महापुरुषों की जीती हुई आग से बहुत डरते हैं। इसीलिए उनकी महिमा वाद देकर, उन्हें अग्नि-हीन करके अपनी सुविधा के साँचे में उन्हें ढाल लेते हैं। इसीलिए भक्तमाल आदि ग्रन्थों में नानक, दादू आदि भक्तों

का नाम नहीं मिलता। और भी अनेकानेक अग्नितुल्य साधकों को भक्तमाल में स्थान नहीं मिला, जिनकी वाणियाँ आज भी बहुत से साधकों के जीवन का अन्धकार दूर कर रही हैं और मानव-जाति की सर्वविध क्षुद्रताओं को दग्ध कर सकती हैं। दादू एक ऐसे ही तेजस्वी साधक कमाल के शिष्य हैं। जमाल, विमल और बुड्ढन को बहुत लोग नहीं मानते और दादू को कमाल का साक्षात् शिष्य मानते हैं दादू ने उन्हीं कमाल को अनेक बार 'गुरुगोविन्द' और 'गुरु सुन्दर' नाम से अभिहित किया है। ये कमाल के ही माहात्म्य के सूचक हैं।

दादू के शिष्य सुन्दरदास ने अपनी गुरुपरम्परा के प्रसंग में जो कहा है, उससे जाना जाता है कि दादू के गुरु वृद्धानन्द, उनके गुरु कुशलानन्द, उनके गुरु वीरानन्द, उनके गुरु धीरानन्द —इस प्रकार यह धारा ब्रह्म तक जा कर रुकी है। लेकिन यह बात असल मनुष्य की धारा के स्थान पर एक भावधारा द्वारा गुरु- परम्परा निर्देश करने का प्रयत्न है। फिर भी वृद्धानन्द के शब्द में 'वुड्ढन' का इशारा पाया जाता है।

दादू के जन्म में अलौकिकता का आरोप : सुरत बेगमपुरा के खाँगरशेड़ी मठ के महन्त रामप्रसाद जी का कहना है कि दादू का जन्म ही नहीं हुआ था। वे तो नित्य पूर्णब्रह्म नारायण हैं, उनका जन्म कैसा ? उन्होंने अपने को शिशु रूप में प्रकट किया। गुजराती ब्राह्मण लोदीराम ने उन्हें देखा और उठा कर घर ले गये। अनेक मठाधीश दादूपन्थी महन्तों का यही मत है। अजमेर निवासी दादू-भक्त पं. चन्द्रिकादत्त जी त्रिपाठी ने बहुत दिन पहले अपनी 'दादूदयाल की वाणी' नामक पुस्तक की उपक्रमणिका में लिखा था कि दादू गुजराती ब्राह्मणवंश में पैदा हुए थे।

पिछली बार जब मैं अजमेर गया तो देखा कि उनका मत और भी परिवर्तित हुआ है। मैंने संकोच के साथ ही जब अपना यह मत प्रकट किया कि दादू का जन्म मुसलमान वंश में हुआ था तो उन्होंने स्वयं ही मुझे अनेकानेक प्रमाण दे कर और भी अग्रसर कर दिया।

महन्त और मठाधीश दादूपन्थियों में प्रायः सब लोग यही कहना चाहते हैं कि दादू ने गुजराती ब्राह्मण के वंश में जन्म ग्रहण किया था। कबीर को भी तो बहुत से लोग जुलाहे की सन्तान नहीं मानना चाहते। केवल मुसलमान जुलाहे ने कहीं से कबीर को पाकर पालन भर किया था। और भी संकीर्ण सम्प्रदायवादी कबीर को स्वयं नारायण का अवतार ही मानते हैं। उन्होंने अपने को लहर तलाब में प्रकट किया था, बाद में नीमा नामक जुलाहे ने उनका पालन किया था।

नाना स्थान में दादू का अवस्थान : पं. चन्द्रिका प्रसाद जी ने अपने 'श्रीस्वामी दादू दयाल की वाणी' नामक ग्रन्थ में कहा था कि दादू ने अहमदाबाद में (नागर ब्राह्मण) लोदी राम के घर सन् 1544 ई. में फाल्गुन शुक्ल अष्टमी बृहस्पतिवार को जन्म ग्रहण किया। अठारह वर्ष तक ये वहीं रहे, फिर छः साल तक मध्य देश के नाना स्थानों में घूमते रहे। फिर जयपुर के साँभर में आये। उस समय जयपुर के राजा मानसिंह के पिता भगवन्त

दास राजा थे। दादू चौदह वर्ष तक आमेर में रहे। फिर मारवाड़ बीकानेर आदि राज्यों में भ्रमण करके हुए नराणा में आकर वास करने लगे। वहीं पर सन् 1303 ई. के जेठ बदी अष्टमी शनिवार के दिन 48 वर्ष ढाई महीने की अवस्था में इह लोक परित्याग किया। फुलेरा के निकट नराणा दादूपन्थियों का तीर्थ स्थान है। यहाँ दादूपन्थी साधुओं का मन्दिर और तीर्थस्थान है। यहाँ प्रतिवर्ष फाल्गुन सुदी चौथ से लेकर पूनो तक बहुत बड़ा मेला लगता है। दूर-दूर से हजारों की संख्या में दादूपन्थी साधु यहाँ आते हैं।

सुरत बेगमपुरा के परलोकगत महन्त पण्डित मोतीराम के मत से भी, 'दादू का जन्म भी नहीं हुआ, विवाह और मृत्यु भी नहीं हुई। वे पूर्ण ब्रह्म नारायण थे। परमेश्वर का जन्म, मृत्यु या विवाह हो ही क्या सकता है !' यह पूछे जाने पर कि 'अगर दादू देवता थे, तो उनके पुत्र गरीब दास कैसे हुए ?' उन्होंने जवाब दिया था, 'गरीब दास को बचपन में अनाथ देखकर दयापूर्वक उनका पालन किया था। अनेक साधु और महन्तों का मत यही है। यद्यपि ग्रन्थों और प्राचीन शिष्य-परम्परा के अनुसार इतिहास कुछ और ही है।

बंगाल दादू का परिचय और उनका वंश-निर्णय : इस समय दादू का इतिहास खोजते खोजते एक नया तथ्य मालूम हो रहा है। बंगाल के बाउल सन्तों के किसी दल में कबीर, दादू- नानक आदि की प्रणतियों के गान पाये जाते हैं । एक प्रणति गान में मैंने देखा—

श्री गुरु दाऊद बन्दि दादू यार नाम।

अर्थात् उसी दाऊद गुरु की हम वन्दना करते हैं, जिसका नाम दादू है। यह प्रणति अगर सही हो तो दादू जन्मतः मुसलमान सिद्ध होते हैं। इस प्रणति को देखने के बाद मैंने अनेक साधुओं के निकट तथा तीर्थों और ग्रन्थों में खोज करना शुरू किया। मैंने देखा कि दादू का जन्मतः मुसलमान होना और भी दो-एक सज्जनों को लगा है, लेकिन कोई साहस करके इस बात को प्रकाशित करना नहीं चाहता। ऐसा मालूम पड़ा कि बात फिलहाल दबायी जा रही है। पिछली बार राजपूताने की यात्रा करते समय मुझे रायबहादुर श्री दलजंग सिंह जी खेमका के घर जाने का सुअवसर मिला, देखा गढ़वाल के पौड़ी नगर निवासी श्रीयुत तारादत्त जी गैराला भी वहाँ उपस्थित थे। जयपुर की तरफ के दो- एक अन्य प्राचीन तत्त्वान्वेषी सज्जन भी इस बात की खोज करते पाये गये। उन लोगों ने भी सन्धान पाया था कि कई ऐसे प्रबल प्रमाण प्राप्त हुए हैं जिनके अनुसार दादू जन्मतः मुसलमान सिद्ध होते हैं, और उनका पूर्व नाम दाऊद सिद्ध होता है। यही दाऊद नाम बदल कर बाद में दादू कर दिया गया। इन तथ्यों को जयपुर के सत्यानुसन्धान परायण श्री पुरोहित हरिनारायण और पं. श्री लक्ष्मी दास जी इत्यादि सज्जन न जानते हों ऐसा नहीं जान पड़ता, तो भी इस सच्ची बात को अगर ये लोग प्रकाशित नहीं करेंगे तो शीघ्र ही प्रकाशित नहीं होगी। इसीलिए यहाँ यह बात बाध्य होकर प्रकाशित करनी पड़ी।

तो फिर देखा जाता है कि कबीर के शिष्य कमाल, कमाल के शिष्य दादू,दादू के शिष्य रज़्ज़ब —इस प्रकार साधकों की एक धारा चली आ रही है जो जन्मतः तो

मुसलमान हैं पर घनिष्ठ भाव से हिन्दू भावयुक्त हैं। ये लोग सभी सम्प्रदाय के अतीत सत्य और भाव की साधना से पूर्ण थे। इस प्रकार के साधकों को हिन्दू समाज के भक्तों ने सम्पूर्णतः अपना लिया है। महात्मा श्री रामकरण जी, महात्मा श्री बलदेवदास जी, विरक्त महात्मा श्री लालदास जी, पण्डित श्री हीरालाल जी, महात्मा श्री रामदास जी, मण्डलेश्वर दुवल धनिया, सन्त श्री केशवदास जी, पण्डित श्री कृपाराम वैद्य साधु प्रकृति प्रतिष्ठित साधु महात्माओं ने मिल कर जो रज्ज़ब जी की वाणियों का संग्रह प्रकाशित किया है, उसका नाम दिया है—'श्री स्वामी महर्षि दादू जी के सुयोग्य शिष्य महाराज श्री स्वामी रज्ज़ब जी की वाणी'। उस संग्रह में इन लोगों ने रज्ज़ब जी को 'योगी रज्ज़ब श्री स्वामी, रज्ज़ब नहीं' इत्यादि कहा है। ये साधु-संन्यासी हिन्दू जनता के पूज्य हैं फिर भी किस उदारता के साथ उन्होंने दादू को हिन्दुओं के भी पूज्य बनाकर अपना लिया है। दादू पन्थी नागा साधुओं का स्थान कुम्भ मेला में कितना ऊँचा है, यह बात प्रत्येक प्रत्यक्षदर्शी जानता है। कितने ही उच्च निष्ठावान् कुलीन ब्राह्मण, क्षत्रिय और वैश्य कुल के गृहस्थ और साधक उनके चरणों में नत होकर अपने को धन्य मानते हैं।

दादू के जीवन के इस तथ्य को थोड़ा और अच्छी तरह जानने के लिए 1925-30 ई. में मैंने राजपूताने के अनेक स्थानों में अनेक साधु-सन्तों के निकट खोज किया। उस समय मुझे बहुत-सी बातें मालूम हुईं। जो प्रमाण मैं नीचे संग्रह कर रहा हूँ, उसके लिए विशेष भाव से अजमेर के श्री चन्द्रिका प्रसाद त्रिपाठी के निकट ऋणी हूँ। दीर्घकाल तक वे रेलवे के कार्य में नियुक्त थे। इस समय वे भारतीय रेलवे के सम्बन्ध में एक प्रामाणिक व्यक्ति हैं। देश की सामाजिक और अर्थनीतिक शिक्षा के संस्कार के लिए वे अत्यन्त उत्सुक हैं। उनका जन्म दादूपन्थी वंश में नहीं हुआ। सनातनधर्मी ब्राह्मण कुल में ही उनका जन्म है। दादूपन्थी साधु ब्रह्मनिष्ठ महात्मा योगिराज गोविन्ददास के सत्संग से वे दादूपन्थ में विश्वासी बने और इस पन्थ के बहुत से ग्रन्थ और वाणियों का संग्रह किया। इसके अतिरिक्त अवधूत महात्मा लक्ष्मणदास जी और विरम ग्राम निवासी साधु शंकरदास जी और लाखन के (काठियावाड़) निवासी साधु मोहनदास जी आदि के निकट भी मैं अत्यन्त ऋणी हूँ।

राजपूताने के अनेक साधुओं के निकट और अनेक स्थानों में संगृहीत प्राचीन पुस्तकों से प्रमाण मिलने लगे कि दादू मुसलमान थे। अति दीन धुनिया वंश में उनका जन्म हुआ था। धुनिथा हिन्दू भी हैं और मुसलमान भी, लेकिन मुसलमान धुनिये भी पहले हिन्दू ही थे। धर्मान्तर ग्रहण करने के बाद उनकी अपनी स्वतन्त्र शाखा हो गयी। यदि वे उच्च श्रेणी के मुसलमान होते तो इनमें भी कुरान हदीस आदि धर्मशास्त्र, मुसलमानी दर्शन और साधन शास्त्र आदि प्रचलित होते। किन्तु इन धुनियों में ये सब कुछ भी नहीं थे। नाम से मुसलमान होने पर भी वस्तुतः ये हिन्दू और मुसलमान दोनों धर्मों के बाहर के अत्यन्त हीन वंशीय आदमी थे। इन जातियों में न तो हिन्दू शास्त्र ही प्रचलित थे और न मुसलमानी धर्म ग्रन्थ ही और न कोई शिक्षा-दीक्षा ही इनमें वर्तमान थी। इस प्रकार के

वंश में किस प्रकार इतने बड़े महान् साधक का आविर्भाव हुआ, यह एक आश्चर्य की ही बात है।

उस प्रदेश में मुसलमान धुनियों को धुनिया या पिंजारा कहते हैं। इन पिंजारों में अनेक दादू के भक्त हैं। यदि पं. सुधाकर द्विवेदी के कथनानुसार दादू मोची हों तो मुसलमान मोची रहे होंगे।

कहीं-कहीं पिंजारे वर्ष के एक अंश में तो रूई धुनने का काम करते हैं और दूसरे अंश में मोट सिलाई करते हैं। यही कारण है कि कभी-कभी दादू के दो तरह के परिचय मिलते हैं। काशी के भक्तों में से किसी-किसी के और पं. सुधाकर द्विवेदी के मत से वे कुएँ से पानी निकालने वाले मोट सिलाई करने वाले मोचियों के वंश में पैदा हुए थे।

जो हो, इस विषय में कोई सन्देह नहीं कि उनका जन्म अत्यन्त नीच कुल में हुआ था। विवाह करके वे गृहस्थ भी हुए थे। विवाहित होकर ही संन्यासी और साधक होना होगा, यह उपदेश और तदनुकूल आचरण स्वयं कबीर ने सुझा दिया था। जब दादू ने धर्म जीवन लाभ किया और साधना में प्रवृत्त हुए तो दो पुत्र और दो कन्याओं को लेकर नया जीवन आरम्भ किया और उन्हें आध्यात्मिकता की ओर बढ़ा दिया। दादू के पुत्र और कन्याएँ सभी उत्तम कवि और साधक हुए थे। यह बात कोई-कोई सज्जन छिपाना चाहते हैं कि गरीबदास उनके पुत्र थे। किन्तु यह बात सभी साधु मानते हैं कि उनके ज्येष्ठ पुत्र गरीबदास ने नारायण ग्राम में दादू के प्रधान श्राद्धाधिकारी के रूप में श्राद्ध किया था। कहते हैं, यहीं सुन्दरदास ने गरीबदास के व्यवहार से अपने को असम्मानित समझ कर जो कुछ पंक्तियाँ कहीं थीं उसका पहला पद्य इस प्रकार है—

क्या दुनिया अस्तुत करैगी क्या दुनिया के रूसे से।
साहिब होती रहो सुरजरु आतम वखसे उसे से।।

अर्थात् संसार की स्तुति करके या खीझ कर के क्या कर लेगा ? प्रभु के साथ प्रसन्न होकर रहो, इसी से आत्मा की सम्पद् प्राप्त होगी। सभी भक्त ये बातें जानते हैं। दादू के मुसलमान वंश में उत्पन्न होने वाली बात को दबा कर उनकी शुचिता-रक्षा के प्रयासी कोई-कोई सज्जन बताते हैं कि दादू ने रज्ज़ब को स्वयं मन्त्र नहीं दिया। दूर से दादू दयाल के मुँह से भगवान का नाम सुनकर ही रज्ज़ब ने धर्म जीवन प्राप्त किया था।

भक्तवर रज्ज़ब जी की 'सर्वांगी' के साथ महिमा अंग में लिखा है—

धुनि गर्भे उत्पन्नो दादू योगेन्द्रो महामुनि।
उत्तम जोग धारणां तस्मात् क्यां न्याति कारणा।

अर्थात् योगीन्द्र महामुनि दादू ने धुनि (धुनिया की स्त्री) के गर्भ में उत्पन्न होकर उत्तम योग धारण किया तो फिर जाति (न्याति=जाति) क्या साधना का कोई कारण है ? इसी ग्रन्थ में लिखा है —

चारनी मध्ये उत्पन्नो चर्पटी नाथो महामुनि।
तुरक कुले उत्पन्नो भड़गी नाथो महामुनि।

इसी ग्रन्थ से मालूम होता है कि रज्ज़ब का जन्म कलाल या कुलाल वंश में हुआ था। और—

जोलहा गर्भे उत्पन्नो साध कबीर महामुनि।

रहदास चमार कुल में, किताजन्स धोरी वंश में, द्यौगु महामुनि मीना वंश में, शुक्ल तंस धोबी के वंश में और सेन नापित वंश में उत्पन्न साधक थे। रज्ज़ब कुलाल या कुम्भकार वंश में या कलाल अर्थात् मद्य वंश में और नाम देव छीपी अर्थात् कपड़े रँगने वाले रँगरेजों के वंश में उत्पन्न हुए थे इत्यादि।

तेजानन्द कृत दादूपन्थी ग्रन्थ में लिखा है—

मुसलमान मोड़े (साधु) भये जाति कुल को खोय।
हरि के आगे हैं खड़े कबीर दादू दोय।।

दादू पीर : भक्त रज्ज़ब जी ने गुरु दादू को बहुत बार 'पीर' कहकर प्रणति निवेदन किया है। 'सिजदा पूर पीर कू'—अर्थात् पूर्ण गुरु को नमस्कार (प्रथम स्तुति, अंग २)

रज्ज़ब रजा खुदाय की पारा दादू पीर।
कुल् मंजिल महरम भया दिल नहीं दिलगीर।।

(रज्ज़ब, गुरु देव अंग, वही)

इसके सिवा गुरु शिष्य निदान निर्णय अंग (36), गुरु मुख्य कसौटी अंग (9) गुरु गत मत सत्य अंग (1) गुण अरिल गुरु देव को अंग (6, 7, 8, 9, 10, 12, 21, 23, 24, 25, 29, 30) और अरिल उपदेश चितावनी अंग (2) में रज्ज़ब ने गुरु दादू को पीर ही कहा है।

भक्त जगन्नाथ जी के गुनगज्जनामा में लिखा है—

'धुन्ययां धुज्ञु प्रकट सुनिया सेस महेस।
दुनिया में दादू कहें मुनिया मत परवै

(गुनगज्जनामा, 59 अंश, 14 साखी)

दादू अपने भैसूं राग के 397 पद में (त्रिपाठी कृत दादू,528 पृ.) त्रिपाठी जी ने 'धुन्ययां' की जगह 'दुनिया' पाठ रखा है। द्विवेदी जी की पुस्तक (124 पृ. 24 नं. पद) में 'धुनिया' पाठ है।

शास्त्र में प्रचलित Eave नाम का ही समानार्थक है। यह नाम मुसलमान समाज में स्त्रियों के लिए प्रचलित है

भक्तजन गोपाल की कही हुई दादू की जीवनी : दादू के अपने शिष्य जनगोपाल ने अपनी जीवन परची ग्रन्थ में दादू की जीवनी दी है। इस जीवन परची में बहुत अच्छी तरह इस बात का विवरण दिया है कि दादू की किस उम्र में कौन-सी घटना घटी थी।

बारह बरस बाल पन खोये।
गुरु भेटे थे सम्मुख होये।।
सांभर आये समये तीसा।
गरीब दास जनमे बत्तीसा।।
मिले वयालां अकबर साही।
कल्यानपुर पचासां जाठी।।
समय गुनसण नगर नराणै।
साधे स्वामी राम समानै।।

(ग्रन्थ जन गोपाल कृत, विश्राम, 26-27 चौपाई)

स्वामी दादू जाके भाई।
बहिन हवा वैरागण बाई।
नानी माता दोनों बाई।
जन गोपाल इस कीरत गाई।

(वही, नवम विश्राम, 70 चौपाई)

इसके अनुसार बारह बरस की उम्र बिता लेने पर दादू की गुरु से भेंट हुई, तीस वर्ष की अवस्था में वे साँभर आये और बत्तीस वर्ष की उम्र में गरीबदास का जन्म हुआ, बयालीस वर्ष की उम्र में अकबर सम्राट् से उनकी बातचीत हुई और पचास वर्ष की उम्र में वे कल्यानपुर आये। उनसठ वर्ष की अवस्था में वे नराणा में आये और साठ वर्ष की उम्र में वे भगवान में प्रवेश कर गये।

हिजरी सन् 993 अर्थात् सन् 1586 ई. में फतेहपुर सीकरी नामक स्थान में दादू के साथ अकबर बादशाह की बातचीत चालीस दिन तक चलती रही। यह बातचीत बहुत ही महत्त्वपूर्ण है और भक्तों में उसका सुन्दर वर्णन अब तक सुरक्षित है। रज़्ब जनगोपाल आदि भक्तों के अनुसार दादू के साथ बातचीत होने के बाद ही अकबर ने साम्प्रदायिक हिजरी सन् के बदले इलाही सन् नामक नया वर्ष चलाया। सम्राट् ने उस समय स्वनामांकित मुद्रा के बदले भगवान् के नाम की मुद्रित मुद्रा का प्रवर्तन किया। इसी समय के बाद की मुद्राओं की एक पीठ पर 'अल्लात अकबर' और दूसरी पीठ पर 'जल्ल जलालुहु' मुद्रित है। इसी समय दादू के कई मुसलमान धर्मबन्धुओं के नाम पाये जाते हैं। भक्त गाजी जी, भक्त वाजिन्द खाँ, भक्त बखना जी और भक्त शेख फरीद उनके धर्म जीवन के गम्भीर अन्तरंग मित्र थे। दादू पन्थी लोग अपने पन्थ से सम्बद्ध जिन साधनों का नाम लेते हैं उनमें से कई मुसलमान थे। दादू पन्थी सम्प्रदाय धर्म के सम्बन्ध में नानाभाव के नाना साधनों की वाणी संग्रह करके व्यवहार करते हैं। वे बातें इस सम्प्रदाय

के ग्रन्थ-परिचय के प्रसंग में कही जाएँगी।

भिन्न-भिन्न धर्मों की संगति : सं. 1766 (सन् 1709 ई.) में लिखे हुए दादू सम्प्रदाय के एक हस्तलिखित ग्रन्थ से जान पड़ता है कि उसमें 167 भक्तों के पद संगृहीत हैं। इसके अतिरिक्त और भी अनेक पदों के संग्रह-ग्रन्थ विद्यमान है। इनमें अनेक मुसलमान भक्तों के नाम हैं। इनमें से कुछ के नाम तो बाद में हिन्दू भावापन्न हो गये हैं। फिर भी काजी कादम जी, शेख फरीद जी, काजी मुहम्मद जी, शेख बहावदजी (इन्होंने अपने को 'दरवेश' कहा है), बखना जी और रज्जब जी के नामों में किसी प्रकार की गलतफहमी की सम्भावना ही नहीं है (इस बात के विस्तृत विवरण के लिए आगे 'ग्रन्थ और शिष्य परिचय प्रकरण देखिए)।

उस समय आमेर में उनके निकट ये सब हिन्दू-मुसलमान भक्तगण आकर धर्म के पथ में सर्व मानवों के बीच महाऐक्य और परम सत्य को साधना के द्वारा उपलब्ध करना चाहते थे। उस समय लोगों ने दादू से कहा कि 'तुम क्या हिन्दू मुसलमान सभी सम्प्रदायों की सीमा तोड़कर एकाकार करना चाहते हो ? तुम्हारा मतलब क्या है ?'

दादू ने कहा, 'मनुष्य जितने हैं उतना ही साधना का वैचित्र्य रहेगा और रहना भी चाहिए। लेकिन दल बाँध कर साधना का एक 'झुण्ड' बना लेना, साधना के मार्ग में एक महान् अन्तराय है।

दादू की पूर्णांग साधना : कबीर का मत था कि साधक होने के लिए पूर्णांगजीवन-यापन करना आवश्यक है जीवन की सारी समस्याओं का उपयुक्त समाधान गृहस्थ में ही मिलता है। इसीलिए कबीर गृही थे। आजकल कबीरपन्थी लोग ये बातें धो-पोंछकर साफ कर देना चाहते हैं। दादूपन्थियों के विषय में भी यही बात कही जा सकती है दादू गृही थे, लेकिन ऐसे अनेक साधु और महन्त हैं जो समझते हैं कि यह बात स्वीकार कर लेने पर मान-सम्मान नहीं रह जाएगा। इसलिए वे लोग यह बात मानना ही नहीं चाहते कि दादू ने गृही जीवन ग्रहण करके सहज स्वाभाविक पूर्णांग जीवन व्यतीत किया था। पहले ही कहा गया है कि कोई-कोई उन्हें भगवान् समझकर कहा करते हैं कि उनका जन्म कैसा ? जन्म तो उनका हुआ ही नहीं। (सूरत के खाँगर शेड़ी मठ के महन्त रामप्रसाद जी और परलोकगत महन्त पण्डित मोतीराम जी)।

दादू के समय के ग्रन्थादि देखने से इस बात में कोई सन्देह नहीं रह जाता कि वे गृही थे । नाभाजी के भक्तमाल में यद्यपि नानक और दादू आदि का कोई नाम नहीं है। तो भी सौभाग्यवश नाभा जी के सिवाय अन्य भक्तजन के लिखे हुए कई भक्तमाल ग्रन्थ और भी हैं। राघो जी भक्त (राघवदास) कृत भक्तमाल एक सुन्दर ग्रन्थ है। राघो जी भक्त साधकों और धर्म-साधना के प्रवर्तक गुरुओं के नाम और जीवनचरित्र हैं। इस ग्रन्थ के टीकाकार चतुरदास हैं। टीका इतनी अच्छी है कि बहुत से लोग मूल ग्रन्थ की अपेक्षा इस टीका की ही कदर ज्यादा करते हैं। उनके ग्रन्थ में दादू की जीवनी की बहुत-सी बातें लिखी हैं। और भी अधिक साफ तौर पर दादू का परिचय भक्त जगन्नाथ जी के

भक्तमाल ग्रन्थ से होता है। उन्होंने साफ लिखा है—

गुरु दादू का सेवक बखानो ।गरीब दास मस्कीना जानो।
नानी माता देनो बाई। इनहू कह्यो रस्म भजता।।
वावो लोदी माता वसी, हवा साधु कह्यो हर धसि।

(जगन्नाथ जी कृत भक्तमाल)

इसमें दादू के बड़े पुत्र गरीबदास और छोटे पुत्र मस्कीना का नाम है। उनके पिता लोदी और माता वसी नाई थीं। उनकी स्त्री का नाम हवा भी इसमें पाया जाता है। हवा नाम अँग्रेजई में से देखो। वह प्रत्येक मनुष्य में विचित्र रूप में, नये रूप में, सुन्दर, सरस और गम्भीर पाया जाएगा। परन्तु दलबन्दी करके अगर सत्य को खोजने चलोगे तो सत्य को ही खो दोगे ! प्रत्येक कमल अलग-अलग विकसित होता है, इसीलिए प्रत्येक का शतदल अपूर्व सौन्दर्य से सुशोभित होकर खिल पाता है। हजार कमल को अगर एक गठरी में बाँध कर एक ही दबाव में एक साथ एक ही समान खिलाने की अगर चेष्टा की जाए तो वे फूलेंगे तो नहीं अपितु पिस कर सड़-गल जाएँगे। प्रत्येक मनुष्य अनन्त-दल कमल है। इनका दल क्या बाँधोगे ? यह क्या खेल की बात है ?' गुरु के इस उपदेश को बाद में रज्ज़ब बड़ी सुन्दरता के साथ सुरक्षित कर गये हैं।

दादू ने और भी कहा—'मैं न तो हिन्दू समझता हूँ और न मुसलमान, एक वे ही सब के स्वामी हैं और किसी दूसरे को तो मैं नहीं देख रहा हूँ ! कीट, पतंग, सर्प आदि सर्व योनि में जल और थल में सर्वत्र वे ही समाहित हैं। पीर, पैगम्बर, देव, दानव, मीर, मालिक, मुनिजन, इन सब को देखकर कौन मुग्ध होगा ? वही कर्ता हैं, उन्हीं को पहचान लो। कोई इससे बुरा न माने। हृदय की आरसी माँज कर राम-रहीम इन ससीम स्वरूप को धो-पोंछ डालो। जो धन तुमने पाया है, उसे क्यों खो रहे हो ? स्वामी ही की सेवा करो। हे दादू, तुम हरि का ही जप कर लो, जो जन्म-जन्म में तुम्हारे परम पुरुष हैं।'

(दादू राग भैरों, पद 396)

'कोई कहता है स्वामी, कोई कहता है शेख, पर इस धुनिये का मर्म किसी ने समझा नहीं।'

(द्विवेदी का दाऊ दयाल का सबद राग भैरों, पद 24)

सबके साथ युक्त होने की इन लोगों की कठिन चेष्टा का परिचय रज्ज़ब की वाणियों में पाया जाता है। हिन्दू लोग अगर कुछ समझते भी थे तो मुसलमान लोग इस उदारता को मानना नहीं चाहते थे। रज्ज़ब ने हाथ जोड़कर गुरु से प्रार्थना की कि मुसलमानों को साथ मिलाओ।

'हाथा जोड़ी गुरु सूँ मुसलमिन सूँ मिलाहि।

(गुरु शिष्य निदान निर्णय अंग, 24)

चैतन्य की महिमा की प्रतिष्ठा

प्रिय भाई, 26 जून के कृपा-पत्र के लिए अनुगृहीत हूँ। आपने नाट्य समीक्षा के मानदण्ड नामक परिसंवाद के लिए लिखने को कहा हैं। इस विषय में अपनी सीमाओं को जानता हूँ। आप भी जान लें तो अच्छा हो। मैं संस्कृत साहित्य का विद्यार्थी रहा हूँ। कभी कभी मैंने प्रयत्न किया है कि अन्य परम्परा के साहित्य से परिचय प्राप्त करूँ। आधुनिक ढंग के नाटकों के रसास्वादन का प्रयत्न भी किया है लेकिन आरम्भिक संस्कार प्रबल सिद्ध हुए हैं, परवर्ती प्रयत्न उनकी भाँति स्थायी नहीं हो सके हैं। कुछ न कुछ तो सीखा ही है, पर सन्तोषजनक नहीं। आप के सन्तोष लायक तो बिलकुल नहीं। एक दूसरी बात भी है। मैनें जो भी थोड़ा- बहुत नया-पुराना नाटक- साहित्य पढ़ा है, रसास्वादन किया है, वह सब किताबी ज्ञान है। नाटक रंगमंच पर अभिनीत होता है। पुस्तकों में वह अँटता नहीं। कल्पना के रंगमंच पर वास्तविक अभिनय कला का साक्षात्कार नहीं होता। और मैंने रंगमंच पर अभिनीत नाटक कम देखे हैं। जो देखे हैं उनमें सब से अधिक संख्या रवीन्द्रनाथ के नाटकों की है। इन नाटकों को देखकर मैं समझ सका हूँ कि पठित और अभिनीत नाटकों में बड़ा अन्तर होता है। हिन्दी के आधुनिक नाटकों को रंगमंच पर अभिनीत रूप में बहुत कम देखा है। एक नाटक पढ़ने पर मुझे बहुत फीका लगा था पर अभिनीत रूप में उसने मुझे प्रभावित किया था। कभी-कभी जब पढ़ता हूँ कि नाटक ऐसे भी होते हैं जो पढ़ने के लिए ही होते हैं, अभिनय के लिए नहीं, तो बात मेरे गले के नीचे नहीं उतर पाती। मेरी दृष्टि में नाटक रंगमंच पर अभिनीत होने के लिए ही होने चाहिए, केवल पढ़ने के लिए लिखा हुआ नाटक वस्तुतः एक विशिष्ट शैली का उपन्यास या गप्प है। नाटक विशुद्ध साहित्य नहीं है। विशुद्ध साहित्य शब्द और अर्थ, पद और पदार्थ, के सहित-सहित (साथ-साथ) रहने वाली चीज है। वह 'श्रव्य' है। नाटक में शब्द होते हैं पर और भी बहुत-सी बातें होती है। पुराने लोगों ने उसे 'दृश्य काव्य' कहा है। उसमें आँखों का और कानों का भी योग रहता है; चक्षुर्ग्राह्य होने के कारण वह 'दृश्य' है और श्रुतिग्राह्य होने के कारण 'काव्य'। मैं यह अनुभव करता हूँ कि व्यावहारिक रूप में रंगमंच—तत्रापि आधुनिक रंगमंच—की अच्छी तरह जानकारी होती तो मैं नाटक को अधिक अच्छी तरह समझ और समझा सकता। ये मेरी सीमाएँ

हैं।

लेकिन सीमाएँ तो होती ही हैं, हर व्यक्ति की अपनी सीमाएँ हैं। सीमाएँ ही उसका व्यक्तित्व है। जिस दिन हम सीमा से परे हो जाएँगे उस दिन हममें और अन्य दस आदमियों में अन्तर ही क्या रह जाएगा। हम जो कुछ जानते हैं, वह सीमा है। हम उससे भी अधिक जानने का जो प्रयत्न करते हैं, वह वस्तुतः हमारे भीतर विराजमान सीमाहीन की ओर इंगित मात्र है। सीमा से सीमा को जानना, सीमा से असीम का आभास पाना, यही तो मनुष्य की महिमा है। जिन सीमा-साधनों से मनुष्य सीमातीत की जानकारी निविड़ भाव से अनुभव करता है, उनमें नाटक प्रमुख है।

आपने नाट्य-समीक्षा के मानदण्ड के बारे में मेरा विचार जानना चाहा है। 'मानदण्ड' लाक्षणिक शब्द है। भूमि मापने के लिए कभी बाँस के दण्डों का व्यवहार हुआ करता था। वह स्थिर वस्तु के मापने का स्थिर माप था। साहित्य सम्बन्धी हमारे विचार बदलते रहे हैं। पहले भी और आज भी। इसलिए विचारों के क्रमशः स्फीयमान क्षेत्र (खेत) को मापने के लिए स्थिर मानदण्ड का बनाना कठिन काम है। विज्ञान माप के सम्बन्धों की जाँच करता है। बहुत से विज्ञान (रसायन शास्त्र, पदार्थ विज्ञान, गणित) स्थानव्यापी (स्पेशल) पदार्थों का विश्लेषण करते हैं और कालगत माप के साथ उनका सम्बन्ध भी स्थापित करते हैं। जमाना विज्ञान का है। इसलिए हर वस्तु को वैज्ञानिक विश्लेषण और उसके स्थानगत अवयवों को कालगत अवयवों के सम्बन्ध में रखकर देखने की प्रवृत्ति जोर पर है, पर सब समय यह बात काम की साबित नहीं हुई है। इतिहास, समाजशास्त्र, अध्यात्म, दर्शन आदि क्षेत्रों के विश्लेषण में कठिनाइयाँ अनुभूत हुई हैं। क्योंकि मूलतः ये स्वयं कालव्यापी (टेम्परल) विषय हैं और विश्लेषण के लिए—तथाकथित वैज्ञानिक विश्लेषण के लिए —कष्टसाध्य सिद्ध हुए हैं। कालव्यापी होने का अर्थ ही है गतिशील होना। गति काल में ही लक्ष्य की जा सकती है। साहित्य तो और भी सुकुमार गतिशील विषय है। किसी डण्डे से इनको नापना कठिन है। परन्तु मैंने पहले ही कह दिया है कि आपने लाक्षणिक शब्द का प्रयोग किया है। आपका तात्पर्य समझ रहा हूँ। आपके प्रश्न का अभिप्राय किसी नाटक की अच्छाई-बुराई की जाँच के लिए कुछ ऐसे उपायों की खोज है जिससे सहृदय उसका ठीक-ठीक या सही-सही रसास्वादन कर सकें। मैं आपके प्रश्न का उत्तर नहीं दे सकूँगा, क्योंकि उत्तर तो कुछ स्थिर और निश्चित होगा। यह प्रश्न सदा खोज ही को उकसाता रहेगा। बहुत से प्रश्न अनुत्तरित रहकर सार्थक होते हैं। वे नये प्रश्नों को जगाकर विश्रान्त हो जाते हैं और नये प्रश्न अन्य नये प्रश्नों को । सही उत्तर वह है जिसके बाद प्रश्न का अवकाश न हो परन्तु वह तो हिसाब में, निम्न कोटि के हिसाब में ही सम्भव है। सो, आपका प्रश्न खोज भर है जिसकी सार्थकता नये प्रश्नों की परम्परा को उकसावा देना ही है।

तो भरत मुनि से ही शुरू करता हूँ। इसलिए नहीं कि हिन्दी में हर खोज का आरम्भ वेदों से ही होना चाहिए और भरत मुनि ने नाटयशास्त्र को पंचम वेद कहा है। बल्कि

इसलिए कि भरत मुनि से अधिक विशाल दृष्टि सम्पन्न यथार्थवादी आचार्य को मेरी जानी हुई दुनिया नहीं जानती। 'नाट्यशास्त्र' नाट्यरूढ़ियों का विशाल ग्रन्थ है। निस्सन्देह इसे वर्तमान रूप प्राप्त होने के पहले इस विषय का बहुत बड़ा साहित्य उपलब्ध रहा होगा। इतनी रूढ़ियों का प्रचलन एक दिन में ही नहीं हुआ होगा। 'नाट्यशास्त्र' जिन लोगों के लिए लिखा गया है, उन्हें लोक और शास्त्र का अच्छा ज्ञान होना चाहिए। 'नाट्यशास्त्र' नाटक देखने वाले प्रेक्षक से (और समीक्षक से भी) बहुत अधिक जानकारी की आशा रखता है। उसे नाटक में अभिनीत होने वाले प्रत्येक इंगित की ऐसी जानकारी होनी चाहिए कि वह अभिनेता के एक-एक अंगुलि के घुमाव का इंगित ग्रहण कर सके। उसे रस-शास्त्र के नियमों की भी जानकारी होनी चाहिए। अभिनेताओं को अनेक प्रकार की अभिनय-भंगी स्पष्ट करने के बहाने 'नाट्यशास्त्र' विशाल जानकारी का आयोजन करता है। पन्द्रहवें अध्याय में दो रूढ़ियों की चर्चा है। एक नाट्यधर्मी और दूसरी लोकधर्मी या लौकिकी। वस्तुतः लोकधर्मी कोई रूढ़ि नहीं है। वह लोक का शुद्ध और स्वाभाविक अनुकरण है। स्वयं नाट्यशास्त्री इसे प्रवृत्ति कहता है। इसमें विभिन्न भावों को संकेत करने वाली आंगिक अभिनय- भंगिमाओं का समावेश नहीं किया जाता, परन्तु अत्यन्त सांकेतिक वाक्य और क्रियाएँ, लीलापूर्वक किये गये विभिन्न अंगों के अभिनय, जनान्तिक, स्वगत, आकाशभाषित आदि नाट्यरूढ़ियाँ, शैल, यान, विमान, तलवार आदि के आभास देने वाले इंगित तथा अमूर्त भावों को संकेत करने वाले अभिनय नाट्यधर्मी हैं अर्थात् रंगमंच पर किये जाने वाले संकेतमूलक आंगिक अभिनय नाट्यधर्मी हैं, जो सीधे अनुकरण के विषय नहीं हैं। यह आसानी से समझा जा सकता है कि इन संकेतों को ग्रहण करने की क्षमता अभ्यास, अनुभव और नैपुण्य की अपेक्षा रखती है। यह नयी शिकायत नहीं है। संस्कृत नाटकों की प्रस्तावना में 'अभिरूपभूयिष्ठा' और 'गुणग्राहिणी' दर्शक-मण्डली की जो बार बार चर्चा आती है, वह बताती है कि चुने हुए सहृदय लोग ही अभिनय का ठीक-ठीक रसास्वादन करने के योग्य माने जाते थे। नाट्यशास्त्र के सत्ताईसवें अध्याय में विस्तारपूर्वक बताया गया है कि नाटक देखने वाले में क्या-क्या गुण होने चाहिए।

यह ठीक है कि नाट्यशास्त्र में नाट्यधर्मी रूढ़ियों की जानकारी पर बल दिया गया है, परन्तु सबसे अधिक बल दिया गया है लोक-जीवन पर। परवर्ती काल के अलंकारशास्त्रियों ने इस तथ्य को प्रायः भुला दिया। छब्बीसवें अध्याय में विस्तारपूर्वक लोक- जीवन सम्बन्धी अभिनय विधियों का निर्देश करने के बाद शास्त्रकार ने स्पष्ट रूप से कहा कि नाटक चाहे वेद या अध्यात्म से उत्पन्न हुआ हो, तो भी सिद्ध वह तभी होता है जब लोकसिद्ध हो। क्योंकि नाट्य प्रयोग में लोक ही सबसे बड़ा प्रमाण है। (नाट्यशास्त्र 26/113)। शास्त्रकार ने तो यहाँ तक कहा कि जो शास्त्र, जो धर्म,जो शिल्प और जो क्रियाएँ 'लोकधर्म' प्रवृत्त हैं, वे ही नाट्य कहीं जाती हैं। इसलिए लोक-प्रवृत्ति नाटक की सफलता की मुख्य कसौटी है। सत्ताईसवें अध्याय में यह भी

बताया गया है कि यदि नाटकीय अभिनय के सम्बन्ध में कोई विवाद उपस्थित हो तो लोकजीवन में उसके जो जानकार हैं, उन्हें ही निर्णायक बनाना चाहिए। उदाहरणार्थ, राजा के भृत्य के अभिनय में यदि विवाद उपस्थित हो तो वास्तविक राजभृत्य ही निर्णायक होते थे। ऐसा मानने का कारण है कि सचमुच ही ऐसा हुआ करता था। इसलिए मैं समझता हूँ कि नाट्यशास्त्र पूर्णतः व्यावहारिक और यथार्थवादी शास्त्र है।

अब यह लोक-जीवन कोई स्थिर पदार्थ नहीं है। निरन्तर इसमें विकास, ह्रास और परिवर्तन होते रहते हैं। विभिन्न देश और काल में लोक- जीवन भी भिन्न प्रकार का होता है। और सहृदयों में भी जानकारी का तारतम्य होता है। लोक-जीवन के परिप्रेक्ष्य में नाट्यधर्मी प्रवृत्तियों में भी कुछ न कुछ परिवर्तन होता ही रहेगा। इसलिए भरत मुनि ने यदि लोक-जीवन को प्रमाण कहा है तो प्रकारान्तर से नाट्य-समीक्षा के मानदण्ड के बदलते रहने की बात ही कही है। नाट्यधर्मी प्रवृत्तियों की परख लोक-जीवन के सन्दर्भ में होनी चाहिए।

परन्तु 'लोक-जीवन नाट्य है' इसका यह अर्थ नहीं हो सकता कि जो कुछ हम देख रहे हैं, सुन रहे हैं, सोच रहे हैं वह सब नाटक है। नाटककार को लोक-जीवन में से चुनाव करना पड़ता है। चुनाव मात्र सोद्देश्य होते हैं। लोक-जीवन की कुछ प्रमुख घटनाओं, कुछ विशिष्ट पात्रों और कुछ चुनी हुई क्रिया-प्रतिक्रियाओं का संकलन किसी निश्चित उद्देश्य के लिए होना चाहिए। भरत मुनि ने नाट्य में आठ रसों का निष्पादन ही यह उद्देश्य माना था। 'रस' का सिद्धान्त वस्तुतः नाटक से शुरू होकर काव्य के क्षेत्र में आया था। व्यावहारिक यथार्थवादी होने के कारण उन्होंने अपने समय में लोकानुरंजनकारी जितने तमाशे प्रचलित थे, उन्हें 'रूपक' माना। नाटक सबको नहीं कहा। उनके बनाये रूपकों में नाटक और प्रकरण (जो वस्तुतः नाटक का ही एक रूप है) और एक उपरूपक नाटिका (जो स्त्री-प्राणा और छोटी होने के कारण ही यह नाम पा सकी है) के सिवा और किसी भी रूपक में उनकी बतायी हुई पाँचों सन्धियाँ नहीं मिलतीं। इससे लगता है कि लोक प्रचलित होने के कारण ही उन्होंने इन्हें रूपक का स्थान दिया है। इनमें जिन रसों की व्यंजना होती है वे भी ठीक-ठीक रस दशा तक पहुँचने वाले नहीं हैं। कोई आश्चर्य नहीं कि परवर्ती काल के कई आचार्यों ने शृंगार के अतिरिक्त और किसी रस को माना ही नहीं। शृंगार ही एक मात्र रस है जिसमें दोनों पक्षों के साथ सहृदय का साधारणी भाव सम्भव है। इसलिए विशुद्ध रस शृंगार ही है। पूर्णांग नाटक भी शृंगारी होता है, प्रकरण और नाटिका भी। बाकी रूपकों को लोक-जीवन में प्रचलित देखकर ही शास्त्र में स्थान दिया गया है। यदि मेरा अनुभव सही है तो इसका अर्थ है कि अन्यान्य रसों की भी कल्पना की जा सकती है जो शास्त्र में परिगणित नहीं हुए। भारतीय जीवन-दर्शन ने त्रासदी को मान नहीं दिया, परन्तु दर्शन के बदलने पर त्रासदी भी नाट्यशास्त्र- सम्मत हो सकती है। वस्तुतः मध्यकाल में ऐसा हुआ भी है। जीवन-दर्शन के बदलने से नाटक और रस की मान्यता भी बदलती है।

वैष्णव दर्शन ने एक मात्र चिद्विग्रह श्रीकृष्ण को माना और केवल चिद्विषया रति को ही रस का एक मात्र स्थायी भाव माना। बाकी सब प्राकृत पुरुष और स्त्रियों की रति भावना जड़विजया रति है। इसलिए उसके आधार पर ध्वनित रस रसाभास मात्र हैं। काव्य के क्षेत्र में भी गोस्वामी तुलसीदास जी ने 'प्राकृत-जन-गुन-गान' को पसन्द नहीं किया था।

सभ्यता के बढ़ते चरणों के साथ लोक-जीवन अधिकाधिक अर्थप्रधान होता गया, जड़ता का भार बढ़ता गया और चैतन्य का उल्लास शिथिल होता गया। छन्द और संगीत की महिमा घटती गयी है, अर्थ की उपयोगिता बढ़ोतरी पर है। लोक-जीवन से चुनाव में अनेक उद्देश्य हो सकते हैं। रस को लक्ष्य मानने वालों के सामने मनुष्य की अन्तर्निहित एकता और चिन्मुखता की उपलब्धि का मार्ग मानसिक स्तर पर ही था। आज भी है। पर नाना प्रकार के शास्त्रों और व्यवहार के परिवर्तन-परिवर्द्धन के कारण अब मनुष्य बौद्धिक धरातल पर भी इस मार्ग का अनुसंधान करने लगा है। आज के नाटककार केवल मानसिक धरातल पर या प्राणतत्त्व के धरातल पर ही इस मार्ग को नहीं खोजते। वे बौद्धिक धरातल पर भी इसकी खोज करने लगे हैं और सफल भी हो रहे हैं।

परन्तु जो बात मुझे विशेष रूप से प्रभावित करती है, वह है मनुष्य की जड़ोन्मुखी वृत्ति को बलात् खींचकर चिन्मुख बनाना। चैतन्य ऊर्ध्वगामी होता है। जड़ता में नीचे खींचने की अन्ध शक्ति है। जो चीज नीचे की ओर खींचती है, मिट्टी की माया है। जो चीज इस बन्धन को काटकर चैतन्य को ऊर्ध्वगति बनाती है, वह चैतन्य का सहज उल्लास है। इसीलिए नाटक चाहे प्राणतत्त्व के धरातल से चुनाव करता हो, चाहे मनस्तत्त्व के या बुद्धितत्त्व के धरातल से चुनाव करता हो, उसे मिट्टी की माया का पर्दाफाश करना ही चाहिए और चित्तत्त्व के सहज उल्लास का उद्बोधन भी करना चाहिए। जितना ही ये बातें हमारी गाढ़ अनुभूति का विषय बनेंगी उतना ही नाटक सफल होगा। नाटकीय समीक्षा में यही दृष्टि मुख्य होनी चाहिए। सारे शिल्प, सारी रूढ़ियाँ, सारी साजसज्जा इसी दृष्टि से देखी जानी चाहिए। वस्तुतः नाटक वही उत्तम कोटि का होगा जो हमारी जड़ चिन्तन प्रणाली, जड़ आचरण और जड़ अनुभूति के मोह नष्ट कर सके और हमारे सहज चैतन्य की महिमा हमारे चित्त में प्रतिष्ठित कर सके। इस बात को स्पष्ट करने के लिए थोड़ा और विस्तृत विवेचन अपेक्षित है, पर पत्र काफी लम्बा हो गया है, इसलिए आज यहीं पर समाप्त कर रहा हूँ। फिर कभी इसी सम्बन्ध में लिखूँगा। आप सोचेंगे कि यह उत्तर पूरा नहीं हुआ। पर पूरा उत्तर देना मेरा उद्देश्य भी नहीं था। यह प्रश्न तो प्रश्नों को उकसाकर ही सार्थक होगा।

आशा है सानन्द हैं। आपका, ह. प्र. द्वि.।

[श्री नेमिचन्द्र जैन द्वारा 'नटरंग' पत्रिका में आयोजित एक परिसंवाद में विचार]

आधुनिक लेखकों का उत्तरदायित्व

आज मुझे आधुनिक लेखकों के उत्तरदायित्व के सम्बन्ध में अपना विचार प्रकट करना है। आधुनिक लेखकों से तात्पर्य उन सभी व्यक्तियों से है जो ज्ञान- विज्ञान की विविध शाखाओं पर लिखा करते हैं और जिन के लिखित विचारों को छापे की मशीन के भीतर से गुजर कर जन-साधारण तक पहुँचने का अवसर मिलता है। लेखक वे भी कहला सकते हैं जिनका लिखना उनके घर तक या मित्रों तक रह जाता है। पर आधुनिक लेखक से मतलब केवल उन्हीं लेखकों से है जिनका लिखा सर्वसाधारण तक पहुँच जाता है। इनमें भी कई श्रेणियाँ हैं। सबके अलग- अलग ढंग के कार्य हैं। अलग-अलग ढंग के प्रभाव हैं। प्रेस आज का सबसे अधिक शक्तिशाली यन्त्र है। तुलसीदास जी ने तीर्थवादि का माहात्म्य वर्णन करते समय लिखा था कि इसमें स्नान करके काक पिक हो जाया करते हैं और बक मयूर हो जाते हैं। प्रेस वह गंगा है जिसमें स्नान करने के बाद व्यक्तिगत विचार सामाजिक हो जाया करते हैं। एक बार जो बात प्रेस रूपी गंगा में स्नान करके निकली, वह 'पब्लिक' बन गयी। प्रेस की इस महिमामयी शक्ति को आजकल सर्वत्र बहुत महत्त्व दिया जाने लगा है। शक्तिशाली सरकारें प्रेस से त्रस्त रहा करती हैं और सब समय सतर्कता के साथ नियन्त्रण करती रहती हैं।

स्पष्ट है कि लेखन का कार्य सामाजिक उत्तरदायित्त्व का कर्तव्य है। लेखक के विचारों की अच्छाई या बुराई समाज की अच्छाई या बुराई को प्रभावित करती है। जनचित्त को प्रभावित, आन्दोलित और चालित करने वाली जितनी भी संस्थाएँ आधुनिक समाज को ज्ञात हैं—समाचार-पत्र, सिनेमा, विश्वविद्यालय, अदालतें, व्यवस्थापिका सभाएँ—सबको लेखक के क्रियात्मक सहयोग की जरूरत पड़ती है। सब को लेखन-कार्य से पोषण मिलता है। वस्तुतः संसार जितना भी आगे बढ़ता है या पीछे हटता है, उलझता है या ठिठकता है—सबका प्रधान उत्तरदायित्व लेखकों पर है। स्पष्ट है कि यह उत्तरदायित्व बहुत व्यापक और महान् है।

लेखकों की भी दो श्रेणियाँ होती हैं, एक वे हैं जो ज्ञान की शास्त्रीय व्याख्या करते है। अधिकतर उनकी कृति विशेषज्ञों के हाथ में जाती है, जो धीरभाव से, ठण्डे दिमाग से इन कृतियों की परीक्षा कर सकते हैं परन्तु कुछ दूसरे श्रेणी के लेखक हैं जो साधारण

पाठक के भावावेग को और उनके उपरले स्तर की और गहराई की चित्तवृत्तियों को उत्तेजित करते हैं और अपने विचार इसी माध्यम से जनचित्त में संचारित करते हैं। पहली श्रेणी के लेखक समाज के लिए उतने खतरनाक नहीं होते, जितने दूसरी श्रेणी वाले। क्योंकि विशेषज्ञ को सहज ही धोखा नहीं दिया जा सकता और धीरभाव के विवेचक को उत्तेजित नहीं किया जा सकता। दूसरी श्रेणी के लेखक संसार को अधिक प्रभावित करते हैं। और इसीलिए वे बहकने पर अधिक भयंकर और लीक पर चलने पर अधिक उपकारक हो सकते हैं। साधारण भाषा में इस श्रेणी के लेखक को 'साहित्यिक' कहा जाता है। समाज के सम्बन्ध में बड़ा से बड़ा उत्तरदायित्व इन्हीं लेखकों का है क्योंकि इनका प्रभाव साक्षात् प्रवर्तित होता है।

जिस युग में हम वास कर रहे हैं, वह इतिहास के अन्यान्य युगों से बहुत भिन्न है। वैज्ञानिक साधनों ने इसे ऐसी अनेक विशेषताओं से संचालित किया है जो पुराने युगों में अपरिचित थीं। आज के युग में किसी बात के प्रचारित होने में देर नहीं लगती। आज न्यूयार्क में सभा बैठती है, कल मास्को की आँखें चौकन्ना हो उठती हैं। नाना स्वार्थों का ऐसा अनवरत संघर्ष चल रहा है कि सब कामों में फुर्ती और क्षिप्रकारिता का जोर बढ़ गया है। दुर्भाग्यवश गलत बातें ज्यादा फैल जाती हैं। चारों ओर सन्देह का वातावरण है। सन्देह मनुष्य चित्त का सबसे विकृष्ट भेदक शत्रु है। एक बार जब यह मन में घर कर लेता है तो मनुष्य हर बात में षड्यन्त्र का आभास पाने लगता है। इस समय राष्ट्रों के चित्त में वही सन्देह घर बना बैठा है। प्रत्येक बात में कोई न कोई उद्देश्य खोजा जाता है। एक राष्ट्र यदि दूसरे के साथ हाथ मिलाता है तो तीसरे का हाथ अचानक तलवार की मूठ पर जा बैठता है। ऐसे शंका और सन्देह के वातावरण में कोई बड़ी साधना हो ही नहीं सकती। यह कुछ ऐसा 'दिनन का फेर' है कि 'चुप' ह्वै बैठना' ही उचित सलाह जान पड़ती है। चारों ओर सशंक दृष्टि, चारों ओर भयत्रस्त चेहरे, सर्वत्र षड्यन्त्र की गन्ध—ये बातें मनुष्य के सभी व्यवहारों को अन्त तक सन्दिग्ध और भयंकर बना देती हैं। यह ऐसा दही है जिसमें जितना भी दूध डालो, दही होता जाएगा।

इसमें ऐसे लेखक हैं जो दूसरों का दोष रस लेके लिखते हैं। दोष को रस लेके लिखने का सबसे बड़ा खतरा यह नहीं है कि लेखक दोष को दोष के रूप में चित्रित कर रहा है। वह तो कोई हानि की बात नहीं है। हानि है लेखक की आसक्तदृष्टि। कोई जब दोष में रस लेने लगता है तो असल में उसकी दृष्टि आसक्त अतएव मोहाविष्ट हो जाती है और वह अनासक्त भाव से सचाई को नहीं देखता। प्रत्येक जाति के संस्कारों में दूसरी जाति वाले की कुछ ऐसी बातें दी जाती हैं, जो उसे अच्छी नहीं लगतीं। इस पर ठण्डे दिमाग से विचार किये बिना अनर्गल लेखनी चलाना अनुचित है। ऐसे विदेशी लेखक, जो इस देश को क्षुब्ध करने वाली पुस्तकें लिखते हैं, आदर्श नहीं हैं क्योंकि उन्होंने सचाई को ठीक- ठीक नहीं देखा है। उनकी दृष्टि गंदगी तक जाकर रुक गयी। विशाल प्रासाद में केवल मोरियों की ही ओर देखना सही देखना नहीं है। ऐसा देखने वाला अच्छे उद्देश्यों

से चालित नहीं होता। वह दोषी को बदनाम करके कुछ अपना मतलब सिद्ध करना चाहता है। जब बात-बात में गलतफहमी फैलने का अन्देशा हो तब लिखने वालों को बहुत सावधानी से काम लेना चाहिए। प्रत्येक लेखक से संसार की नीति के प्रभावित होने की सम्भावना बराबर नहीं हैं। कोई कम प्रभावित करता है, कोई अधिक। किन्तु प्रभावित सभी करते हैं। यह समझना भूल है कि जिसकी रचना कम लोग पढ़ते हैं, उससे उत्तरदायित्व का पालन ठीक-ठीक नहीं होता तो भी कोई हर्ज नहीं है। इस कम संकोचनशील जगत् में एक आदमी को गुमराह करने से भी कभी-कभी भयंकर हानि की संभावना होती है। एक आदमी को भी अगर ठीक से सही रास्ते पर लगा दिया जाए तो संसार का असीम उपकार होगा। यह समझना कि हमारा प्रभाव-क्षेत्र कम है या छोटा है अतएव हमारा उत्तरदायित्व भी कम है या छोटा है, गलत समझना है। छोटा लेखक हो या बड़ा, समाज के प्रति उसका उत्तरदायित्व वही है। उसे संसार की वर्तमान समस्याओं को ठीक-ठीक समझना चाहिए और शान्त चित्त से सोचना चाहिए कि मनुष्य को मनुष्यत्व के लक्ष्य तक ले जाने में कौन-सी शक्तियाँ सहायक हैं और कौन-कौन-सी बाधक । फिर उसे सहायक शक्तियों के प्रति सहानुभूति उत्पन्न करनी चाहिए और बाधक तत्त्वों के प्रति विरक्ति।

इधर यह कहा जाने लगा है कि लेखक को ज्ञान की साधना ज्ञानप्राप्ति के उद्देश्य से ही करनी चाहिए। कला कला के लिए है साहित्य साहित्य के लिए है। इनका और कोई प्रयोजन नहीं है। इस कथन के दो अर्थ हो सकते हैं— एक तो यह कि जब साहित्य-लेखक साहित्य लिखने लगे तो उसे केवल साहित्य के नियमों और रूढ़ियों का ध्यान रखना चाहिए, दुनिया के और झमेलों में नहीं पड़ना चाहिए और दूसरा अर्थ यह हो सकता है कि लेखक मनुष्य को कल्याण की ओर ले जाने का प्रयत्न करे, यह तो वांछनीय ही है, पर वह कल्याणमयी वाद लेखक के लेख के ऊपर-ऊपर उतराता न रहे बल्कि सरस भंगिमा के नीचे दबा रहे, प्रवाह में घुला रहे।

जिस प्रकार माता का दूध बच्चे के लिए हितकारक तो है पर वह हितकारिता ऊपर-ऊपर उतराती नहीं रहती, दूध के माधुर्य में, तारल्य में, सहजपच्यता में घुली मिली रहती है। बच्चे को यह पता नहीं चलता कि वह पुष्टिकारक रस पी रहा है। उसे तो केवल माधुर्य ही उसकी ओर आकृष्ट करता है। साहित्य में भी हितकारिता इसी प्रकार घुली-मिली हो तो उत्तम हो।

दूसरी व्याख्या अच्छी है। परन्तु पहली व्याख्या गलत है क्योंकि उसमें यह स्वीकार कर लिया गया है कि लेखक को इस बात की परवा नहीं करनी चाहिए कि समाज बनता है या बिगड़ता है या कम से कम समाज जैसा है वैसा ही इसे स्वीकार कर कुछ रस सर्जना करते रहना चाहिए। यह गलत बात है। समाज में गतिशीलता का बना रहना अच्छा है। प्रवाह सर्वत्र शोधक शक्ति का काम करता है। नदी में भी, जीवन में भी, समाज में भी और साहित्य में भी। प्रवाह के रुद्ध होने से नदी का पानी सड़ने लगता है

और भयंकर जहरीले कीटाणुओं से भर जाता है। समाज का भी प्रवाह बन्द हो जाए, गति रुक जाए तो सड़न पैदा हो जाती है। इसलिए समाज के प्रवाह को बनाये रखना आवश्यक है। यदि नित्य विचारों द्वारा समाज में गतिशीलता नहीं लायी जाएगी तो उसका भी रुद्ध गति होकर विकृत हो जाना जरूरी है। इसलिए यह तर्क बिल्कुल निस्सार है कि समाज से हमें कोई मतलब नहीं। हमने शुरू में ही कहा है कि लिखना इन दिनों एक सामाजिक कर्तव्य हो गया है। सामाजिक कर्तव्यों से विच्युत लिखाई अपना प्रतिवाद आप ही है।

समाज में बहुत-सी विषमताएँ हैं। बहुत-सी विषमताएँ मनुष्य में प्रकृतिदत्त हैं। वे तो रहेंगी ही परन्तु हर व्यक्ति को विकसित होने का समान अवसर मिलना चाहिए जो इन दिनों नहीं मिल पा रहा है। इस विषमता के कारण अनेक समस्याएँ उत्पन्न हो गयी हैं। जो दबाये गये हैं, दलित हैं, वंचित हैं वे तो इस व्यवस्था से कष्ट पाते ही हैं, जो दबाने वाले हैं वे भी कष्ट पाते हैं। शान्ति और व्यवस्था के नाम पर संसार भर में लाखों-करोड़ों रुपये खर्च किये जा रहे हैं, प्रत्येक देश की सरकार सुरक्षा के लिए कोटि-कोटि रुपये खर्च कर रही है। ये व्यवस्थाएँ अपने पेट में भयंकर विस्फोट और महा अनर्थकारी युद्ध लेकर अवतीर्ण हुई हैं। यदि तह में जाकर देखा जाए तो सब द्वन्द्वों की जड़ में अनर्थकारी विषमताएँ हैं।

और देश में तो राजनीतिक और आर्थिक विषमताएँ ही हैं परन्तु हमारे देश में सामाजिक विषमता भी बड़े ही भयंकर रूप में विद्यमान है। कभी-कभी तो उपरले स्तर के लागों में भी यह विषमता भयंकर रूप से उपस्थित रहती है। इसने हमारे देश की सामाजिक शक्ति को खण्ड-खण्ड, विच्छिन्न और असंहत बना दिया है। यह अत्यन्त सन्तोष की बात है कि पिछले खेमे के हमारे साहित्यकारों ने इस विषमता पर कस के आघात किया है और उसकी रीढ़ तोड़ दी है। पर टूटी रीढ़ लेकर भी यह कम्बख्त जी रही है। सीधी तो नहीं खड़ी हो सकती पर सरक कर अब भी वह अनर्थ कर रही है। नयी पीढ़ी के लेखकों पर इसको कुंचल कर समाप्त कर देने का उत्तरदायित्व है।

हमारे देश के लेखकों पर विशेष रूप से उत्तरदायित्व है। हमारे देश का इतिहास बहुत पुराना है, हमारी संस्कृति बहुत समृद्ध है। हमारा इतिहास विपुल है और हमारा अनुभव अपार है। हम अभी पराधीनता के पाश से मुक्त हुए हैं। हमें राजनीतिक परवशता का दुःख मालूम है। हमें आर्थिक शोषण का कष्ट भी मालूम है। हमें सामाजिक वैषम्य की कठोरता भी मालूम है। हम इनके विरुद्ध खड़े होने के उत्तम अधिकारी हैं। सौभाग्यवश हम ऐसे पूर्वजों की सन्तान हैं जो धीरभाव से सोचने में, शान्तभाव से देखने में प्रसिद्ध हैं। इसीलिए हमारे ऊपर उत्तरदायित्व बहुत है। जब संसार सन्देह और शंका के भीतर से गुजर रहा है, जबकि प्रबल का सदर्प संचार दुर्बल के चित्त में भीति और दुविधा का भाव भर रहा है, जब सारा संसार फिर से भयंकर युद्ध की ओर तीव्रगति से धावमान है, हमारे देश के लेखकों का दायित्व और भी बढ़ जाता है। हम सब प्रकार

से मानवता, समता और स्वाधीनता के आधार पर संसार को नया प्रकाश देने के अधिकारी हैं और मनुष्य को नयी संस्कृति देने के संकल्प के उचित पुरस्कर्ता हैं। संसार को इसी की आवश्यकता है।

नवलेखन पर एक पत्र

प्रियवर, यद्यपि तुम्हारा पत्र बहुत पहले मिल गया था परन्तु उत्तर देने में विलम्ब हुआ। कारण तुम जानते ही हो, सफाई देना कोई जरूरी नहीं लगता।

'नवलेखन' से तुम्हारा तात्पर्य हर प्रकार के नवीन लेखन-प्रयासों से नहीं है, इतना तो स्पष्ट है। मैं ठीक तो नहीं कह सकता पर अनुमान है कि नवलेखन से तुम्हारा तात्पर्य उन रचनाओं से है जो यथासम्भव पुराने कहे जाने वाले संस्कारों, विश्वासों और विचारों से मुक्त होकर नये 'मूल्यों' की खोज में लगी हैं। इनमें सभी रचनाएँ एक ही प्रकार के तत्त्ववाद से चालित नहीं हैं। हो भी नहीं सकतीं। उनकी समानता नये मूल्यों की खोज में है। मैं इन रचनाओं—विशेषकर कविताओं—को पढ़ने का प्रयास करता हूँ। इनकी आलोचना-प्रत्यालोचनाओं को समझना चाहता हूँ। कभी अच्छा लगता है, कभी नहीं लगता पर अधिकतर ऐसा होता है कि मन पर कोई अच्छा या बुरा अल्पस्थायी प्रभाव भी नहीं पड़ता। कभी मन थोड़ा रुकता है, अनुभव करता है, कभी-कभी ऐसा बिलकुल नहीं होता। मैं कह नहीं सकता कि और लोगों पर इन रचनाओं का क्या और कैसा प्रभाव पड़ता है। प्रशंसा या परिशंसा के रूप में जो लिखा जाता है, वह कभी-कभी अधिक प्रभावशाली होता है। एक बार एक 'अकविता' को सरसरी दृष्टि से पढ़ गया। कुछ खास पसन्द भी नहीं आया और नापसन्द आने लायक भी कुछ हाथ नहीं लगा। परन्तु संयोग से कवयित्री वहीं थीं और उन्होंने जब उसकी व्याख्या के कुछ इंगित दिये तो कविता (अर्थात् अकविता) अच्छी लगी। काफी अच्छी लगी। मगर मैं जब उसी भाव को यथाशक्ति एक अन्य विद्वान् मित्र को समझाने लगा तो न तो उन्हें रुचिकर लगा और न मुझे अपने समझाने की शक्ति के बारे में ही भरोसा हुआ। सब मिला के मुझे ऐसा लगा कि मेरे चित्त का गठन उस प्रकार के भाव के ग्रहण में आंशिक रूप से ही समर्थ है। सो भी अस्थायी रूप में। पीतल के बर्तन को खटाई से रगड़ डालो, उसमें थोड़ी देर के लिए चमक आ जाएगी पर फिर वही की वही मलिनता। मेरे कई विद्यार्थी नये भाव के भावुक हैं। वे जब कोई बात समझाते हैं, अच्छी लगती है। फिर भूल जाती है। उल्का प्रकाश की क्षणस्थायी ज्योति-रेखा की तरह एक अस्पष्ट झलक रह जाती है। कभी-कभी जब देखता हूँ कि लोग विशेष-विशेष रचनाकारों की यह शिकायत करते हैं

कि वे लिखते कुछ और हैं और जीवन में आचरण कुछ और तरह का करते हैं तो मुझे लगता है कि कविता या अकविता विशेष के भाव इन कवियों में भी कभी ही कभी स्फुरित होते होंगे—उल्का की क्षणिक ज्योति की ही भाँति। लोगों को यह भी कहते सुना है कि ये कवि लोग किसी विदेशी रचना का अनुकरण करते हैं, असम्भव नहीं है। किसी रचना से प्रभावित होकर कुछ देर उसी भाव से भावित हो जाना भावुक हृदयों की चिराचरित रीति है। बात यह है कि हमारे देश में भी धीरे-धीरे वह व्यावसायिक क्रान्ति का उत्तर रूप आता जा रहा है जो अधिक विकसित और समृद्ध देशों में पहले से ही आ चुका है। बड़े-बड़े व्यावसायिक केन्द्रों में वह काफी उभर कर आ रहा है। अधिक संवेदनशील कवि उसकी गन्ध पा रहा है और उससे विचलित भी हो रहा है। अधिक संवेदनशील क्षणों में वह इसे बौद्धिक रूप में अनुभव करता है, पर अभी भी हमारा देश उसका पूर्णतः शिकार नहीं है। अतएव वे क्षणिक अनुभूतियाँ क्षणिक प्रभाव पैदा करके विरत हो जाती हैं। इसे शिकायत के कोने से देखो तो अनुकरण मात्र है और सहानुभूति के कोण से देखो तो भावी का आभास है। जिसे तुम लोग 'जीना' और 'भोगना' कहते हो, वह बात तो नहीं है पर उसका भावात्मक आभासित रूप अवश्य है। इन रचनाओं का विशिष्ट प्रभाव तो नहीं के बराबर है पर सम्मिलित प्रभाव यह है कि अब कोई छायावादी ढंग की कविता लिखता है तो मुझ जैसे को भी लगता है कि पुराना घिसा-पिटा राग गाया जा रहा है। यह प्रच्छन्न प्रभाव क्या एकदम उपेक्षणीय है ?

जानता हूँ, जितना लिखा जा रहा है वह सब न तो प्रथम श्रेणी का है, न सब टिकाऊ माल है। बहुत कुछ नष्ट हो जाएगा, बहुत कुछ विस्मृत हो जाएगा। रहेगा वही जो औसत पाठक रखना चाहेगा। नब्बे नहीं आयुष्मन्, निन्यानबे प्रतिशत से कुछ अधिक ही नष्ट हो जाएगा। रह जाएगा वही प्रच्छन्न प्रभाव जो भावी महान् रचनाकार को आलोकित कर सकेगा। अभी तो खाद ही ज्यादा है, सोना नहीं के बराबर। रहा प्रश्न भारतीय परिवेश से विच्छिन्न या अविच्छिन्न होने का। सो यदि मैंने शुरू में जो अनुमान किया था कि 'नवलेखन' से तुम्हारा क्या तात्पर्य हो सकता है, वह ठीक है तो यह प्रश्न ही असंगत है। नवलेखन नये युग की विषम परिस्थितियों में नये मूल्यों के अनुसन्धान के लिए आया है। उसे पुराने संस्कारों, विश्वासों और मूल्यों में आस्था ही नहीं है। यह मान कर चला है कि नये मशीन युग में पुरानी मान्यताएँ बेखाप हो गयी हैं। वह समझता है कि मनुष्य एक ऐसे मोड़ पर आया है कि जहाँ वह पुराने संस्कारों के बल पर जी नहीं सकता, उसे नये रास्ते खोजने होंगे। ऐसे साहित्य से यह आशा ही करना व्यर्थ है कि वह किसी निश्चित परिवेश से सामंजस्य रखकर चलता है या नहीं। फिर भारतीय परिवेश क्या है ? दशाश्वमेध घाट का परिवेश, सन्थाल, ओराँव, कोल-भीलों का परिवेश कानपुर की मजदूरों की गन्दी बस्तियों का परिवेश, दिल्ली का शाही परिवेश या बम्बई के धनकुबेरों का परिवेश ? बेढब सवाल है तुम्हारा ?

नये मूल्यों का अनुसन्धान ! कविता क्या यह कार्य कर सकती है ? करेगी तो

अकविता नहीं हो जाएगी ? कविता तो अनुरंजित मूल्यों को हृदयग्राह्य बनाने का काम करती है। उससे असहज कार्य कराओगे तो वह स्वयं असहज हो जाएगी, हो रही है। कहीं इसी असमंजस के कारण तुमने 'नवलेखन' शब्द का आविष्कार तो नहीं किया है ? संस्कारों से तुम भी ग्रस्त हो, मैं तो हूँ ही। बचकर निकलना चाहते हो, पर बच नहीं सकोगे।

लेकिन ऐसा न समझ लेना बरखुर्दार, कि मैं तुम्हारे प्रश्न का अर्थ ही नहीं समझ रहा हूँ। शायद ठीक ही समझ रहा हूँ। लेकिन यह तो तुम निर्णय करोगे कि ठीक समझ रहा हूँ या नहीं। मैं अपनी बात बिना भूमिका के ही कहूँ तो ठीक होगा। तुम्हारे प्रश्न का आशय यह जान पड़ता है कि नवलेखन का कलाकार क्या अपनी बात उस भाषा में और उस मिथकीय पृष्ठभूमि में दे रहा है, जो भारतीय श्रोताओं के लिए सहज ग्राह्य हैं। शायद नहीं या बहुत कम । कारण तुम जानते हो, थोड़ा-थोड़ा मैं भी जानता हूँ। हमारे अधिकांश नवशिक्षित्त अँग्रेजी माध्यम से सीखते हैं। हिन्दी—वास्तविक हिन्दी—से उनका सम्पर्क छिन्नप्राय है। रचनात्मक साहित्य 'भावभेद रसभेद अपारा' को रूपायित करता है। भाषा नामक महाशक्तिशाली बताया जाने वाला साधन बाह्य यथार्थ का इन्द्रिय-गृहीत रूप ही जैसे-तैसे प्रकट करता है। भावजगत् को वह इन्द्रिय-गृहीत भाषा में अनुवाद भर कर पाती है और अनुवाद क्या ठीक होते हैं ? बिल्कुल नहीं। केवल परम्परा हम उसके पूर्णार्थ का अवगमन करते हैं—अवगमन, अँग्रेजी वाले कहेंगे 'अवस्थिति'—**understanding**। पर अवगमन हो या अवस्थिति, है वह आवश्यक से कम ही। केवल परम्परया हम भावजगत् को यथाकथंचित् बटोर पाते हैं। और आयुष्मन् ! आज यह कहने की आवश्यकता नहीं रह गयी है कि सारी भाषा मनुष्य के आदिम भावबिम्बों (archetype) का अधकचरा अनुस्वरण मात्र है, मिथकीय परिकल्पनाओं से यथाकथंचित् परिपुष्ट और फिर भी काण और खंज। दूसरी भाषा में से ज्यों का त्यों या लगभग ज्यों का त्यों अनुकथन तो हिन्दी के लिए बोझ ही सिद्ध होता है। हमारा नवलेखन घर-घाट से विच्छिन्न विलक्षण पदार्थ बनता जा रहा है। आशा करनी चाहिए कि कुछ अधिक प्रयोग के बाद यह भाषा भी रींज-पींज जाएगी, पर अभी तो वह विलक्षण ही है। सिर्फ इतना नहीं भूलना चाहिए कि भाषा भी गतिशील होती है। ग्राहिता शक्ति से सम्पन्न होती है। संस्कारों के बदलने से वह बदलती भी है। अच्छा लगना संस्कारों के अनुकूल होने को कहता है। संसार नये रूप में प्रकट होने जा रहा है। हमें अच्छा लगे या न लगे, यह प्रक्रिया शुरू हो गयी है। इसका अर्थ यह हुआ कि परिवर्तन का वेग हमारे संस्कारों के अनुकूल होने की प्रतीक्षा नहीं कर रहा है। इसमें बहुत कुछ छूट जाएगा। छूटने को बाध्य है। भाषा और भाव की नयी दुनिया में बड़े उथल-पुथल की सम्भावना है। नवलेखन उसका आभास दे रहा है। यह कोई स्थायी प्रभाव छोड़ जाएगा या नहीं, यह तो भविष्य बताएगा। शायद नहीं छोड़ेगा, पर वह नयी भावभूमि और नयी अभिव्यंजना शैली के लिए संघर्ष कर रहा है। कभी-कभी गलती से इसे मूल्यों

की खोज कहा जाता है। नये मूल्य खोजे नहीं जाते, विशिष्ट परिस्थितियों से उत्पन्न होते हैं। वे मनुष्य की दुर्दम जिजीविषा के आवश्यक परिणाम हैं। जो कहता है कि मैं नये मूल्यों को खोज रहा हूँ वह वस्तुतः कहना यह चाहता है कि मैं यह सोच रहा हूँ कि मनुष्य नयी परिस्थितियों में सहज सबल गति से कैसे जी सकता है। जिसे तुम 'जीवन को जीना' कहना चाहते हो, वह वस्तुतः विषम परिस्थितियों के साथ जिजीविषा के सामंजस्य का प्रयास ही है। नवलेखन इसलिए प्रकट करने में हाँफ रहा है कि उसका मुख्य लक्ष्य सरस रूप विधान तो है पर उसका रूप क्या होने जा रहा है, यह अस्पष्ट ही है। वह इस अस्पष्टता को ही स्पष्ट करता जा रहा है। इसमें सरस रचना सम्भव ही नहीं है। इसकी महिमा इस अस्पष्ट अनुभूति में ही है। उससे अधिक की माँग न करो। जो वह दे रहा है वह वस्तुतः बहुत है। हमारे पल्ले अगर कुछ नहीं पड़ता तो भी इस महिमा पर आँच नहीं आती। शायद बाद में उसमें अधिक दातृत्व गुण विकसित हो !

हिन्दी शोध-कार्य

हिन्दी का शोध-कार्य अप्रत्याशित तीव्रगति से आगे बढ़ रहा है। इन पंक्तियों के लेखक को अनेक विश्वविद्यालयों का काम देखने का सुअवसर मिला है। अपने अनुभव के आधार पर कुछ छोटी दिखने वाली महत्त्वपूर्ण बातों की ओर शोधकों और शोध-निर्देशकों का ध्यान आकृष्ट करना कर्तव्य समझकर ही ये पंक्तियाँ लिखी जा रही हैं।

साहित्यिक ईमानदारी : कहने की आवश्यकता नहीं कि शोधकर्ता के लिए साहित्यिक ईमानदारी प्रथम शर्त है। वह जो कुछ लिखता है, उससे पाठकों को सही-सही जानकारी मिलनी चाहिए। पाठक को रंचमात्र भी गुमराह करने का प्रयास केवल अकर्तव्य नहीं, पाप है। हिन्दी-शोधकों को संस्कृत और अन्य भाषाओं से मूल वाक्यों के उद्धृत करने का शौक है। बुरी बात यह नहीं है पर इसमें प्रायः दूसरी पुस्तकों में उद्धृत वाक्यों को उसका हवाला दिये बिना इस प्रकार उद्धृत कर दिया जाता है मानो शोधकर्ता ने मूल पुस्तक से ही लिया हो। कई बार इसमें धोखा होता है। कई बार मौखिक प्रश्नों के उत्तर में शोधकर्ता यह नहीं बता पाता कि यह पुस्तक कैसी है, क्या है, हवाला बताने के लिए दी हुई संख्याएँ पर्व हैं, स्कन्ध हैं, वल्ली हैं या क्या हैं। एक शोधकर्ता ने विश्वासपूर्वक 'भगवती श्रुति' का हवाला दिया था। मैंने जानना चाहा कि यह पुस्तक उन्होंने कहाँ देखी है। पहले तो इन्होंने कुछ भरमाना चाहा पर बाद में स्वीकार किया कि यह पुस्तक उनकी देखी हुई नहीं है, किसी अन्य ग्रन्थकार के ग्रन्थ से दिया है। उस ग्रन्थ को देखा गया तो ग्रन्थकार ने ऐसी किसी पुस्तक की चर्चा नहीं की थी बल्कि 'श्रुति' को आदरपूर्वक 'भगवती श्रुति' कहा था। या तो शोधकर्ता स्वयं पुस्तकालय में जाकर पुस्तक देख लेते या फिर उसी ग्रन्थकार के नाम से उन्हें उस वाक्य को यह कह कर देना चाहिए था कि अमुक ने अमुक स्थल पर अमुक ग्रन्थ से यह अंश उद्धृत किया है। एक दूसरे शोधकर्ता ने अपने एक वाक्य के समर्थन में कोई संस्कृत वाक्य लिखा था। सन्दर्भ बताने के लिए केवल 'पृ.उ.' लिख दिया था। पूछने पर मालूम हुआ कि उन्हें नहीं मालूम कि यह पृ.उ. क्या है, किसी लेख में ऐसा ही लिखा देख उन्होंने भी लिख दिया है। शोधकर्ता के लिए ऐसा उत्तर अपराध ही माना जाएगा। उसे सदा स्मरण रखना चाहिए कि उसके हर वाक्य का महत्त्व है। यहाँ तक विराम चिह्न भी महत्त्वपूर्ण है। वह एक जिम्मेदार विद्वान् है

और जो कुछ लिख रहा है, वह पूरी जिम्मेवारी के साथ और पूर्ण ईमानदारी के साथ लिख रहा है। जिस बात को वह स्वयं जाँच नहीं सका फिर भी उसका देना आवश्यक है, उसे पूरी ईमानदारी के साथ उसी पुस्तक से उद्धृत बताना चाहिए जहाँ से वह बात ली जा रही है। इन पंक्तियों के लिखने में मुझे कष्ट हो रहा है। यह कोई बड़ी प्रतिष्ठा की बात नहीं कि इतनी मामूली बात को भी चिल्लाकर कहना पड़े। पर परिस्थितियों का तकाजा है कि इस ओर गम्भीरता के साथ ध्यान दिया जाए।

उद्धरणों को शुद्ध रूप में देना शोधकर्ता का विशेष उत्तरदायित्व है। कुछ तो इसलिए कि उद्धरण मूल सुसम्पादित पुस्तकों से लिए ही नहीं जाते और कुछ इसलिए कि शोधकर्ता इसको बहुत महत्त्व नहीं देता। उद्धरणों में अशुद्धियों की भरमार होती है। यह अत्यन्त शोचनीय बात है। संस्कृत के श्लोकों की तो ऐसी दुर्दशा होती है कि रुलाई आती है। या तो सुसम्पादित पुस्तक से सही-सही उद्धरण दीजिए या फिर इस चक्कर में ही न पड़िये। प्रामाणिक अनुवादों के आधार पर आप अपनी बात कह सकते हैं। कई बार टाइप की अशुद्धि बताकर पीछा छुड़ाने का प्रयत्न किया जाता है पर टंकित प्रति को हाथ से सुधारने का दायित्व भी शोधकर्ता का है। मौखिक परीक्षा के अवसर पर प्रायः यह सिद्ध होता देखा गया है कि टाइप की अशुद्धि केवल बहाना मात्र है। यह मानकर चलना चाहिए कि गलत सन्दर्भ बताना और अशुद्ध उद्धरणों से प्रबन्ध को भरना लज्जाजनक बात है।

संस्कृत के बाद सब से अधिक उद्धरण अँग्रेजी से दिये जाते हैं। कई प्रबन्धों में पन्ने के पन्ने इन उद्धरणों से भरे रहते हैं। क्या मूल बात ईमानदारी से कहकर उस लेखक और पुस्तक का हवाला देना पर्याप्त नहीं है ? मूल वाक्य (उसी भाषा में) उसी समय उद्धृत करना चाहिए जब उसकी अनिवार्यतः आवश्यकता हो। अँग्रेजी वाक्यों को उसी भाषा में उद्धृत करने की आदत उस समय हास्यास्पद हो जाती है जब रूसी, जर्मन आदि भाषाओं से अनुवादित पुस्तकों को मूल अँग्रेजी में लिखा मान कर उद्धृत किया जाता है। और तो और उपनिषदों को भी अँग्रेजी में उद्धृत देखने को मिल जाता है। क्या इन शोधकर्ताओं को अपने दायित्व के प्रति सचेत कहा जा सकता है ? लम्बें अँग्रेजी उद्धरण हमारे शोधकर्ताओं के आत्मचिन्तन का अभाव, अपनी भाषा को सही-सही मानों को प्रकट करने में असमर्थ समझने की प्रच्छन्न हीन भावना और अँग्रेजी को अभिजात्य और अपने को कमजोर समझने की हीनताग्रन्थि का परिचायक है। दूसरी भाषाओं के उद्धरणों को अँग्रेजी में देना बिल्कुल ही समझ में आने लायक बात नहीं है। अँग्रेजी भाषा के प्रति अनावश्यक मोह में पड़कर हम टाइपिस्ट को असुविधा में डालते हैं। दूसरी भाषा के लेखकों का निरादर करते हैं। अपनी भाषा की प्रकाशनशक्ति को अकारण सन्दिग्ध बनाते हैं। और अपनी हीनभावना को जगजाहिर करते हैं।

इसका एक दूसरा रूप है अँग्रेजी वाक्यों को देवनागरी लिपि में देना। यह भी अत्यन्त आवश्यक होने पर करना चाहिए। यथासम्भव सही-सही विश्वसनीय हिन्दी

अनुवाद से काम चलाना चाहिए। विदेशी नामों को यथासम्भव देवनागरी में देना अच्छा ही है पर पुस्तक में कही न कहीं उनका रोमन लिपि का रूप भी दे देना चाहिए। केवल देवनागरी में विदेशी नाम वैसे तो ठीक ही है पर पुस्तकालयों में उस पुस्तक को खोजने में सहूलियत के लिए रोमन लिपि का रूप भी दे देना चाहिए। शोधकर्ता का यह कर्तव्य है कि वह सन्दर्भग्रन्थ को इस प्रकार बनाये कि पाठक यदि चाहे तो सन्दर्भग्रन्थ से मिलाकर उसकी बात की सच्चाई जाँच सके।

इन सारी बातों को एक वाक्य में हम साहित्यिक ईमानदारी कह सकते हैं। बड़े खेद की बात है कि हिन्दी के शोध-प्रबन्धों में इसकी कष्टप्रद उपेक्षा हो रही है।

संदर्भ ग्रन्थों का औचित्य : हमारा देश सदा से आप्तवाक्यों पर भरोसा करता आ रहा है। मध्यकाल में हमारे इस आप्तवाक्यवाली मनोवृत्ति की दुर्दशा हुई। संस्कृत के किसी श्लोक को भी प्रमाण मानने की प्रवृत्ति बढ़ोतरी पर रही। अँग्रेजी के आने के बाद हमारे नव-शिक्षितों में अँग्रेजी के लेखकों को आप्त समझने की प्रवृत्ति बढ़ी है। मशीन से निकली हर पुस्तक को प्रमाण मानना समकालीन मनोवृत्ति का ही नया रूप है। यह स्पष्ट रूप से समझ लेने की आवश्यकता है कि हर छपी-अनछपी पुस्तक या पत्रिका आप्तवाक्य की कोटि में नहीं आती और शोधक के लिए तो बड़ा ग्रन्थ भी आलोचना का विषय हो सकता है। अँग्रेजी में 'आथर' लेखक को कहते हैं और 'ॲथारिटी' अधिकारी व्यक्ति को। हर ऑथर ॲथारिटि नहीं होता। कई शोध-प्रबन्धों में अनावश्यक रूप से ऐसे लेखकों को प्रमाण रूप में उद्धृत कर दिया जाता है। यह उचित नहीं है। वही व्यक्ति प्रमाण रूप में उद्धृत किया जा सकता है जो अपने क्षेत्र का अतिसंवादी विद्धान् हो।

'हमारे चरित-नायक की' मनोवृत्ति : हिन्दी में एक दृढ़ प्रवृत्ति यह रही है कि जिस लेखक, कवि या नाटककार के बारे में लिखा हो उसे चरित-नायक मानकर उसे एक प्रकार से बड़ा और निर्दोष सिद्ध किया जाता है। शोध-प्रबन्ध में यह मनोवृत्ति वास्तविक मूल्यांकन में बाधक सिद्ध होती है। प्रबन्ध-लेखक चतुर वकील की भाँति उसके हर कार्य को उचित और महत्त्वपूर्ण सिद्ध करता है और प्रच्छन्न रूप से अन्य शोधकों द्वारा उसी व्यक्ति के समसामयिक व्यक्ति की इसी मनोवृत्ति के शिकार प्रशंसक का जवाब देता रहता है। शोधक को वकील की तरह न होकर जज की तरह किसी की विशिष्ट देन का मूल्यांकन करना चाहिए। यह मनोवृत्ति कुछ तो स्वाभाविक है और कुछ हमारे संस्कारों की देन है। वैदिक काल से ही हमारे इस देश में उपासना के क्षेत्र में यह बात चली आ रही है। जिस देवता की उपासना की जाती है उस समय उसी को सब से बड़ा माना जाता है। विष्णु की उपासना के समय विष्णु ही सबसे बड़े हैं और शिव, ब्रह्मा आदि सेवक हैं और शिव की उपासना के समय शिव ही सबसे महान् हैं। और ब्रह्मा-विष्णु आदि उनका मुँह जोहते रहते हैं। मैक्समूलर ने इस वृत्ति को 'एकैक देववाद' कहा था। उपासना के क्षेत्र में यह बात ठीक हो सकती है पर साहित्यिक मूल्यांकन के क्षेत्र में नहीं।

अनपेक्षित विस्तार की प्रवृत्ति : कुछ शोधकों में प्रबन्ध को येन केन प्रकारेण भर कर

तुन्दिल बनाने की प्रवृत्ति है। ऐसा जान पड़ता है कि यह भ्रम व्यापक रूप से फैला हुआ है कि प्रबन्ध वृहदाकार होना चाहिए। यह ठीक नहीं है। शोधक कुछ खास बात सिद्ध करना चाहता है या कुछ विशिष्ट मान्यता की स्थापना करना चाहता है या कोई अब तक न जानी हुई महत्त्वपूर्ण तथ्यावली को प्रकाशन में लाना चाहता है यही उसका प्रतिपाद्य (थीसिस) होता है। उसी के लिए जो कुछ आवश्यक है वह है, उससे बाहर अर्थात् ऐसी बात, जिसकी उस प्रतिमा को स्थापित करने में कोई आवश्यकता नहीं है, अनपेक्षित है। मल्लिनाथ ने कालिदास के ग्रन्थों की व्याख्या करते समय जो प्रतिज्ञा की थी, वह शोधकर्ता का मार्गदर्शक होनी चाहिए। उन्होंने कहा था कि मैं न तो कोई ऐसी बात लिखूँगा जो अमूलक हो और न ऐसी बात लिखूँगा जो अनपेक्षित हो—'नामूलं लिख्यते किंचित् नानपेक्षितम्'।

लिप्यन्तरीकरण में सावधानी : भारतीय लिपियों के सम्बन्ध में अँग्रेजी में बहुत उपयोगी और महत्त्वपूर्ण पुस्तकें उपलब्ध हैं। उनसे लाभ न उठाना बड़ी गलती है। कई बार देखा जाता है कि पुस्तकों के रहते हुए भी लाभ उठाने का प्रयत्न नहीं किया जाता। पर प्रायः शोधार्थी उनसे लाभ उठाते भी हैं। ऐसा लगता है कि बहुत से शोधार्थी संस्कृत शब्दों के रोमन में लिखे जाने के अन्तरराष्ट्रीय नियमों से परिचित नहीं हो पाते। कई बार रोमन लिपि में लिखे संस्कृत शब्दों को हास्यास्पद ढंग से देवनगरी में लिख दिया जाता है। यह बहुत छोटी-सी बात है पर इसकी ओर ध्यान न रहने से प्रबन्धों के प्रति लोगों की वितृष्णा बढ़ जाती है। हर भारतीय शोधार्थी को इन नियमों की जानकारी होनी चाहिए। इन पंक्तियों के लेखक को 'मेधातिथि' के स्थान पर 'मेढ़तीर्थ', 'जातक' के स्थान पर 'जटका' जैसे हास्यास्पद शब्द देखने को मिले हैं।

जो लोग अपना प्रबन्ध अँग्रेजी में लिखते हैं वे भी कभी-कभी इन नियमों को न जानने के कारण अनर्थ कर बैठते हैं। एक शोधप्रबन्ध (अँग्रेजी में) बहुत अच्छा था लेकिन संस्कृत और पालि-प्राकृत के शब्दों का रोमन में लिप्यन्तरीकरण इतना दोषपूर्ण था कि स्वीकृत नहीं हो सका। बहुत बाद में शब्दों को ठीक-ठीक लिख लेने के बाद ही परीक्षक उसे स्वीकार कर सके। परन्तु हिन्दी में यह देखकर दुःख होता है कि ऐसे गलत शब्दों के होते हुए भी वैतरणी पार हो जाती है। ऐसे प्रबन्ध प्रकाशित भी हो चुके हैं। यों छोटी-छोटी गलतियाँ बहुत खतरनाक होती हैं। कई विद्वान् किसी शब्द के अशुद्ध रूप को देखकर ऐसा बिदकते हैं कि पूरी पुस्तक को अशुद्ध मान लेते हैं।

मेरा कांचनार

कांचनार के गुलाबी फूल कवियों को बहुत प्रिय हैं। काव्यदेवता का यह वरदान ही माना जाना चाहिए कि मेरे घर के सामने एक कांचनार तरु विराजमान है। मोटा गबरू-सा चेहरा है, उमर थोड़ी है पर पत्तों का बोझ इतना है कि तीन बार आँधी में गिर चुका है। जब गिरता है तो सुरेन बाबू से शम्भू बाबू तक दौड़ शुरू हो जाती है। फिर प्रकृति के अपने पुत्र और अपनी पुत्रियाँ —मेरा मतलब संथालों से है—आते हैं और बाँस लगाकर उले अवलम्ब देते हैं। एक बार तो कम्बख्त भरी बरसात में ढह पड़ा ! बलिहारी है उस झबरी कान्ति की ! नील मसृण पत्रों से सारा बरामदा ढँक गया। ऐसा मालूम होता था कि कोई नटखट बालक अभिमानपूर्वक लोट पड़ा हो। मैं कहता हूँ कि तुम्हें बार-बार लोट ही पड़ना था तो यह गबरू-गबरू चेहरा क्यों बनाया ? पर सुनता कौन है ? बुरी तरह मोटा बनता जा रहा है और झबरापन तो उसके स्वभाव में है। एक बार एक शानदार बात हुई। मुझे उसे कहने में कोई आपत्ति नहीं है। वह एक स्वप्न था।

उस बार मैंने कल्पना की दृष्टि से देखा कि कवि कालिदास मेरे घर के सामने बैठे हैं और बड़े प्रेम से इस कांचनार तरु को देख रहे हैं। उनकी भावविमुग्ध आँखें कभी पुष्पों से लदे इस वृक्ष से उलझती हैं और कभी मुँदकर न जाने क्या-क्या सोच रही हैं। क्या उनके मन में सिप्रा की चट्ल ऊर्मियों पर बहता हुआ अपने युग का वह पुष्प-गुच्छ याद आ रहा था जिसे किसी ने किसी की अभिलाषा से बहा दिया था, या किसी अलकार्पित पुष्प-स्तवक की याद आ रही थी जो उज्ञयिनी के सौध-वातायनों को कभी सौभाग्य मण्डित कर गया था, या उन्हें हिमालय की धातुमयी गैरिक अधित्यका में खिला हुआ लोध्र-पुष्प याद आ गया था जो उन दिनों नागरकों का बड़ा प्रिय बन रह था, या ऐसा ही कुछ उनके मानस को भीतर से उत्तरंग कर रहा था। यह बता देना जरूरी है कि मेरा झबरा कांचनार फूलता कम है। भरे फागुन में, उसमें दो-चार पुष्प आ जाएँ तो बहुत समझिए। उसका पतझड़ तो आज चैत की पूनो को भी ज्यों का त्यों है। असल में उसके दो ही काम हैं—पतझड़ में झड़ना और ग्रीष्म के अन्त में पतियाना। बरसात में गिरना भी यद्यपि एक काम है पर वह असल में मेरा काम है। वह तो गिरकर सो जाता है और फिर निश्चिन्त ! इसी पेड़ को महाकवि कालिदास देख रहे हैं और उसके

पुष्पों की काल्पनिक स्तवक-माला से कभी सिप्रा को विभूषित देख रहे हैं और कभी उज्ञयिनी के सौध-वातायनों को। क्या यह आश्चर्य की बात नहीं है ?

सबेरे मुझे अपने स्वप्न के बारे में बड़ा कुतूहल हुआ। मैं लगभग आठ बजे दिन को उस पेड़ को देखने गया। सूर्य अब तरुशिखा पर चढ़ आया था और एक गिरगिट भी चढ़ने का प्रयत्न कर रहा था। इस पेड़ में पत्ते बहुत थोड़े रह गये थे, फूल और भी थोड़े। कुछ चार-पाँच प्रफुलन, कुछ दस-बारह अघखिले और कुछ अब भी मुकुलायमान। बरामदे में बैठकर एक कलाकार मित्र बड़े ध्यान से उसे ज्यों का त्यों कागज पर उतार लेने का प्रयत्न कर रहे थे। वे इतने ध्यानमग्न थे कि मेरी उपस्थिति का उन्हें पता भी नहीं चला।

दूसरी ओर एक काली-सी सन्थाल बाला बड़े ध्यान से उन पुष्पों को देख रही थी। पहले मैंने सोचा कि वह इन पुष्पों को तोड़कर पकौड़ियाँ बनाना चाहती होगी क्योंकि कांचनार पुष्प की पकौड़ियाँ बहुत स्वादिष्ट मानी जाती हैं। लोगों के कहने से मैं भी ऐसी पकौड़ियों को बहुत मान दिया करता हूँ। हालाँकि वे खाने में उतनी अच्छी नहीं लगतीं। परन्तु कवियों की दुनिया में जिस पुष्प का इतना नाम हो, उस से जो भी वस्तु बने वह सुन्दर कही जानी चाहिए। कांचनार की पकौड़ियों की मेरे दिल में इज्ञत है।

परन्तु उस सन्थाल-बाला ने उन फूलों को पटापट तोड़ लिया और कवरीबन्ध में खोसकर अपनी राह ली। मैं हैरान होकर सोचने लगा कि कल कल्पलोक में जिस कवि कालिदास के दर्शन हुए थे, उसका प्रतिनिधि यहाँ कौन है ? कलाकार या सन्थाल बाला ?

आज तर मैं इस प्रश्न का ठीक-ठीक उत्तर नहीं खोज सका हूँ और अब तो मैंने आशा ही छोड़ दी है। परन्तु फिर भी बात यह है बहुत ही शानदार।

मेरा सवाल सीधा है। कालिदास कौन है ? नीचे कागज पर उतार लेनेवाला या ऊपर सिर पर चढ़ा लेने वाला ? मैं हैरान हूँ कि यह प्रश्न क्या और किसी के मन में आया ही नहीं ?

मगर मारिए गोली इस झगड़े को। मेरा कांचनार मोटा गबरू-सा है, पत्तों से आपाद-मस्तक ढँका हुआ है, फूल तो इस में कदाचित् ही आते हैं। कालिदास इसी को देखने क्यों आये ? क्या इसलिए कि कम पुष्पों का होना ही वास्तविक सौन्दर्य है ? मुझे ऐसा लगता है कि कमजोर लोगों में एक प्रकार की भावुकता होती है और वे थोड़े में ही लहक उठते हैं। मेरा गबरू कांचनार ऐसी भावुकता का शिकार नहीं है। पर भला आदमी हर बरसात में गिर क्यों पड़ता है ? क्या जो लोग मजबूत दिल के होते हैं वे बरसात में ढह पड़ते हैं ? कौन जाने !

मैं अपने कांचनार को देखता हूँ तो देखता ही रह जाता हूँ। मुझे प्राचीन काल के उद्यान याद आते हैं, जिनके निचले घेरे में कांचनारों के झुरमुट रहा करते थे, कदम्बों की पंक्तियाँ शायद इसके बगल में ही होती थीं। मुझे ऐसा जान पड़ता है कि बरसात में इसी पंक्ति के आसपास कहीं हिंडोला लगता था। बरसात की रिमझिम के साथ जिन लोगों

ने हिंडोले की पेंग का तुक मिलाया था, उन्हें इतनी बुद्धि तो अवश्य रही होगी कि उस स्थान के आसपास मेरे कांचनार जैसे दो-चार गबरू-झबरू पेड़ों के लहरदार झुरमुट लगा लें। अब कल्पना कीजिए, रिमझिम झड़ी की और निरन्तर दोलायमान हिंडोला से निकलती हुई मधुर ध्वनि की। फिर कल्पना कीजिए आपाद-मस्तक नील-मसृण पत्रावली से आच्छादित तरुण कांचनार गुल्म की। इस वर्षा से मुग्ध, निमीलित नयन सहृदय की भाँति वह वहाँ ध्यानस्तिमित खड़ा रहता होगा। मेरा विश्वास है कि मेरा कांचनार ऐसे ही किसी स्थान से शापभ्रष्ट होकर यहाँ आ पड़ा है। नहीं तो अभागा भरी बरसात में गिर क्यों पड़ता ?

[यह निबन्ध शान्तिनिकेतन से निकलने वाली हस्तलिखित पत्रिका भारती (सन्1946 ई.) में प्रकाशित हुआ था। पहली बार इसे यहाँ संकलित किया जा रहा है—सौजन्य विश्वभारती पत्रिका एवं रवीन्द्र विश्वभारती—मु० द्वि०]

देश का भविष्य

जिस विषम सामाजिक उथल-पुथल के भीतर से हम लोग गुजर रहे हैं, उसमें कुछ ऐसी बात कह सकना, जो सचमुच टिकाऊ हो, कठिन ही लगती है। ऐसा लगता है कि भविष्य बड़ी तेजी से परिवर्तन ले आने वाला है। आज का सन्दर्भ कल इसी प्रकार बना रहेगा या नहीं, कोई नहीं जानता। फिर भी मैंने आपका निवेदन स्वीकार कर यहाँ आने का जो निश्चय किया है, उसका कारण है। मुझे विश्वास है कि हमारे देश का भविष्य निश्चित रूप से उज्ज्वल है और हमारे नौजवान देश के नवनिर्माण के लिए व्याकुल हैं। ऊपरी सतह पर जो कोलाहल सुनाई दे रहा है उससे निराश होने की कोई आवश्यकता नहीं है क्योंकि देश की अन्तरात्मा जागृत है और हलचल जीवन का लक्षण है। मुझे कविवर रवीन्द्र ठाकुर की एक कविता याद आती है जिसमें उन्होंने कहा है कि लोहार की दुकान पर बैठकर जो ठाँय और ठकरठक सुन रहे हो, इससे चिन्तित होने की जरूरत नहीं है, इसमें वीणा के तार तैयार हो रहे हैं। जब बजेंगे तो उनसे मधुर ध्वनि ही निकलेगी। विश्वविद्यालय में जब-जब नौजवानों का बेसुरा कोलाहल सुनाई देता है तब-तब मुझे इस कविता का स्मरण हो आता है और लगता है कि यह धूल और धुएँ का वातावरण भाथी को थका देने वाली फुसफुसाहट, लोहे का लाल-लाल भयावना रूप और हथौड़े की कर्ण-कटु चोट —सभी अन्त तक जाकर किसी मीठी सुरीली तान में ही पर्यवसित होने वाले हैं। जब तक वीणा का वह नया तार तैयार नहीं हो जाता, तब तक हमें धैर्यपूर्वक खटर-खट्ट की आवाज को बर्दाश्त करना होगा। विश्वविद्यालय वीणा के इन मनोहर संगीतवाही तारों का ही निर्माण करने का काम कर रहे हैं और यह बिलकुल स्वाभाविक है कि खटर-खट्ट की आवाज यहीं सबसे तेज सुनाई देती है। इस विश्वास के बल पर ही मैं देश के आशाकेन्द्र नौजवानों के सामने उपस्थित होने का साहस करता हूँ।

जैसा कि आप सभी जानते हैं कि हमारा देश दीर्घ काल की परतन्त्रता से मुक्त हुआ है। करोड़ों की संख्या में जो जन-समूह कल तक अधिकार-वंचित था, वह अब एकाएक अधिकार के प्रति सचेत हो गया है। पुरानी व्यवस्था में शक्ति ऊपर से नीचे की ओर झरा करती थी। वाइसराय से चलकर वह धीरे-धीरे पटवारी तक पहुँचती थी और इस

बीहड़ मार्ग को तय करते-करते उसकी शक्ति नहीं के बराबर हो जाती थी। जनता को इस शक्ति का आभास केवल शोषित होने में और त्रस्त-भीत होते रहने में ही मिल पाता था। लेकिन दीर्घकाल के कठिन संघर्ष के बाद बात बिलकुल उलट गयी है। शक्ति का स्रोत गाँव-गाँव में बिखर गया है और वह नीचे से ऊँचे की ओर जाने लगी है। अभी जितना वेग उसमें आना चाहिए था, उतना उसमें नहीं आ पाया है। फिर भी धीरे-धीरे उसमें आत्मविश्वास और अधिकार- चेतना का विस्तार होता जा रहा है। ऐसे समय में यदि पूरी व्यवस्था उलट गयी दिखाई दे रही है तो इसमें कोई आश्चर्य नहीं है। जैसे-जैसे यह आत्मविश्वास बल पकड़ता जाएगा, वैसे-वैसे जनता की आशाओं और आकांक्षाओं में विस्मयकारी ज्वार आता जाएगा और फिर वह किन रूपों में प्रकट होगा, यह बताना किसी प्रवीण समाजशास्त्री ज्योतिषी के लिए भी कठिन ही सिद्ध होगा। नयी आशाओं और नयी आकांक्षाओं ने जन-मानस में अदृष्टपूर्व हिल्लोल उत्पन्न किया है जिसकी व्याकुल तरंग देश के ऊँचे से ऊँचे सिंहासन को भी झकझोरने लगी हैं। विश्वविद्यालय इस हलचल से मुक्त नहीं रह सकते और कोई आश्चर्य नहीं कि उथल-पुथल का एहसास उन्हें अच्छी तरह होने लगा है।

विश्वविद्यालय समाज से अलग कोई ऐसी जगह नहीं है जहाँ सामाजिक हलचलों की धड़कन सुनाई ही न दे। वस्तुतः विश्वविद्यालय के सम्बन्ध में जो हमारी पुरानी मान्यता थी, कि वह अनासक्त चिन्तन और विशुद्ध ज्ञान का साधना-स्थल है, उस पर पिछले कई वर्षों से भयंकर आघात लगे हैं। हमारे मन में यह आदर्श अब भी क्रियाशील है कि विश्वविद्यालय अनासक्त चिन्तन और विशुद्ध ज्ञान और साधना के क्षेत्र हैं, उसमें बाहरी समाज में होने वाली हलचलों की विषाक्त हवा का नहीं आना ही श्रेयष्कर है। हम अब भी उस पुरानी मान्यता को कसकर पकड़े हुए हैं कि काशी दुनिया से अलग शिव के त्रिशूल की नोक पर टिकी है। काशी वस्तुतः विश्वविद्यालय का ही प्रतीक है, परन्तु रह-रह कर सामाजिक उथल-पुथल के झोंके हमें याद दिला जाते हैं कि आज हम शिव की त्रिशूल की नोक पर नहीं हैं बल्कि खुली धरती पर उसी प्रकार बसे हैं जिस प्रकार और शहर और गाँव बसे हैं। पर मन से पुराने कल्पलोक नहीं हटे हैं। आँखें अवश्य भौंड़े यथार्थ से टकरा रही हैं।

मन में बसे हैं पूर्व युग के स्वर्णमणिमय सौध,
आँखें देखती हैं ठठरियों के ठाठ,चिथड़ों के घृणास्पद ढूह।

सचमुच हमारे आदर्श और यथार्थ में बहुत अन्तर आ गया है जिसे हम 'एकेडेमिक एट्टीट्यूड' कहते हैं। जो निःसंग प्रवृत्ति का द्योतक है, उसका बुरा हाल है। कई बार मुझे ऐसी आशंका होती है कि हमारे आदर्शों का मन्दिर भहरा कर गिर जाएगा और मैं निराश तो नहीं पर हताश अवश्य हो जाता हूँ। परन्तु फिर सोचता हूँ कि क्या सचमुच निराश या हताश होना आज वांछनीय है ? शायद मेरे अन्तर्यामी कहते हैं कि ऐसा होने की जरूरत नहीं है। हमें यथार्थ स्थितियों का विश्लेषण करके समझना होगा कि ऐसा

क्यों हो जाता है। उचित कारण का पता लगने पर उचित समाधान भी ढूँढ़ा जा सकता है। विश्वविद्यालयों को इस देश में रहना है और जीवन्त जाग्रत् रूप में रहना है। उन्हें अधिक से अधिक देश-सेवा के लिए प्रस्तुत होना है। कदाचित् हमें बहुत से मोहों को छोड़ देना पड़ेगा, और मूल आदर्शों की रक्षा के लिए नयी पद्धतियों का सहारा लेना पड़ेगा। 'पद्धति' शब्द का प्रयोग मैंने जानबूझकर किया है। पद्धति वह मार्ग है, जो साधारण जनता के पैरों से कुचली जाकर बनती है। वह प्राकृतिक मार्ग है, उसे संस्कृत मार्ग बनाने का कर्तव्य विश्वविद्यालयों का है।

मित्रो ! हमने स्वेच्छा से वयस्क मताधिकार को स्वीकार किया है, सारे देश की शत-प्रतिशत जनता को शिक्षित करने का संकल्प किया है और साधारण मनुष्य के जीवन-स्तर को ऊँचा बनाने का निश्चय किया है। इन मूल उद्देश्यों के प्रति हमारे मन में कभी दुविधा का भाव नहीं रहा है। इसलिए यथार्थ जीवन में उसकी प्रतिक्रिया और परिणाम को भी हमें स्वीकार करके चलना होगा। हमारे देश में पहले भी विश्वविद्यालय थे। दूर-दूर से लोग उनमें ज्ञान-साधना के उद्देश्य से आते थे और यदि जीवन भर ऐसी साधना करनी पड़े तो भी कुछ लोग सब प्रकार के दुःख कष्ट झेलने के लिए तत्पर रहते थे। स्वभावतः ही जो ऐसे लोग विश्वविद्यालय में आते थे, उनका एकमात्र लक्ष्य ज्ञानार्जन की साधना और अज्ञान से पूर्ण निवृत्ति पाना था। परन्तु आज जो लोग विश्वविद्यालयों में आ रहे हैं वे ऐसे किसी बड़े लक्ष्य से परिचालित होकर कम ही आते हैं, अधिकांश लोग विश्वविद्यालय में शिक्षा पूर्ण करके भावी जीवन में अच्छे रोजगार खोजने के उद्देश्य से ही आते हैं। बहुत थोड़े ऐसे होंगे जिनका उद्देश्य भावी जीवन में अच्छा रोजगार प्राप्त करना न हो। इसलिए विश्वविद्यालय आज उन विषयों की शिक्षा देने में अधिक प्रयत्नशील हैं, जो व्यावहारिक जीवन में अच्छी सफलता दे सकें। विद्यार्थियों का अधिकांश समूह उन विषयों की ओर बढ़ता है जिनमें तुरन्त रोजगार देने की क्षमता अधिक हो। जो विषय विशुद्ध ज्ञान के क्षेत्र में आते हैं उनमें तो अधिकतर वे ही लोग पहुँच पाते हैं जो व्यावहारिक ज्ञान के क्षेत्र में प्रवेश नहीं कर पाते। परन्तु उद्देश्य उनका भी कोई न कोई रोजगार प्राप्त करना ही होता है। ऐसी स्थिति में विश्वविद्यालय निरन्तर व्यावहारिक ज्ञान की वितरण की व्यवस्था की ओर बढ़ते जा रहे हैं। ज्ञान की साधना और जीविका की खोज—इन दोनों के सामंजस्य का प्रयत्न अब अधिक दिनों तक भुलाया नहीं जा सकता।

आज देश के सामने अनेक प्रकार की विकट समस्याएँ उपस्थित हैं। हमारी जनसंख्या निरन्तर बढ़ती जा रही है। अभी तक पूरी जनसंख्या में साक्षरता नहीं आ पायी है। आज भी तीन में से एक ही भारतवासी साक्षर हो सका है। दो अभी निरक्षर ही हैं। यद्यपि शिक्षा देने वाली संस्थाओं में बहुत वृद्धि हुई है फिर भी जनसंख्या के बढ़ जाने के कारण शिक्षण के अनुपात में अपेक्षित वृद्धि नहीं हो रही है। सन् 51 की तुलना में लगभग दो करोड़ टन अधिक खाद्य उत्पन्न हो रहा है फिर भी प्रति व्यक्ति उपलब्धि

में कोई विशेष अन्तर नहीं आ रहा है। सन् 51 में बेरोजगार व्यक्तियों की संख्या तीस लाख थी लेकिन तीन करोड़ दस लाख अतिरिक्त नौकरियों की व्यवस्था होने पर भी 55-56 में बेरोजगार व्यक्तियों की संख्या बढ़कर एक करोड़ हो गयी और अब तो अनुमान है कि इस संख्या में और भारी वृद्धि हुई होगी। इसमें शिक्षित बेरोजगारों की संख्या सबसे अधिक चिन्तनीय है। इस प्रकार जन-संख्या की वृद्धि के साथ-साथ उपयुक्त शिक्षा-व्यवस्था और रोजगार देने की समस्या निरन्तर बढ़ती जा रही है। बेरोजगारी बढ़ने से समाज की व्यवस्था भी बहुत बढ़ गयी है और लगता है कि और भी बढ़ेगी। शिक्षा संस्थाओं में इस बेचैनी की तरंगें तेजी से टकरा रही हैं। शिक्षा संस्थाओं में प्रवेश से लेकर अन्तिम परीक्षा देने तक जो अनेक प्रकार के दबाव, सारे कायदे-कानून को अस्त-व्यस्त कर रहे हैं, उनके मूल में यही सामाजिक दबाव है। सन्दर्भ बदल जाया करता है। आज निश्चित रूप से सामाजिक सन्दर्भ बदल रहा है। सन्दर्भ बदल गया है और इसलिए हमारी सार्थकता भी क्रमशः बदल जाने को बाध्य है, इसलिए समाज की माँग पूरी करने में हम असमर्थ हैं। चाहे अन्न की समस्या को लें, चाहे बेरोजगारी की समस्या को लें, चाहे बढ़ती हुई आबादी की समस्या को लें, जब तक हम आधुनिक विज्ञान और प्रविधि शास्त्र का सहारा नहीं लेते और आधुनिकतम पद्धतियों को नहीं अपनाते, तब तक हम सही समाधान भी नहीं ढूँढ़ सकते। इसलिए आज के युग में विश्वविद्यालय की शिक्षा को सामाजिक सन्दर्भ में रूप देने की आवश्यकता बढ़ गयी है। सामाजिक दबाव में पड़कर हम निरन्तर कृषि, वाणिज्य और तकनीकी विषयों की ओर अधिक झुकते जा रहे हैं, परन्तु विवश होकर काम करने और झुकते जाना कोई अच्छी बात नहीं है। इस विषय में विश्वविद्यालय और सरकार को मिलाकर सुनिश्चित योजना बनानी चाहिए। मोह और विवशता दोनों का पल्ला पकड़ना किसी प्रकार से अच्छा नहीं कह जा सकता। हम आदर्श के मोह में भी बँधे हुए हैं और यथार्थ की विवशता से भी संघर्ष करते जा रहे हैं। भगवान श्रीकृष्ण ने बहुत पहले सावधान कर दिया है :

'कर्तृ नेच्छसि यन्मोहात् करिष्यस्यवशोऽ पि तत्'।

पिछले कई वर्षों से हमारे देश में प्राथमिक शिक्षा का काफी विस्तार हुआ है। यद्यपि वह अब भी हमारे संकल्प से बहुत कम है। सन 51 में जहाँ 19,15,000 छात्र प्राथमिक शिक्षा प्राप्त कर रहे थे वहीं पाँच वर्ष बाद 55-56 में यह संख्या बढ़कर 2,51,70,000 हो गयी और सन् 68-69 में 5,41,60,000 हो गयी है। अर्थात् पिछले 20 वर्षों में यह संख्या लगभग तिगुनी हो गयी है। इस अवधि में विश्वविद्यालय में पढ़ने वाले विद्यार्थियों की संख्या जहाँ 50-51 में 3,60,000 थी वहीं सन् 68-69 में 18,31,000 हो गयी। अर्थात् पाँच गुना से ऊपर हो गयी। अनुमान है कि 73-74 में जब कि प्राथमिक कक्षाओं में पढ़ने वाले छात्रों की संख्या 6,82,70,000 हो जाएगी, वहीं विश्वविद्यालय में पढ़ने वालों की संख्या 26,70,000 के करीब होगी। अर्थात् चौथी योजना के अन्त तक जहाँ

प्रायमरी शिक्षा पाने वाले विद्यार्थियों की संख्या तीन गुनी बढ़ेगी वहीं विश्वविद्यालय में पढ़ने वालों की संख्या सात गुनी से भी कुछ ऊपर हो जाएगी। इससे आसानी से समझा जा सकता है कि आगामी 3-4 वर्षों में विश्वविद्यालयों की शिक्षा पाने वालों के लिए प्रवेश देने में कितनी कठिनाई आ सकती है। इससे यह भी स्पष्ट है कि प्रायमरी शिक्षा पाने वाले विद्यार्थियों का जो अनुपात विश्वविद्यालय में पहले 54.1 था, वह 68-69 में 30.1 का होगा और 74-75 के अन्त तक 22.1 हो जाएगा। स्पष्ट है कि अब जनता का अधिक अंश उच्च शिक्षा पाने के लिए प्रयत्नशील है जो विद्यार्थी विश्वविद्यालय और महाविद्यालयों में पढ़ने के लिए आते हैं, उनमें अधिकांश परिवारों में शिक्षा का वैसा वातावरण नहीं है जैसा कि उच्च समझे जाने वाले घरानों में हुआ करता है। साथ ही आर्थिक दृष्टि से कमजोर साधारण परिवार से आने वाले विद्यार्थी के लिए ज्ञान- साधना की अपेक्षा रोजगार प्राप्त करना अधिक आवश्यक हो गया है। उनमें परीक्षा की वैतरणी जैसे-तैसे पार करने की उतावली अधिक होती है और परीक्षा पास करने के बाद उपयुक्त काम न मिलने का असन्तोष और रोष का भाव भी अधिक होता है। इस प्रकार उच्च शिक्षा एक सामाजिक समस्या का रूप ग्रहण करती जा रही है। कहना व्यर्थ है कि शिक्षित की बेकारी अशिक्षितों की बेकारी की तुलना में अधिक भयंकर होती है। हमारे देश के विश्वविद्यालयों का गठन ब्रिटेन के विश्वविद्यालयों के आदर्शों पर होना था। परन्तु स्वयं ब्रिटेन में शिक्षा की व्यवस्था में बहुत परिवर्तन हुआ था। स्टुअर्ट मैक्लोर ने हाल ही में अपने एक लेख में बताया है कि ब्रिटेन में विद्यार्थियों की संख्या में बहुत अधिक वृद्धि का परिणाम यह हुआ है कि समाज के विभिन्न वर्गों के युवजन विश्वविद्यालय में प्रवेश प्राप्त कर रहे हैं, जिनकी शैक्षणिक और व्यावसायिक आवश्यकता कई प्रकार की है। यह परिस्थिति विद्यार्थी की अनुशासनहीनता का कारण बन रही है। उन्होंने लिखा है कि अधिक स्थान उपलब्ध करने कि लिए विगत दस वर्षों में नौ नये विश्वविद्यालय स्थापित किये गये हैं। इन नये विश्वविद्यालयों के अतिरिक्त प्रौद्योगिकी (टेक्नोलाजी) के भी दस विश्वविद्यालय स्थापित किये जा चुके हैं। ये विश्वविद्यालय पहले उच्च प्रौद्योगिकी के कॉलेज थे परन्तु 1965 में इन्हें विश्वविद्यालय बना दिया गया। इनमें से अधिकतर विश्वविद्यालय सन्धिवीचि या 'सेण्डविच' प्रणाली के अनुसार शिक्षण व्यवस्था कर रहे हैं। सन्धिवीचि प्रणाली नयी ही है। यह ज्ञान-साधना और जीविका-व्यवस्था के समझौते की या समन्वय की स्वीकृति है। इन विश्वविद्यालयों के विद्यार्थी अपनी शिक्षा के दौरान कुछ समय तक औद्योगिक प्रशिक्षण भी प्राप्त करते रहते हैं या अपने शिक्षा- क्रम से सम्बन्धित कोई व्यावहारिक काम करते रहते हैं। अब तो ब्रिटेन जैसे परम संरक्षणशील देश में भी खुले विश्वविद्यालय या 'ओपेन युनिवर्सिटी' स्थापित करने का प्रयत्न हो रहा है, जो आधुनिक उपकरणों अर्थात् रेडियो, टेलिविजन आदि के द्वारा शिक्षा देगा। संसार के विकसित देशों में नये प्रश्नों का नया हल ढूँढ़ा जा रहा है। सर्वत्र नये युग की चुनौतियाँ पुराने मोहों पर कड़ी चोट करती जा रही हैं।

उन्नतिशील और समृद्ध उच्च शिक्षापद्धति आधुनिकीकरण का एक महत्त्वपूर्ण साधन है। सर्वत्र उस ओर ध्यान दिया जा रहा है। यहाँ भी उसका आभास मिलने लगा है।

हमारे देश में भी तकनीकी शिक्षा पर अधिकाधिक बल दिया जाने लगा है और कृषि तथा प्रौद्योगिकी शिक्षा के लिए ही विशेष रूप से कई विश्वविद्यालयों की स्थापना हुई है। ऐसा स्पष्ट होता जा रहा है कि नये सन्दर्भों में विश्वविद्यालय को सार्थकता की नयी कसौटी पर कसा जाएगा। जैसे-जैसे विश्वविद्यालय की शिक्षा रोजगार तलाश करने वालों की माँगों से बोझिल होती जाएगी, वैसे-वैसे पठन-पाठन की गति मन्थर होती जाएगी और अधिकाधिक की माँगों की मार से अनासक्त चिन्तन की देवी हतप्रभ होती जाएगी। उपाय क्या है? परीक्षा की पद्धति, जो लगभग 100 वर्षों तक इस देश में कायम रही है, अब अनुपयोगी सिद्ध हो रही है और कटु आलोचनाओं का लक्ष्य बनती जा रही है। अभी तक हम अँग्रेजी माध्यम से उच्च शिक्षा देने का मोह छोड़ नहीं सके हैं परन्तु जो विद्यार्थी उच्चतर शिक्षा के लिए आ रहे हैं उनकी अँग्रेजी की नींव निरन्तर कमजोर होती जा रही है। वे अँग्रेजी में दिये हुए व्याख्यान को ठीक-ठीक ग्रहण नहीं कर पाते और अँग्रेजी में उत्तर देने में उन्हें बड़ी कठिनाई होती है। यद्यपि कुछ विश्वविद्यालयों में स्नातक स्तर तक की शिक्षाओं के लिए देशी भाषाओं का माध्यम स्वीकार किया गया है परन्तु इस बात को जितनी गम्भीरता से लेना चाहिए, उतनी गम्भीरता से हमने लिया नहीं है। अब तक विषयों की सैकड़ों पाठ्य-पुस्तकें बन जानी चाहिए थीं। परन्तु अभी तक हम स्नातकोत्तर स्तर का साहित्य तो दूर रहा, स्नातक स्तर का साहित्य भी यथेष्ट मात्रा में नहीं बना पाये हैं। इसके कारण ऊपर से नीचे तक हमारी संकल्प-शक्ति की कमजोरी और आत्मविश्वास की मात्रा में कभी के सिवाय और कुछ नहीं हो सकता। जब हम देशी भाषा के माध्यम से उच्च शिक्षा देने की बात करते हैं तो साधारणतः काम-चलाऊ विधान या लाचारी की नीति के रूप में उसे ग्रहण करते हैं। परन्तु देशी भाषाओं को मोध्यम बनाने का, शिक्षा का स्तर ऊँचा उठाने का, सर्वोत्तम उपाय समझा जाना चाहिए। अपनी भाषा के माध्यम से शिक्षा पाने से ज्ञान अधिक स्वाभाविक होगा और विद्यार्थियों में स्वतन्त्र चिन्तन की शक्ति और आत्मविश्वास का संचार होगा। इस विश्वास के कारण ही माध्यम-परिवर्तन की बात सोचनी चाहिए। दुर्भाग्यवश अभी हम इस बात को पवित्र कर्तव्य की दृष्टि से नहीं देखकर, कामचलाऊ व्यवस्था या लाचारी की नीति मानकर ही चल रहे हैं। स्वभाषा की नीति के लिए जो कठिन साधना और दृढ़ संकल्प आवश्यक है, उनका अभी तक दृढ़ प्रमाण नहीं मिल रहा है। निरन्तर कठिनाई का रोना केवल संकल्प- शक्ति की दुर्बलता का ही द्योतक है। कम से कम इस क्षेत्र में हमें क्षुद्र हृदय-दौर्बल्य को त्याग देना ही सही कर्तव्य है। ऊँचे से ऊँचे ज्ञान को सहज स्वभाषा में वितरण करने की व्यवस्था बहुत ही पवित्र कर्तव्य है। हम जो देना चाहते हैं, उसे जब विद्यार्थी नहीं पाता तो परीक्षा के अवसर पर नाना प्रकार के गलत उपायों का आश्रय लेता है। वह भरसक कोशिश करता है कि परीक्षा की तिथि

टल जाए; प्रश्नपत्र का कुछ पहले से ही आभास मिल जाए। यदि प्रश्न कुछ कठिन जान पड़ें तो दूसरी बार परीक्षा करने के लिए दबाव डाला जाए। यदि परीक्षक अधिक अंक नहीं देता तो उसके विरुद्ध वातावरण प्रस्तुत किया जाए, सम्भव हो तो नकल करके काम चला लिया जाए और इस प्रकार जैसे-तैसे परीक्षा की वैतरणी पार कर ली जाए। इन उपायों में सफल होकर जब वह आगे बढ़ता है तो उसके लिए और भी कठिन समस्याएँ उत्पन्न हो जाती हैं। उसके नीचे, ऊपर, दायें, बायें सर्वत्र असन्तोष का बवण्डर बहता रहता है। गरीब परिवार से आने के कारण उसे उचित समय पर आवश्यक आर्थिक सहायता नहीं मिलती। पढ़ाई के दौरान वह जैसे-तैसे पाठ्य-पुस्तकें या नोट बुक संग्रह करके अर्थमुक्त विद्या का अर्थ उच्छिष्ट ज्ञान बटोरता है और इस क्षत-विक्षत नौका के सहारे बाहर के विषम जीवन-सागर में उतरता है तो उसे और भी विषम परिस्थितियों का सामना करना पड़ता है। सब कुछ करने के बाद जब वह छोटी-मोटी नौकरी के लिए दर-दर भटकता है और कहीं कुछ नहीं मिलने पर फिर विश्वविद्यालय में लौटकर कुछ और पढ़ने का प्रयत्न करता है तो वह असमंजस के वात्याचक्र में बुरी तरह उलझ जाता है। उसकी खीज नाना रूपों में प्रकट होती है और कभी-कभी भयंकर रूप धारण कर लेती है और तोड़-फोड़ में प्रवृत्त करती है। वह अध्यापकों पर आरोप लगाती है और कभी दिङ्मूढ़ होकर राजनीतिक दलों का भी सहारा लेती है। इस प्रकार परीक्षा और पठन-पाठन के विकट द्वन्द्व में विद्यार्थी निरन्तर पिसता रहता है।

यह एक विचित्र बात है कि विश्वविद्यालय गुरु-केन्द्रित (गुरुकुल) न होकर कानून-केन्द्रित होते जा रहे हैं। इन दिनों वे गुरु-केन्द्रित की अपेक्षा कानून-केन्द्रित अधिक हो गये हैं और यदि विश्वविद्यालय के कायदे-कानूनों की जाँच की जाए तो कदाचित् अधिकांश नियम ऐसे मिलेंगे जो विद्यार्थी को रोकने के लिए बने हैं, आगे बढ़ने के प्रोत्साहन के लिए नहीं। इसलिए गुरु और शिष्य के पवित्र सम्बन्ध लगभग नष्ट होने को आ गये हैं। हमारी सैकड़ों कठिनाइयों और उलझनों के बीच यह गुरु-शिष्य की परम्परा बहुत ही पवित्र आलोक देने वाली रही है। अगर वह नष्ट हो गयी तो फिर परमात्मा ही जाने कि हमारे विचार क्या हैं और कैसा होगा।

विश्वविद्यालय के बाहर की दुनिया कठोर है। उस पर कोढ़ में की खाज-सी सनीचरी है मीन की ! देश ही कठिनाइयों के भीतर से गुजर रहा है। बड़े-से-बड़े लोगों के चित्त अन्तःकषायित हो उठे हैं। आरोप प्रत्यारोप और निन्दा कुत्सा की दुर्गन्ध से सारा वातावरण कलुषित हो उठा है। जो शक्ति नवनिर्माण में लगनी चाहिए थी वह पारस्परिक स्पर्धा और कलह में नष्ट हो रही है। नेता लड़ रहे हैं, शासन छिन्न-भिन्न हो रहा है, देश खण्ड-खण्ड होते जा रहे हैं। नौजवान गुमराह हैं, जन-मानस विक्षुब्ध है। अन्तरराष्ट्रीय आकाश-मण्डल नरमाँस लोलुप घिनौने भुक्खड गिद्धों के विषवाही डैनों से क्षतविक्षत हो रहा है। आशा कहाँ है ? भरोसा किसका है ?

मुझे लगता है कि आशा है। चारों ओर घने कुहरे से दिङ्मण्डल आच्छन्न है परन्तु

निराश होने की कोई बात नहीं है। ज्योति कहीं बाहर नहीं है, वह तुम्हारे भीतर है। 'मोको कहाँ ढूँढ़ बन्दे, मैं तो तेरे पास में।' निस्सन्देह बड़ा दुर्घट काल उपस्थित है पर हमारे पास पूर्वजों की तपस्या की विशाल सम्पत्ति है। युवक आदर्शों पर चलते हैं। कठिनाइयाँ और विपत्तियों को रौंदकर रास्ता निकालते हैं। मेरे तरुण स्नातको ! अभी थकने का समय नहीं आया है, आराम करने का अवसर नहीं है। चारों ओर गरीबी, कुसंस्कार और रोग-शोक के दैत्य चक्कर मार रहे हैं, केवल देश के नौजवानों पर ही सबकी आशा की दृष्टि बँधी है। उठो, देश के तरुण शिक्षितो, महायुद्ध के लिए तैयार हो जाओ। दैत्य का दलन करना है, दरिद्रता का नाश करना है, अज्ञान को ध्वस्त करना है, कीर्ति में चारों ओर व्याप्त निष्क्रियता और अकर्मण्यता को उखाड़ फेंकना है। सुखिनः क्षत्रियाः पार्थ लभन्ते युद्धमीदृशम्।

हमने अपने भीतर बैठे हुए अन्तर्यामी देवता की उपेक्षा की है। उन्हीं को जगाओ, उन्हीं की शरण जाओ। भाषा, भाव, आचार, विचार सर्वत्र हमने अपने 'स्व' की उपेक्षा की है। हम परमुखापेक्षी, परान्नजीवी, परानुकारी बनते जाने में गौरव अनुभव करते हैं। हमने अपने स्वजनों की उपेक्षा की है। हमारा स्वभाव नष्ट हो आया है। हमने स्वतन्त्र चिन्तन छोड़ दिया है। दूसरों की अँगुलि पर भरोसा करना बुद्धिमानी नहीं है। स्व-स्थ बनो, स्व-तन्त्र बनो, स्वत्व पर अधिकार करो—'स्वामी' बनो ! जो भी सम्बल आपको मिला है—उसका सहारा लेना सीखो। बँधी-बँधाई परिपाटियों और रटे-रटाये नारों का जमाना लद गया है। भगवान् श्रीकृष्ण ने द्विधाहीन, कुण्ठाहीन, अस्खलित वाणी में कहा था—खुद अपना उद्धार आप करो, अपने आपको अवसादग्रस्त न होने दो, तुम आप ही अपने मित्र हो, आप ही अपने शत्रु हो !

उद्धरेदात्मनात्मानं, नात्मानमवसादयेत्।
आत्मैव ह्यात्मनो बन्धुः आत्मैव रिपुरात्मनः।।

पिछले वर्षों में हम अन्धाधुन्ध दूसरों की ओर हाथ पसार के बढ़े हैं। स्वदेशी की भावना न जाने कहा जा छिपी है। कहाँ छूट गयी है 'स्वे महिम्नि' प्रतिष्ठित होने की उदात्त वाणी ? हम परमुखापेक्षी हो गये हैं। समाप्त करो इस अपमानकर शृंखला को। कठिनाइयों को देखकर खीज उठना शूरता नहीं है, वह और कुछ है, पर उनसे जूझकर नया मार्ग निकालना वास्तविक शूरता है, सच्ची बहादुरी।

विश्वविद्यालय स्व-स्थ बनता है ज्ञान के स्तर से, स्वतन्त्र चिन्तन के वातावरण से, विशुद्ध जिज्ञासा और शोधवृत्ति के प्रोत्साहन से, शिक्षकों और विद्यार्थियों द्वारा आचरित अपनापे के भाव से और शील और चरित्र के उज्ज्वल प्रभाव से। शिक्षा इन दिनों वृत्ति-प्रधान बनती जा रही है। और भी बनेगी, पर केवल आँच पैदा करना विश्वविद्यालय का लक्ष्य नहीं हो सकता। उसे प्रकाश देना चाहिए, आँच से अपनी-अपनी खिचड़ी पकायी जा सकती है, पर वह प्रकाश कहाँ है जो घर में उजाला करेगा और बाहर भी

दस आदमियों को राह दिखाएगा ? हमें परिस्थितियों की चुनौती स्वीकार कर भी विश्वविद्यालय के मूल लक्ष्य को नहीं भूलना है।

यथार्थ कठोर है, ठीक है, जीवित रहने के लिए जीविका-व्यवस्था करनी है। बिलकुल ठीक है, पर अगर विद्या की सुगन्धि नहीं मिली, जीवन को जीने योग्य बनाने वाला सदाचार नहीं मिला, उत्तम चरित्रबल नहीं मिला तो क्या होगा। पिलथिनी रीढ़ वाले तथाकथित शिक्षितों की पलटन खड़ी करके हजारों वर्ष पहले मैत्रेयी ने याज्ञवल्क्य से पूछा था :

'येनाहं नामृता स्यां किमहं तेन कुर्याम्'—मैं जिससे अमृतत्व नहीं पा सकूँ, उसे लेकर क्या करूँगी। आज विश्वविद्यालय का हर अन्तेवासी यही प्रश्न पूछ सकता है। अमृतत्व मिलता है सत्य से, साहस से, शुभबुद्धि से, अकुतोमय शौर्य से। मिल रही हैं ये बातें ? सन्देह है। जानता हूँ, जब चारों ओर अधिकार- लिप्सा का वातावरण हो, सर्वत्र केवल विषाक्त फूत्कार ही सुनाई पड़ रहे हों उस समय सीधे खड़े होने और अन्धकार से जूझने की ललित वाणी क्रूर परिहास जैसी सुनाई देगी। पर दूसरा उपाय नहीं है। इस समय सारे देश की आशाभूमि नौजवानों से सत्य, साहस और सेवावृत्ति का सहारा लेकर जीवन-मार्ग पर अग्रसर होने की बात ही उचित और सार्थक हो सकती है। लक्ष्य को दृढ़ता के साथ सामने रखके चलने वाला ही कठिन समय में गन्तव्य तक पहुँच सकता है। वह लक्ष्य है इस महान् देश को अपनी महिमा में प्रतिष्ठित करना, गरीबी की मार से, कुसंस्कारों के जाल से, परमुखापेक्षिता के पागलपन से बचाकर इस देश को उन्नत, चरित्रवान् और महान् बनाना है। जहाँ भी रहो, जिस क्षेत्र में भी काम करो, इस लक्ष्य को न भूलो, लक्ष्यभ्रष्ट होना ही विपत्ति है। चरम लक्ष्य का नाम ही धर्म है, भक्ति है, मोक्ष है। और,

न जातु कामान्न भयान्न लोभाद्
धर्मं त्यजेत् जीवितस्वाविहेतोः।

लड़ना या युद्ध करना, अपने आप में कोई लक्ष्य नहीं है। मध्यकालीन हर वीरगाथा में लड़ाई को सार्थकता देने के लिए किसी के न किसी प्रेम-प्रसंग की अवतारणा करना काव्य रूढ़ि बन गयी थी। गुरुगोविन्द सिंह महावीर थे, 'परम उदार पर पीर के हरन हार' सच्चे सूरमा थे, पर वे भी कह गये हैं कि ' साँची कहो सुनि लेहु सबै जिन प्रेम किये तिन ही प्रभु पाये'। जब मनुष्य किसी महान् प्रेम के लिए युद्ध करता है तो युद्ध सार्थक होता है, धर्मयुद्ध बनता है। यह जो हमारा देश है, कोटि-कोटि मूढ़ मूक निरीह जनसमुद्र का प्रत्यक्ष विग्रह—यही हमारे प्रेम का आश्रय है। यहाँ बड़ी व्यथा है। बड़ी कातरता है। भारतमाता के नौनिहालो, इस मूक जन-समूह को भाषा देने का काम तुम्हारा है। इस निर्धन निःसम्बल जनता के धन और सम्बल तुम हो। कहाँ मिलेगा ऐसे पवित्र धर्मयुद्ध का अवसर !

इस समय हमारा राष्ट्र संकटों के भीतर से गुजर रहा है। आज से ढाई हजार वर्ष पहले बुद्ध देव ने वज्जियों के महान् गणराज्य के सम्बन्ध में जो कुछ कहा था, उसे फिर से स्मरण करने की आवश्यकता है। वे कौन से ऐसे गुण थे जो वज्जियों की इस भूमि को इतनी महिमा दी थी ? आदमी वे वैसे ही रहे होंगे, जैसे हम हैं। लेकिन मनुष्य मनुष्योचित गुणों से गौरव पाता है। बुद्ध देव ने एक बार इनके उन गुणों का विश्लेषण किया था। उन्होंने आनन्द से सात बातें पूछी थीं और उनका अनुकूल उत्तर सुनने के बाद बताया था कि ये सात अपरिहाणिधम्म हैं अर्थात् ऐसे गुण हैं जो कभी अवनति नहीं होने देते और कहा था कि जब तक वैशाली के नागरिकों में ये गुण रहेंगे, तब तक उनकी समृद्धि ही होती रहेगी। कोई उनका कुछ बिगाड़ नहीं सकेगा। वे सात प्रश्न हमारे लिए आज भी प्रकाश-स्तम्भ की भाँति बने हुए हैं। भगवान् बुद्ध के प्रश्न इस प्रकार थे—'अच्छा आनन्द, क्या तुमने सुना है कि (1) वज्जी लोगों का सार्वजनिक जुटाव भरपूर होता है, वे बराबर मिलते रहते हैं ? (2) वज्जी लोग इकट्ठे जुटते, इकट्ठे उद्यम करते, इकट्ठे होकर अपने राष्ट्रीय और सामाजिक कर्तव्यों का पालन करते हैं ? (3) वज्जी लोग अपनी सभाओं और पंचायतों द्वारा बाकायदा कानून बनाये बिना कोई आदेश जारी नहीं करते, बने हुए नियमों का उल्लंघन नहीं करते और नियमानुसार चलते हुए पुराने सामाजिक कर्तव्यों का यथावत् पालन करते हैं ? (4) वज्जी लोग अपने बुजुर्गों का आदर-सत्कार करते हैं, उन्हें मानते हैं ? उनसे सुनने योग्य बातों को सुनते और मानते हैं ? (5) वज्जी लोग अपनी कुलस्त्रियों और कुल-कन्याओं का सम्मान करते हैं, उन पर जोर-जबर्दस्ती नहीं करते ? (6) वज्जी लोग उनके भीतर और बाहर के चैत्यों (पूजा स्थानों, समाधियों) का सम्मान करते हैं, उन्हें गुरुता देते हैं, पूजते हैं और इन स्थानों के लिए जो पहले दिया गया है और किया गया है, उन्हें लौटा नहीं लेते, अमान्य नहीं करते ? (7) वज्जी लोगों में अर्हतों की रक्षा करने का भाव है ? बाहर के अर्हत् उनके राज्य में आ सकते हैं और आने पर सुगमतापूर्वक विचर सकते हैं ? आनन्द ने इन प्रश्नों के उत्तर में बताया था कि उन्होंने ऐसा ही सुना है। भगवान् बुद्ध ने कहा था कि जब तक ये गुण उनमें विद्यमान हैं तब तक कोई उनका कुछ नहीं बिगाड़ सकता। ये राष्ट्रीय गुण ऐसे हैं जो वज्जियों को निरन्तर समृद्धि की ओर ही ले जाएँगे। इन्हीं महान् सामाजिक गुणों ने वज्जियों को समृद्धिशाली और अजेय बनाया था। इन्हीं गुणों के अभाव में वे बिखर गये। जितने दिनों तक वैशाली के नागरिकों ने अपने समाज के प्रत्येक व्यक्ति का सम्मान किया, अपने बनाये नियमों का पालन किया, अपने बुजुर्गों की बात मानी, अपनी कुलस्त्रियों को महिमा का आदर किया, अपने पूर्वज पूजनीयों की पूजा की, धर्म और ज्ञान में जो श्रेष्ठ हैं वे चाहे घर के हों या बाहर के, सबको स्वतन्त्र भाव से विचरण करने दिया, उनका स्वागत सम्मान किया, तब तक चंचला लक्ष्मी स्थिर बनकर विराजती रहीं, विकट शत्रु उनकी ओर ताकने का साहस नहीं कर सका, वे सब प्रकार से अजेय बने रहे। अजातशत्रु जैसा प्रबल पराक्रमी हिम्मत नहीं कर सका कि उन पर सीधा आक्रमण

कर सके। वैशाली के महान् नागरिकों को जीतने का एकमात्र उपाय था उनमें परस्पर अविश्वास पैदा करना, उनमें फूट डालना। जिस दिन यह हुआ, उसी दिन यह शक्तिशाली गणतन्त्र समाप्त हो गया। वैशाली के खण्डहरों को देखकर सबसे पहला प्रश्न उठता है कि आज भी क्या भगवान् बुद्ध के अपरिहाणीय धर्मों की उतनी ही आवश्यकता हमारे नवीन और महान् गणतन्त्र को नहीं है ? आज वैशाली की तुलना में कहीं विशाल पैमाने पर हमने भारतीय गणतन्त्र का प्रयोग शुरू किया है। वैशाली के अनुभव हमारे काम आ सकते हैं, भगवान् बुद्ध देव का इंगित हमें पथनिर्देश कर रहा है। वैशाली के धूलिकण पूछ रहे हैं—क्या तुम बार-बार मिलते हो, मिलकर निश्चय करते हो, निश्चय किये हुए को अन्तःकरण से मानते हो, कुलकन्याओं और कुलस्त्रियों का सम्मान करते हो ? वृद्धों की बात मानते हो, पूजनीय की पूजा करते हो, देश-विदेश के ज्ञानव्रती महात्माओं का स्वागत करते हो ? उनकी स्वाधीनता को अवधा रूप में सम्मान करते हो, संसार के श्रेष्ठ महामानव ने जो कुछ कहा था, उसे समझने के उद्योग किया है ? गणतन्त्र को महान् शक्तिशाली और अपराजेय बनाना चाहते हो तो इस महावाणी को अच्छी तरह समझ लो।

मनुष्य

हमारा देश, और वस्तुतः सारा विश्व इस समय विस्मित कर देन वाले तूफानी परिवर्तनों से गुजर रहा है। प्रत्येक क्षेत्र में निरन्तर परिवर्तन हो रहे हैं। यह कह सकना कठिन है कि आज जो स्थिति देखी जा रही है, सामाजिक और सांस्कृतिक परिवेश का जो स्वरूप दिखाई दे रहा है, वह कल ऐसा ही रहेगा या नहीं। सब कुछ तीव्रगामी कुलालचक्र पर घूम रहा है। हर चीज किसी महान् कलाकार की निपुण अँगुलियों के दबाव में बनने की प्रक्रिया में है। तैयार माल— फिनिश्ड प्रोडक्ट—कुछ भी नहीं है। साधारण नागरिक परेशान है कि इसका कहीं पूर्ण विराम है भी या नहीं। 'आजि जो देखो सो कल्हि नाहीं' सखि आँखिन को विसवास कहा है !'

इसी बीच सोचने-समझनेवाले मनीषियों में दो तरह की प्रतिक्रियाएँ दिख रही हैं। कुछ लोग विज्ञान और तकनीकी की विशाल और विशद उपलब्धियों में भयंकर मारणास्त्रों की भरमार देखकर मनुष्य को लोभ और मोह के कारण भौतिक समृद्धियों की ओर बेतहाशा दौड़ते देखकर निराश हो रहे हैं। वे ऊर्ध्वबाहु होकर कह रहे हैं—महती विनष्टिः। मनुष्य जाति महानाश की ओर बढ़ रही है। वह उस मूर्ख के समान बिना विचारे दौड़ती जा रही है जिसके आगे प्रलयंकारी लहरों से गरजता महासमुद्र है। दो कदम आगे और गच्च। लहरें काल सर्प की तरह हुंकारती मुँह बाये खड़ी हैं। एक ही गचक्के में वे लील जाएँगी। जब हेली—धूमकेतु की शिखा या पूँछ कह लीजिए—पृथ्वी पर आ गयी थी तो भयंकर भविष्यवाणियाँ की गयी थीं : पृथ्वी की अब खैर नहीं। महाप्रलय आसन्न है। कहते हैं यूरोपीय देश के एक राजा इतने डरे थे कि बहुत ही मजबूत किला बनाकर उसमें छिप गये थे। मगर बाद में मालूम हुआ कि धरती बहुत मजबूत बनायी गयी है। कुछ भी नहीं हुआ। पिछले अष्टग्रही के समय हमारे देश में भी निराश भविष्यवक्ताओं ने प्रलय की आशंका प्रकट की थी। इस बार भी धरती काफी मजबूत साबित हुई। निस्सन्देह मनुष्य ने मारणास्त्रों का अम्बार खड़ा कर लिया है, निस्सन्देह वह लोभ-मोह की ओर भागा जा रहा है, पर लगता है, पृथ्वी फिर भी मजबूत रहेगी। जिसने मनुष्य को बनाया है, उसने उसे दुर्बुद्धि ही नहीं दी है, कुछ सुबुद्धि का भी दान किया है। आदमी शायद बच जाय।

दूसरी श्रेणी के मनुष्यों को हमारी भयंकर आशंका का कोई कारण नजर नहीं आता। ठीक है कि विज्ञान और प्रविधि की जानकारी ने भयंकर मारणास्त्रों का भण्डार मनुष्य को सुलभ कर दिया है। यह भी सही है कि इनका जरा-सा भी गलत प्रयोग हुआ तो महानाश की आशंका है, पर वे मनुष्य के सामूहिक विवेक को इतना कमजोर नहीं पाते। मनुष्य बड़ा है और अन्त तक बड़ा होकर ही रहेगा। विवेक उसका स्थायी भाव है और सारे आवेग और उद्वेग—गुस्से के हों या प्यार के—संचारी भाव हैं। हुआ यह है कि विज्ञान ने बाहर की प्रकृति की रहस्यमयी शक्तियों पर जितना ध्यान दिया है उतना उसने अपनी भीतरी प्रकृति की शक्तियों को पहचानने पर नहीं दिया। बाहर की शक्तियाँ उजागर होती जा रही हैं, भीतर की शक्तियाँ अभी भी उतनी उजागर नहीं हुईं। होंगी तो महती विनष्टि की आशंका निस्सन्देह कम हो जाएगी। इस बात के निश्चित सबूत हैं कि मनुष्य इस ओर भी प्रयत्नशील है।

ये दो प्रकार की भविष्यवाणियाँ हैं। एक महानाश की तैयारी की और दूसरी मनुष्य के विवेक विजय की। सत्य दोनों ओर है। मुझे दूसरी भविष्यवाणी अच्छी लगती है। क्यों अच्छी लगती है ? बताता हूँ। मनुष्य के आविर्भाव के साथ ही परिवर्तन का भी आविर्भाव हुआ है। मनुष्य-पूर्व सृष्टि केवल अपनी आन्तरिक शक्तियों का प्राकृतिक परिणाम थी। मनुष्य को आने के बाद कार्य-कारण परम्पराओं में—जो प्रकृति की आन्तरिक शक्ति के कारण सुनिश्चित ढंग से चल रही थीं—इच्छा-शक्ति का प्रवेश हुआ है। यह एक नया अध्याय था। जो जैसा है वैसा होने को बाध्य था। इस नीरन्ध्र ठोस कारण परम्परा में मनुष्य ने कहीं से दरार खोज ली और अपनी इच्छा-शक्ति के बल पर, जो जैसा होना चाहिए, वैसा बनाने की ओर उन्मुख हुआ। निस्सन्देह यह होना चाहिए, मनुष्य की अपेक्षा में था। प्रकृति नियमों को समझकर उनके विश्लेषण और ज्ञात तथ्यों की ओर नये सिरे से संश्लेषण करके मनुष्य ने अपनी सुख-सुविधा की दृष्टि से नयी वस्तुओं का निर्माण किया। कुछ में उसने तात्कालिक लाभ को ही ध्यान में रखा पर उस सुदूर अतीत में भी उसने कुछ बातों को अधिक दूरदर्शिता से अपनाया। विवेक तभी से कार्यशील है। इतिहास साक्षी है, उसने तात्कालिक लाभ के प्रयत्नों पर निरन्तर अंकुश लगाया है। गलती भी करता रहा है। कई बार ऐसी भी गलती कर गया है जो अन्त तक सुधारने योग्य भी न रही। पर इतना निश्चित है कि हर बार परिणाम देखकर वह सोचने लगा है और हर बार दूरगामी परिणामों के आलोक में उसने अपना निर्णय बदला है। वह यह भी समझ सका है कि गलतियों के मूल में लोभ-मोह का हाथ रहा है। बचना चाहा है, नहीं बच सका तो भूल भी स्वीकार करता है। आज परिवर्तन का वेग बहुत तीव्र दिखाई दे रहा है। आज से पचीस वर्ष पहले भी दुनिया में इतना तीव्र परिवर्तन नहीं देखा गया। कारण क्या है ? सरसरी निगाह से देखने पर भी इस विषय में कोई सन्देह नहीं रह जाएगा कि मनुष्य की शुभेच्छा द्वारा किये गये प्रयत्नों का ही परिणाम है।

विश्व की अधिकांश जनसंख्या में पूर्वकाल की तुलना में सुव्यवस्थित जैसा दिखने वाला शासनतन्त्र प्रतिष्ठित हो गया है जिसमें सामान्य जनता अधिकाधिक सक्रिय भाग ले रही है। ऐसा पहले कभी नहीं हुआ था। जब से वैज्ञानिक अनुसन्धानों से यातायात की सुविधा बढ़ने लगी, तभी से विकसित यूरोपीय देशों के यात्री संसार के विभिन्न भागों में पहुँचकर विभिन्न जातियों और उनकी धरती का शोषण करने लगे थे। पर साथ ही उन्होंने इन जातियों में नये जीवन की आशा-आकांक्षाओं को भी उभारा है। सबके दिमाग फिर ही नहीं गये थे, कुछ मानवीय गुणों से सम्पन्न महापुरुष आ गये थे। उन्होंने इन जातियों में नया आत्म-गौरव का भाव उभारा। अब संसार के अधिकांश भाग स्वतन्त्र हैं या होने के रास्ते में हैं। स्वभावतः राजनीति और समाजनीति में नया उफान आया है। बुरा नहीं है, यद्यपि आरम्भ में कहीं-कहीं अवांछित संघर्ष भी दिखाई दे रहा है।

जन-साधारण को वैज्ञानिक सुविधा के कारण अवकाश अधिक मिल रहा है। सर्वत्र इस अवकाश का सदुपयोग नहीं हो पा रहा है, पर अब संसार को अधिक सोचने वाले लोगों का सहयोग सुलभ हो गया है। गरीब देशों की जनता को गरीबी की मार से बचने के कुछ अधिक अवसर मिल रहे हैं। गरीबी की मात्रा घटने के साथ ही साथ मानवीय स्वाभिमान की मात्रा बढ़ेगी ही।

शिक्षा का व्यापक प्रसार हुआ है। कभी भी संसार में सुनियोजित शिक्षण संस्थाओं द्वारा इतने व्यापक पैमाने पर शिक्षा का प्रयत्न नहीं किया गया। यह शिक्षा-व्यवस्था सर्वत्र त्रुटिहीन नहीं है पर साक्षरता अपने आप में एक परिवर्तनकारी तत्त्व है। अपने देश में अभी तक साक्षरों का अनुपात उतना नहीं हुआ जितना वांछनीय है पर वह बढ़ रहा है। सार्वजानिक समाचार माध्यमों का प्रचार भी बढ़ रहा है।

यातायात और परिवहन की सुविधाएँ बहुत बढ़ी हैं जिनसे विलगाव की मात्रा निरन्तर घटती जा रही है। अभी संसार के एक कोने में पड़े हुए लोग दूसरे कोने में पड़े लोगों के बारे में कम जानते हैं या ग़लत जानते हैं। गलत जानकारी गलत संस्कारों को पैदा करती है। प्रत्यक्ष रूप में विभिन्न वर्गों के लोगों के देखने से उनके बारे में सही जानकारी मिलने से कुसंस्कार घटते हैं। आधुनिक सुविधाओं ने उनके घटने में मदद की है और विलगाव की मात्रा घटती जा रही है। और भी घटेगी।

उत्तरोत्तर जनतन्त्र की ओर झुकाव की वृद्धि हुई है। राजतन्त्र जहाँ है भी वहाँ जनतान्त्रिक प्रवृत्ति बढ़ रही है। इससे सामाजिक व्यवस्थाओं में उथल-पुथल होना स्वाभाविक ही है। मनुष्य ने पुराकाल में जो संकल्प किया था कि जो है वैसा नहीं बल्कि जैसा होना चाहिए, वैसा। उस सिद्धान्त का मुँह उलट गया था। अब सुविधाभोगी व्यक्ति या वर्ग की अपेक्षा में यह नहीं तय किया जाता कि कैसा होना चाहिए बल्कि अब तक के उपेक्षित बेजबान लोगों की अपेक्षा में किया जाने लगा है। अभी भी यह व्यवस्था त्रुटिपूर्ण है पर अपना प्रभाव तो यह दिखाने ही लगी है।

आधुनिक बुद्धि-वैभव अब रंग लाने लगा है। त्रुटियाँ इसमें भी हैं पर साथ ही

त्रुटियों का एहसास भी बढ़ा है। विचारों का संघर्ष चलता है। कभी-कभी वह बहुत विकट रूप धारण करता है। फिर भी उसकी तीव्रता अब पहले से कम समय में धीमी होने लगती है। विचारों के आदान-प्रदान ने मनुष्य के सोचने की दिशा ही बदल दी है और कार्यक्षेत्र में नयी-नयी प्रयोग-विधियों को जन्म दिया है।

विज्ञान से सभी परिचित हैं। शुरू-शुरू में भौतिक समझे जाने वाले विज्ञान ने मनुष्य की पुरानी मान्यताओं को झकझोर दिया, फिर औद्योगिक और सामाजिक ढाँचे को परिवर्तित करने का निमित्त बना और आगे चलकर हर क्षेत्र में वैज्ञानिक कही जाने वाली दृष्टि का आविर्भाव हुआ। यह दृष्टि ऐतिहासिक विकास की दृष्टि है, कार्य-कारण परम्परा की खोज की दृष्टि है, परलोक के स्थान पर इहलोक को ही प्रतिष्ठित करने की दृष्टि है और धीरे-धीरे, किन्तु निश्चित रूप से, मनुष्य की अपरिमित सम्भावनाओं को स्वीकार करने की दृष्टि है। भौतिक विज्ञान से जीव-विज्ञान और जीव-विज्ञान से मनोविज्ञान और मनोविज्ञान के दार्शनिक रूप से हटकर प्रयोगात्मक मनोविज्ञान फिर परामनोविज्ञान की ओर बढ़ते हुए कदम विज्ञान की बहिर्मुखी यात्रा से हटकर अन्तर्मुखी यात्रा की कहानी है। हर बार नये वैज्ञानिक आविष्कारों ने पुरानी मान्यताओं को उधेड़कर रख दिया है और हर बार मनुष्य ने इस वैज्ञानिक विजय की जय-जयकार की है। फिर भी यह क्या विचित्र नहीं है कि सब मिलाकर विज्ञान ने मनुष्य के अन्दर छिपी हुई अपरिमित अननुमेय सम्भावनाओं को ही उजागर किया है। हर पुरानी मान्यता के ह्रास ने और भी पुरानी मान्यता को उभार कर सामने रख दिया है कि मनुष्य अपार सम्भावनाओं का भण्डार है। विकास के एक-एक पटल खुलते जा रहे हैं—नयी सुगन्ध, नया रंग, नया आयाम लेकर। यही अन्त नहीं है, जो दिख रहा है वह नहीं, कहीं कुछ और है जो विकसित हो रहा है, खिल रहा है, खिलखिला रहा है।

वह तत्त्व जो सारे परिवर्तनों के भीतर अपरिवर्तित रहकर विराजमान है, क्या है ? यह भी पूछा जा सकता है कि वह सचमुच कुछ है या उसका होना भी कुछ लोगों के उर्वर मस्तिष्क की कल्पना मात्र है ? कुछ विचारक कहते हैं कि ज्ञान एक सीमा तक ही प्राप्त किया जा सकता है परन्तु इससे यह नहीं सिद्ध होता कि ज्ञान वहीं समाप्त हो जाता है। ज्ञाता है तो ज्ञान आदित्य है। ज्ञान ही ज्ञाता का चरम लक्ष्य है। कुछ दूसरे कहते हैं कि जाना कहा नहीं जा सकता। उसके लिए मूड़ मारना बेकार ही है। उतना ही सत्य है, जितना जाना जा सकता है। बाकी अव्याकृत है अतएव त्याज्य है। जो जाना ही नहीं जा सकता उसे जानने का प्रयास बेमतलब है।

दोनों बातें अंशतः सत्य हैं। हम संसार को उतना ही देख पाते हैं या समझ पाते हैं, जितना हमारी इन्द्रियों द्वारा ग्रहणीय है। पाँच इन्द्रियों के पाँच विषय हैं। जिन प्राणियों के कान नहीं हैं उनके लिए शब्द की दुनिया है ही नहीं, जिनके आँखें नहीं हैं उनके लिए रूप का जगत् निरर्थक है। ऐसी स्थिति में मनुष्य की जो पाँच इन्द्रियों का विकास हुआ है, उनसे भिन्न किसी और इन्द्रिय का विकास होता तो कदाचित् हम ऐसी

बहुत-सी बातें जान सकते जो इस समय नहीं जान पा रहें हैं। किसी अन्य इन्द्रिय का विकास नहीं हुआ इसलिए अन्य इन्द्रियार्थ हैं ही नहीं, ऐसा हम कैसे कह सकते हैं ? ऐतिहासिक दृष्टि से देखें तो मनुष्य को इन्द्रियों की प्राप्ति बहुत बाद की घटना है, आरम्भ में बहुत से जीव इन इन्द्रियों से हीन थे। उनके लिए बहुत-सी बातें निरर्थक थीं या अस्तित्व में ही नहीं थीं, जिनको आज मनुष्य अनुभव कर रहा है। मनुष्य जिस स्थिति में जीव-जगत् में विकसित हुआ है उसकी क्रम विकसित परिपाटी के अध्ययन से यह स्पष्ट है कि बाह्य जगत् के बहुत से इन्द्रियार्थ मनुष्यपूर्व प्राणियों को अज्ञात थे। इसलिए उनके लिए उनका अस्तित्व भी नहीं था। जो यथार्थ है, उनके प्रत्यक्ष होने में लाखों वर्ष का समय लगा है और फिर भी यह कहा नहीं जा सकता कि यही अन्त है। अब भी निश्चय ही बहुत से ऐसे इन्द्रियार्थ हैं जिन्हें हम समझ नहीं पा रहे हैं या जिनका अस्तित्व हमारे लिए है ही नहीं। वे सब अविश्लेषण या अव्याकृत हैं।

लेकिन फिर भी यह प्रश्न रह जाता है कि अभी तक जीव-जगत् में जो क्रम-विकास हुआ है वह सही रास्ते जा रहा है या नहीं। कहीं ऐसा तो नहीं है कि वस्तुतः हम पतन की ओर जा रहे हैं, लेकिन समझ रहे हों कि हम विकास की ओर बढ़ रहे हैं। इस बात को समझने के लिए हमारे पास एक मात्र कसौटी मनुष्य की बुद्धि ही है, उसी से हम कुछ-कुछ अनुमान कर सकते हैं।

क्या मानवीय प्रगति के इतिहास का सही-सही अंकन किया जा सकता है ?

आधुनिक युग के आरम्भ से ही ऐतिहासिक दृष्टि प्रतिष्ठित हुई। मनुष्य को सोचने-विचारने के तौर-तरीकों में ऐतिहासिक दृष्टि का योगदान बहुत महत्त्वपूर्ण रहा, लेकिन पिछली शताब्दी तक इतिहास बहुत कुछ अनुमान और अटकल पर टिका रहा। इस शताब्दी में आंकड़ों की विद्या ने सोचने-विचारने की दृष्टि को यथार्थ के बहुत निकट ला दिया है। अब ऐतिहासिक विकास को भी आँकड़ों के प्रकाश में तो लाने का प्रयत्न हो रहा है। लेकिन आँकड़े लिखित इतिहास में उतने सुलभ नहीं हैं। प्राग्-इतिहास में तो उनकी बहुत कम जानकारी है लेकिन मनुष्य की प्रगति को और सांस्कृतिक विकास तथा सामाजिक परिवर्तनों का जब तक आँकड़ों द्वारा आँकलन कर लिया जाए तब तक वह बहुत कुछ अनुमान और अटकल पर आधारित ही बना रहेगा। आज जो परिवर्तन हो रहे हैं, वे हमारी आँखों के सामने घटित हो रहे हैं। इसलिए उनकी तीव्रता को हम अधिक अनुभव कर रहे हैं। मनुष्य का कुछ स्वभाव ही ऐसा है कि वह बीते युग की बातों को कम याद रखता है। वर्तमान को अधिक देखता है। यदि विभिन्न क्षेत्रों में हुई प्रगति और परिवर्तनों के ठीक-ठीक आँकड़े उपलब्ध हों तो शायद यह स्पष्ट रूप से देखा जाएगा कि परिवर्तनों का एहसास हर युग में रहा है, लेकिन जिसको हम ऐतिहासिक काल कहते हैं, जो छिटपुट रूप में पायी जाने वाली साहित्यिक और पुरातात्त्विक गवाहियों से निर्मित हुआ है, उसके लिए यथार्थ आँकड़े खोजना असम्भव ही है। प्राग्-ऐतिहासिक काल के लिए तो यह बात और भी कठिन है। इसलिए मनुष्य समाज में अत्यन्त प्राचीन

काल से घटित होने वाले परिवर्तनों को आँकड़ों से सिद्ध करना सम्भव ही नहीं है। परन्तु फिर भी, जैसाकि प्रसिद्ध पुराविद् प्रोफेसर गोर्ल्डन चाइल्ड ने लिखा है, अत्यन्त प्राचीन मानव-प्रगति के इतिहास को भी आँकड़ों से मापा जाना थोड़ा-बहुत सम्भव अवश्य है। वे मानते हैं कि इसके द्वारा प्रगति का समर्थन तो उतना नहीं हो सकता, पर परिवर्तन के महत्त्व को समझा जा सकता है। परिवर्तन सब समय प्रगति नहीं कहा जा सकता। एक प्रगति का मानदण्ड महामनीषी डार्विन ने सुझाया था। वह था, प्राकृतिक वरण या 'नेचुरल सेलेक्शन'। उनका मत था कि इस प्रक्रिया में योग्यतम की उत्तरजीविता या 'सरवाइवल ऑव दि फिटेस्ट' ही सिद्ध होती है और इस प्रकार उत्तरजीविता को योग्य की प्रगति मानना तर्क-संगत है।

वस्तुतः, जैसा कि प्राणिशास्त्रियों ने सोचा है, जैविक पद से योग्यता का विचार एक दम अलग नहीं किया जा सकता। यह अवश्य प्रश्न उठता है कि योग्यता किसे कहा जाए ? जब प्राणिशास्त्रीय योग्यतम की उत्तरजीविता कहता है तो कई बार उसका अर्थ होता है कि जीवित रहने में सफलता। अब यह सही है कि कुछ निम्न श्रेणी के जीव अभी भी जी रहे हैं जो कदाचित् बहुत आरम्भिक सृष्टि से जीते चले आ रहे हैं। उदाहरण के लिए रोगों के जीवाणु हैं। उत्तरजीविता इनसे भी पुराने हैं, जड़ और चेतन के सन्धिस्थान पर खड़े विषाणु, वायरस जो सफलतापूर्वक अब भी जी रहे हैं। केंचुओं के बारे में भी यही कहा जा सकता है। इसके विपरीत धरती की विभिन्न परतों में ऐसी असंख्य जीव-श्रेणियाँ और जीव-परिवारों के चिह्न प्राप्त होते हैं, जो किसी समय क्रम विकास की शृंखला में अत्यन्त बलिष्ठ और समृद्ध थे। परन्तु बाद में एकदम निश्चिह्न हो गये। विनासार और इस्यथासार जैसे दैत्याकार सरीसृप से जो जुरासिक युग में धरती को रौंदा करते थे, अब एक दम निश्चिह्न हो गये हैं। वे उस युग की नम और गरम जलवायु में बढ़े थे। उन दिनों संसार विस्तृत समुद्र और दलदलों से भरा था। मनुष्य जैसा कोई समझदार और बुद्धिमान जीव उन दिनों नहीं था जो इन सरीसृपों का सफाया कर सके। काफी लम्बे अर्से तक ये दैत्याकार सरीसृप पृथ्वी पर छाये रहे। फिर, रहते हैं कि जल-प्लावित भूमि सिकुड़ने लगी, जलवायु उष्ण होती गयी और फिर क्रमशः ठण्डी होती गयी। नये-नये जीवों का आविर्भाव हुआ और पुराने दैत्याकार जन्तु समाप्त हो गये। वे एक विशिष्ट अनुकूल परिस्थिति में बढ़े थे और अपने को उसी विशिष्ट परिस्थिति के योग्य बनाने में सफल हुए। परन्तु जब परिस्थितियाँ बदलीं तो उनका जीना सम्भव नहीं हो सका। इस बात से यह अनुमान करना स्वाभाविक है कि किसी विशेष परिस्थिति से अनुकूलता प्राप्त होना ही पर्याप्त नहीं है और उसकी जड़ शारीरिक स्फीति सब समय सहायक नहीं है। शरीर के जड़ अंशों को निरन्तर बढ़ाते रहने से अतिजीविता नहीं प्राप्त होती। ऐसा लगता है कि शरीर के जड़ अवयवों का विशेष संवर्द्धन योग्यता का प्रमाण नहीं है। मनुष्य-जगत् में आज भी यह बात प्रमाणित हो रही है। तगड़ा पहलवान बहुत श्रेष्ठ मानव नहीं होता, मन से मजबूत और दिमाग से मजबूत होना आज भी बड़ी बात

है। शरीरबल से आज भी आत्मबल बड़ा सिद्ध हो रहा है, होता भी रहेगा। जो लोग पुरातात्त्विक प्राणिविज्ञान का अध्ययन करते हैं वे उत्तरजीविता का एक कारण 'मितव्ययिता' भी बताते हैं। निचली श्रेणी के बहुत से प्राणी हजारों, लाखों की संख्या में सन्तान उत्पन्न करते हैं जिनमें से अधिकांश मर जाते हैं। कांग मछली एक बार में लगभग छः लाख अण्डे देती है और लिंग नामक दूसरे जलचर का जोड़ा 28 लाख अण्डे देता है। अगर लिंग शावकों का एक छोटा-सा हिस्सा भी जी जाता तो समुद्र इन्हीं से भर जाता। लेकिन 28 लाख अर्भकों में से मुश्किल से दो या तीन बच पाते हैं, इसी तरह और भी बहुत से निम्न श्रेणी के जन्तु और पौधे हैं जिनमें प्रजनन तो बहुत अधिक है लेकिन बचाव बहुत कम। जरा बड़े जीवों में प्रजनन की मितव्ययिता पायी जाती है। कहते हैं खरगोश की बहू साल में 70 तक बच्चा पैदा कर सकती है। कांग और लिंग जैसे जलचरों की तुलना में यह प्रजनन में मितव्ययी है लेकिन मजेदार बात यह है कि इतने बच्चों को पैदा करने पर भी खरगोश की संख्या हजारों वर्षों से उतनी की उतनी ही चली आ रही है। अच्छा तो मनुष्य है जिसका जोड़ा बहुत कम सन्तान उत्पन्न करता है। साल भर में एक बच्चा पैदा होता है और जीवन भर में दस-बारह से अधिक नहीं। फिर भी मनुष्य जाति उत्तरोत्तर बढ़ती गयी है। मानव शिशु के जीवित रहने की सम्भावना शशक शिशु की तुलना में बहुत अधिक है। यहीं आँकड़ों के शास्त्र का इस विषय में प्रवेश होता है। जैसे-जैसे जीव विकास की ऊपर की सीढ़ियों पर चढ़ता गया है, उसमें मितव्ययिता बहुत बढ़ी है। जीवित शिशुओं और जीवित प्रजाति की संख्या के आधार पर बताया जाता है कि कौन प्राणी अधिक विकसित है। लेकिन निम्न स्तर के जन्तुओं में भी ऐसे अनेक हैं जिनकी प्रजनन शक्ति तो अवश्य मितव्ययिता की ओर है लेकिन वे अपनी संख्या बनाये हुए हैं या क्रमशः विलुप्त होते जा रहे हैं। शेर, गैंडा, चीता आदि जन्तु क्षयिष्णु हैं। प्रजनन की मितव्ययिता कोई कसौटी नहीं जान पड़ती। कसौटी हो ही नहीं पायी है। वह केवल पुरातत्त्व के पण्डितों की कुतूहली की वृत्ति का मनोरंजन करती है।

प्राणिजगत् कथा यदि कुछ बताती है तो वह केवल यह कि जड़ से प्राण की ओर, प्राण से मन की ओर और मन से बुद्धि की ओर बढ़ाव ही प्रगति है। यदि उत्तरजीविता कोई कसौटी है तो यह इसी क्रम से प्राप्त होती है। सर्वोत्तम की उत्तरजीविता का यदि सचमुच कुछ अर्थ है तो जड़ की अपेक्षा चेतन प्राण, उसकी अपेक्षा मन और उसकी अपेक्षा बुद्धि तत्त्व ही सर्वोत्तमत्व के नियममक हैं। बुद्धि से भी अधिक शक्तिशाली कोई तत्त्व भी है ? शायद है। इस प्रसंग में उपनिषद् की पुरानी कहानी याद आ रही है।

उपनिषद् में इसे भार्गवी विद्या कहा गया है। उपनिषद् में इस प्रकार के कई प्रसंग हैं परन्तु इसे असीता से भार्गवी जैसा विशिष्ट नाम दिया गया है। इसका कारण यह है कि इस विषय के और प्रसंग ऋषियों ने अपनी अनुभूति के माध्यम से कहे हैं। लेकिन इस कहानी में भृगु ने तप के द्वारा ज्ञात से अज्ञात की खोज की है। यही आधुनिक काल

की वैज्ञानिक पद्धति है। पहले उन्होंने अन्त को ही चरम सत्य माना। अन्त यहाँ उपलक्षण है। इसका व्यापक अर्थ है—भौतिक आवश्यकताएँ। उससे सूक्ष्म तत्त्व है प्राण, फिर मन, फिर बुद्धि, फिर आनन्द तत्त्व। वैज्ञानिकों ने भी विकास के इसी क्रम को दूसरे रास्ते जाकर अपनाया है। वे बुद्धि तक आकर रुक गये हैं। उनकी बातों से ऐसा लगता है कि जो कुछ हुआ वह संयोग था। परिस्थितियाँ ऐसी होती गयी कि सर्वोत्तम की उत्तरजीविता क्रमशः संयोगवश प्राप्त सूक्ष्मतर तत्त्वों पर आश्रित रहने वाले मनुष्य के हिस्से पड़ी। पर यह क्या सचमुच संयोग है ? ऐसा लगता है कि सूक्ष्मतर तत्त्वों का विकास केवल आकस्मिक नहीं है। कम से कम इतना तो माना ही जा सकता है कि चैतन्य का क्रमशः परिष्कार प्रगति की ओर ले जा रहा है और जड़ता का आकर्षण विनाश की ओर।

परिवर्तन की प्रगतिशीलता का प्रमाण है चैतन्य का निरन्तर परिष्करण। जड़ता की आश्रयता किसी भी परिवर्तन को हेय बना देती है। यदि परिवर्तन हमारे चैतन्य का परिष्करण करता है तो ठीक है। अगर नहीं करता तो गलत है। यदि आप पिछले सौ वर्षों के बौद्धिक विकास का अध्ययन करें तो मालूम होगा कि इधर हाल में हमारे विचारों में बहुत ही महत्त्वपूर्ण परिवर्तन हुए हैं। उन्नीसवीं शताब्दी के यूरोपीय विद्वानों में जो प्रबल ज्ञान पिपासा जागृत हुई थी उसने अनेक वादानुवादों के बाद दो अत्यन्त प्रबल संस्कार मनुष्य-चित्त में स्थापित किये। प्रथम तो यह कि संसार में सब कुछ क्रमशः विकसित होता आ रहा है, कुछ भी जैसा है वैसा बनकर नहीं आया है। मनुष्य का मन, उसकी बुद्धि, उसके संस्कार, उसके धर्म मत, सब कुछ क्रमशः विकसित हुए हैं। उसके धार्मिक और आध्यात्मिक विश्वासों का भी विकास क्रमशः ही हुआ है। सृष्टि परम्परा में मनुष्य का विकास एक अद्भुत घटना है। वह इस सृष्टि प्रक्रिया की सबसे उत्तम, सबसे सुकुमार और सबसे शाक्तिशाली और इसीलिए सबसे आदरास्पद और महत्त्वपूर्ण देन है। इसी विचार-पद्धति को ऐतिहासिक दृष्टि नाम दिया गया है। आज के सभी शास्त्रों के विचारक उसकी विकास-परम्परा को इसी क्रमशः विकसित होनेवाली सृष्टिप्रक्रिया का फल मानते हैं। यह ऐतिहासिक दृष्टि आज के शिक्षित व्यक्ति की निजी दृष्टि हो गयी है। यह पहला विश्वास है।

दूसरा प्रधान विश्वास यह था कि मनुष्य को सुखी बनाना, उसे सब प्रकार की राजनीतिक और आर्थिक गुलामी से मुक्त करना और उसे रोग-शोक के चंगुल से छुड़ाना ही सब प्रकार के शास्त्रों और विद्याओं का प्रधान लक्ष्य है। मनुष्य को किसी परलोक में अनन्त सुखों का अधिकारी बनाना दूसरी बात है और उसे इसी नश्वर जगत् में, इसी मर्त्यकाया में सुखी बनाना बिलकुल दूसरी बात है। इस मनुष्य को इसी मर्त्यकाया में इसी दुनिया में सुखी बनाने का लक्ष्य क्या है ? उत्तर यह है कि मनुष्य अद्भुत शक्तियों का भण्डार है। उसने अनेक त्याग और आत्मदान के बाद अपने भीतर अनेक सद्गुणों का विकास किया है। वह पशु-सामान्य धरातल से जो ऊपर उठ सका है, इसका कारण यह

है कि उसने अपने भीतर त्याग की, तपस्या की और आत्मसंयम की बुद्धि विकसित की है। दूसरे शब्दों में, उसने जगत् के आकर्षण का शिकंजा क्रमशः ढीला किया है। उसके भीतर सम्भावनाएँ अनेक हैं। इस मर्त्यलोक को अद्‌भुत और अपूर्व शान्तिस्थल बनाने की क्षमता इस मनुष्य में है। इसी दृष्टि को उन दिनों मानवतावादी कहा गया था। यह सिद्धान्त केवल लोकप्रिय ही नहीं हुआ, आधुनिक संस्कृति का मेरुदण्ड भी सिद्ध हुआ है। उन्नीसवीं शताब्दी के मानवतावादी विचारक बहुत आशावादी थे, जो शिक्षा-पद्धति सोची गयी उसके केन्द्र में यह मानवतावादी विचारधारा थी। उस काल की सभी व्यवस्थाओं के केन्द्र में मानवतावादी दृष्टि थी। भारतवर्ष में भी वही शिक्षा-पद्धति आयी। इस शिक्षा-पद्धति में जो लोग शिक्षित हुए, वे मनुष्य की महिमा में अपार विश्वास लेकर विद्यालयों से निकले। प्राचीन धर्म-भावना में मनुष्य को परलोक में सुखी बनाने का संकल्प था, नयी भावना पर आधारित धर्मभावना में मनुष्य को इसी मर्त्यकाया में सुखी बनाने का संकल्प था जो स्पष्ट रूप से पुरानी धर्मभावना के विरुद्धगामी दृष्टिकोण के रूप में विकसित हुआ। फलस्वरूप आचारों, विश्वासों और क्रियाओं से मूल्य में बड़ा अन्तर आ गया, ईश्वर और मोक्ष का मानना या न मानना गौण बात हो गयी, मनुष्य को इसी लोक में सुखी बनाना मुख्य। प्रेमचन्द ने अपने एक मौजी पात्र से कहलवाया है—जो यह ईश्वर और मोक्ष का चक्कर है इस पर तो मुझे हँसी आती है। यह मोक्ष और उपासना अहंकार की पराकाष्ठा है जो हमारी मानवता को नष्ट किये डालती है। जहाँ जीवन है, क्रीड़ा है, चहक है, प्रेम है, वही ईश्वर है और जीवन को सुखी बनाना ही उपासना है। ज्ञानी कहता है—होठों पर मुस्कुराहट न आए, आँखों में आँसू न आएँ। मैं कहता हूँ, अगर तुम हँस नहीं सकते, रो नहीं सकते तो तुम मनुष्य नहीं, पत्थर हो। वह ज्ञान जो मनुष्य को पीस डाले, ज्ञान नही, कोल्हू है। इस उद्धरण में आधुनिक मानवतावादी दृष्टि अत्यधिक स्पष्ट हुई है। पुराने सन्तों की ज्ञानचर्चा, वैराग्यभावना और अध्यात्म-चिन्ता का दाम अब घट गया है, मनुष्य की सेवा का दाम बढ़ गया है।

सच पूछिए तो मनुष्य की महिमा के प्रति आस्था वास्तव में उसके भीतर सूक्ष्मतर चैतन्य की अपार सम्भावनाओं को विकसित करने का ही नामान्तर है। जितनी दूर तक मनुष्य इसमें सफल हुआ है, उतनी ही दूर तक आधुनिक सभ्यता भी सफल हुई है।

यूरोप में भी मनुष्य को इसी जीवन में सुखी बनाने की दृष्टि ने स्वदेशी राष्ट्रीयतावाद के आन्दोलन को बल दिया, व्यवहार में उसे अपने देश के मनुष्यों तक ही संकुचित बनना पड़ा और मशीनों के नवीन साधनों से सम्पन्न व्यवसायियों के लिए अपनी सम्पत्ति बढ़ाने और दूसरे देशों का शोषण करने का अर्थ सिद्ध हुआ। इस देश में समस्या दूसरी थी। यहाँ जिस राष्ट्रीयता का विकास हो रहा था, वह शोषण से मुक्ति पाने का प्रयास भी थी। इसीलिए शुरू-शुरू में मानवतावादी दृष्टि के साथ राष्ट्रीयतावादी दृष्टि का कोई संघर्ष नहीं हुआ। उस काल के सभी लेखकों और कवियों में दोनों ही दृष्टिकोण प्राप्त होते हैं। परन्तु साहित्य क्षेत्र में मूल चालक मनोवृत्ति मानवतावादी ही थी। इस मानवतावादी दृष्टि के

पेट से ही काव्य में छायावाद का जन्म हुआ और उपन्यास और कहानियों के क्षेत्र में सामाजिक, आर्थिक और राजनीतिक शोषण से विद्रोह करने वाली स्वच्छन्दतावादी प्रेम-धारा का भी जन्म हुआ। बीसवीं शताब्दी के उपन्यासों, कहानियों और काव्यों का प्रधान स्वर शोषित के प्रति सहानुभूति का है। इस साहित्य में शोषित के प्रति केवल सहानुभूति ही नहीं मिलती, बल्कि यह विश्वास भी काम करता है कि जो शोषित है वह यदि शोषण से मुक्त हो जाए तो उसमें सब प्रकार के सद्गुणों का विकास हो जाता है।

उसका इतिहास भी दुहराया जाता रहा—रूप बदलकर। जहाँ एक ओर मनुष्य को अर्थात् चैतन्य के विजय प्रतीक को सब प्रकार से शोषणमुक्त करके सही परिप्रेक्ष्य में लाने का प्रबल प्रयास हुआ, वहीं दूसरी पुरानी नाशप्राय अतिकाय जन्तुओं की तरह जड़ साधनों का भार बढ़ाकर उत्तरजीवी होने के और भी प्रबल प्रयास हुए।

मनुष्य के सभी क्रिया-कलाप इन दिनों अपने उत्तम रूप में मानवतावादी दृष्टिकोण से चालित हैं। जहाँ कहीं उसमें विकार आया है, वहीं उसके सुधारने का उपाय मानवतावादी दृष्टि को ही समझा गया है। विकार के अनेक कारण हैं। पर मुख्य कारण है मानवचरित्र को दृढ़ और आस्थायुक्त बनाने के लिए उपयुक्त आधार का भाव। मनुष्य अपनी बुद्धि से उसी प्रकार अभिभूत हो गया, जिस प्रकार मयूर अपने वर्हभार की शोभा से उन्मत्त होकर नाच उठता है। आज मनुष्य के लिए सबसे बड़ी समस्या उनकी बुद्धि वैभव ही हो गयी है। इस मानव बुद्धि ने प्रकृति के गुप्त रहस्य भण्डार से न जाने कितने को खोज निकाला है और अपनी इहलौकिक सुविधाओं को बढ़ा लिया है। उत्पादन के साधन निरन्तर शक्तिशाली होते जा रहे हैं और मनुष्य की सुविधाभोग की लालसाएँ नित्यप्रति बढ़ती जा रही है। वैज्ञानिक साधनों ने ऐसी स्थिति पैदा कर दी है कि सारे संसार की समृद्धि थोड़े से लोगों के हाथों में केन्द्रित हो गयी है। मिट्टी में आकर्षण का वेग होता है। वह समस्त जड़ वस्तुओं को अपनी ओर खींचती है। भौतिक समृद्धि में भी आकर्षण का यह वेग पूरी मात्रा में है। संचित भौतिक समृद्धि अधिकाधिक भौतिक समृद्धि को खींचती है। लखपति करोड़पति होते जा रहे हैं। नगर और जनपदों में फैले हुए करोड़ों की संख्या में लोग सर्वहारा होते जा रहे हैं। सुख के भौतिक साधन जितने अधिक बढ़ रहे हैं उतना ही अधिक भयंकर हाहाकार संसार में व्याप्त हो उठा है। भौतिक समृद्धि के स्वप्न ने समूची मनुष्यजाति को महाविनाश के कगार पर ला पटका है। कहीं शान्ति नहीं, कहीं चैन नहीं। असन्तोष और संघर्ष के कोलाहल से मनुष्य का मन व्याकुल हो उठा है। बड़े-बड़े महापुरुषों ने सावधान रहने का सन्देश दिया है, परन्तु ऊँची कुर्सियाँ इतनी ऊँची हो गयी हैं कि वहाँ तक यह आवाज पहुँच ही नहीं पाती। साधारण मनुष्य का चित्त भी संघर्ष-बहुल जीवन के फलस्वरूप आत्मकेन्द्रित और संकीर्ण होता जा रहा है।

केवल ज्ञानी और विचारशील लोग ही नहीं, औसत विचार के लोग भी यह अनुभव करने लगे हैं कि मनुष्य को खण्ड विच्छिन्न समझना खतरनाक है। सारा मनुष्य समाज

एक है। बन्धनों से मुक्ति आवश्यक है तो व्यक्ति-मनुष्य की नहीं बल्कि समाज-मनुष्य की मुक्ति आवश्यक है। इस विचार ने नाना भाव से रूप ग्रहण करने का ताना-बाना शुरू कर दिया है। यह समझा जाने लगा है कि मनुष्य-समाज की मंगल कामना ही वास्तविक मंगल कामना है। समूचा मनुष्य-समाज एक है और अविच्छेद्य है। मुझे अनुमति दें तो अपनी ही कही पुरानी बात फिर से कहूँ। मैंने अभी कहा था कि मनुष्य ने एकत्व की अनुभूति की ओर दृढ़ता के साथ कदम उठाया है, लेकिन यह अनुभूति अद्वैत अनुभूति की कोटि की नहीं है। अब भी मनुष्य ने उस आधार को नहीं खोज निकाला है जो उसके समस्त आचरणों में विवेक की प्रतिष्ठा कर सके। आज केवल आवश्यकता की चोट खाकर बच निकलने के लिए मनुष्य ने एक रास्ता भर खोज निकाला है। यह भी उसकी विजय-यात्रा का एक मोड़ मात्र ही है, लक्ष्य नहीं। विचारशील लोग अब भी चिन्तित हैं कि इस मोड़ के अन्तिम किनारे पर पहुँचने के बाद क्या होगा। जो लोग व्यवहारवादी हैं, उनके लिए प्रश्न उतना कठिन नहीं है। वे कहते हैं अभी का अभी देख लेते हैं, बाद का बाद में देखेंगे। परन्तु यह उत्तर बहुत अच्छा नहीं है। अन्तिम विशेषण के बाद यह आत्म-वंचना की कोटि में ही आता है। समस्या का मूल रूप वस्तुतः यही है।

वर्तमान काल की भौतिक समृद्धि में उलझे हुए और भयंकर सम्भावनाओं से ग्रसित मानव समाज के लिए आज एक विषम समस्या उपस्थित हुई है। ततः किम्—यह भी हो जाने के बाद क्या होगा ? क्या मनुष्य की समस्या समाप्त हो जाएगी ? क्या सामाजिक मनुष्य की मुक्ति के प्रयत्न से उस उद्दाम लोलुप भावना का अन्त हो जाएगा जिसने मनुष्य को महाविनाश के कगार पर ला खड़ा किया है ? ततः किम्—इस उद्दाम लोलुप के रहते हुए, मनुष्य क्या फिर भयंकर गलती की ओर उन्मुख नहीं होगा, क्या उन बातों का वही मूल्य स्वीकार करता रहेगा जो आज किये जा रहा है ? तो क्या यह सब स्वप्नलब्ध धन की भाँति व्यर्थ नहीं सिद्ध होंगे ? ततः किम् !

परन्तु संसार के उत्पादन साधनों में जो भी क्रान्तिकारी परिवर्तन क्यों न हुए हों और मनुष्य के सोचने-समझने के तौर-तरीके में कितनी भी उथल-पुथल क्यों न हुई हो, मनुष्य की भूख ज्यों की त्यों है। भोजन के उपकरणों में और निर्माण विधि में आदिम मनुष्यों की अपेक्षा अधिक अन्तर अवश्य आ गया है पर भूख आज भी वैसे ही लगती है। शरीर की भूख ही नहीं, मन की क्षुधा भी ज्यों की त्यों है। आज भी मनुष्य यश और मान की लिप्सा में उसी प्रकार भटक रहा है जिस प्रकार वह हजारों वर्ष पहले भटकता था। लोग कहते हैं—इस जगत् में समस्त गन्दगियों से परे कोई ऐसा परात्पर ब्रह्म है जो शाश्वत है, जो त्रिकाल में सत्य है, जो सदा सर्वदा बना रहने वाला है। होगा, परन्तु मैं कहता हूँ कि मनुष्य की मानसिक भूख भी बहुत कुछ शाश्वत ही है। मनुष्य की उद्दाम लालसा को, अपराजित बुभुक्षा को और दुर्दमनीय जिजीविषा को चिर पुरातन और चिर नवीन कहने की इच्छा होती है। वैरागी कहता है कि यह भूख तुम्हारी शत्रु है, किन्तु कहने की इच्छा होती है कि इस भूख में ही मनुष्यता है। भूख-भूख में भी भेद है। कुछ तो स्थूल

के प्रति आकर्षण मात्र है। मनुष्य उसे पाता है और उसकी भूख मिट जाती है, इसे शाश्वत नहीं कह सकते। परन्तु उससे भी सूक्ष्म भूख है जो उपलभ्य को पा जाने के बाद भी बढ़ती रहती है। वह विचित्र भूख है। 'जनम-जनम हम रूप निहारिनु, नयन न तिरपति भेल'। यह जो जन्म-जन्मान्तर के देखने से भी तृप्ति का न मिलना है, देखने की प्यास न मिटना है, वह मनुष्य जीवन की गहराई में छिपा हुआ रहस्य है। सैकड़ों वर्षों से मनुष्य पूछता आ रहा है कि यह क्या है ? सब कुछ मिल जाने के बाद भी मिलने की लालसा क्यों बनी रहती है ?

उपनिषद् के ऋषियों ने बार-बार इसे दुहराया है और आज का भी मनुष्य रह-रहकर पूछता है कि वह क्या वस्तु है जिसे पाने के लिए सब पाया हुआ मनुष्य भी छटपटा उठता है ? भिन्न-भिन्न युग में मनुष्य ने अपनी कल्पना के अनुसार इस चिरन्तर लालसा की तृप्ति के उपाय खोजे हैं। दीर्घ काल तक वह अनुभव करता रहा है कि यह जो कुछ परिदृश्यमान है, जो कुछ इन्द्रियग्राह्य है, जो कुछ छुआ जा सकता है, देखा जा सकता है, सुना जा सकता है उससे उसका अन्तरतम तृप्त नहीं होता ! सीमाओं से बँधी हुई वस्तु के पाने से मनुष्य की वह चिर अतृप्त लालसा अतृप्त ही रह जाती है। युग-युग से मनुष्य ने घोषणा की है कि सीमाओं में बँधे हुए पदार्थों से पाया जाने वाला सुख क्षणिक है, उससे मनुष्य की शाश्वत तृप्ति नहीं होती। इसको पाकर भी मनुष्य का अन्तरतम मुँहजोर घोड़े की तरह भाग खड़ा होता है। सहस्रों वर्ष के मनुष्य के इतिहास में यह सत्य नाना भावों और नाना रूपों में प्रकट हुआ है कि ससीम वस्तुओं से तृप्ति नहीं होती। वास्तविक तृप्ति के लिए कुछ इससे बड़ी वस्तु,भीतर कुछ सीमातीत वस्तु चाहिए—'नाल्पे सुखमस्ति भूर्भुवः सुखम्'।

क्या यह उपनिषद् कालीन महान् विचारकों की कल्पना मात्र है या सचमुच मनुष्य के भीतर कहीं कुछ ऐसा है जो थोड़े में—ससीम में—आनन्द नहीं पाता। भूमा असीम, विस्तार की भूख से व्याकुल है। मनुष्य का इतिहास बताता है कि दूसरी बात ही सच है। कहीं कुछ ऐसा है जो अपने को निरन्तर फैलाकर अभिव्यक्त करना चाहता है।

यह ठीक है कि जमाना बदल गया है। आज मनुष्य का ध्यान मनुष्य की ही महिमा पर प्रतिष्ठित है। विज्ञान की बढ़ती हुई समृद्धि ने मनुष्य को इतना बौद्धिक बना दिया है कि वह ऐसी किसी बात को भी मानने को प्रस्तुत नहीं है, जो उसके बौद्धिक वितर्कों की गति रुद्ध कर दे। मनुष्य सब कुछ छोड़ने को तैयार है पर अपनी बुद्धि पर से आस्था छोड़ने को बिलकुल प्रस्तुत नहीं। जड़ विज्ञान ने उसे नयी शक्ति दी है और मनोविज्ञान ने उसे नयी दृष्टि दी है। वह दृढ़ता के साथ विश्वास करने लगा है कि यह ईश्वर और मोक्ष का जो विधान है, वह मनुष्य के मन की ऐसी कल्पना है जिसे उसने स्वयं को धोखा देने के लिए पोस रखा है। मनुष्य ने जो कुछ देखा है, जो कुछ जाना है और जो कुछ भुगता है उसी से उसने कल्पना की सृष्टि की है, इससे अधिक वह कुछ कर नहीं सकता। सत्य को पाने के लिए उसे इस मानसिक भुलावे को छोड़ना पड़ेगा। उसकी बुद्धि स्पष्ट

बताती है कि संसार की सब वस्तुएँ क्रमशः विकसित हुई हैं, स्वयं उसकी बुद्धि भी अनेक जड़ तत्त्वों के भीतर से, अनेक घात-प्रतिघातों के बीच से निरन्तर विकसित होती हुई इस अवस्था तक पहुँची है। जान-बूझकर वह इस विकास-क्रम की अवहेलना नहीं कर सकता, अपनी मानसिक कल्पनाओं के पक्ष स्थापित करके उनकी प्रेमलीला और औत्सुक्य तथा अभिसार की माया मरीचिका में उलझे रहने का रहस्य वह समझ गया है। अतृप्त आकांक्षाओं को तृप्त करने वाले उन मानसिक भुलावों का उसने सन्धान पा लिया है जिन्हें हजारों वर्षों से लोग जानते आये हैं परन्तु समझ नहीं सके थे। आज के मनुष्य ने गर्व और अभिमान के साथ घोषणा की है कि उसने स्वप्न के रहस्य को समझ लिया है। वह भक्तिशास्त्रियों की मादक कल्पनाओं को स्वप्न-जगत् से अधिक महत्त्व देना नहीं चाहता। उसका दृढ़ विश्वास है कि ईश्वर और अध्यात्म की सब कल्पनाएँ केवल माया है, मिथ्या भ्रम मात्र है।

मैंने उस समय यह बताने का प्रयत्न किया था कि एक तरफ मनुष्य अपनी ही बुद्धि के चमत्कारों से पिस रहा है, दूसरी तरफ वह उसका परित्यग भी नहीं कर सकता। आज भी चिर पुरातन भूख जहाँ-की-तहाँ पड़ी है, आज भी अन्तरतम के कोने से कोई चिल्लाकर उससे पूछ बैठता है ततः किम् ? क्या होगा इस विशाल समृद्धि से जो केवल वृहत्तर दुःख और घोरतर विनाश की ओर धकेले जा रही है ? क्या होगा उस बौद्धिक विभूति से जो केवल विकल्पों और वितर्कों की सृष्टि कर रही है, जो मनुष्य के खड़ा होने योग्य आधार भी नहीं दे रही है और जो केवल मानसिक अशान्ति को निरन्तर बढ़ाती जा रही है ? आज ऐसा कोई भी दर्शन नहीं टिक सकता जो मनुष्य की विज्ञान-प्रणेदिता बुद्धि को सन्तुष्ट न कर सके, जो उसकी बुद्धि के उस पहलू को न छू सके जो विज्ञान के चिन्तन से और मानस-शास्त्र के मनन से अत्यन्त संवेदनशील और असहिष्णु बनी हुई है। कैसे होगा ? किस प्रकार इस संशयशील सुकुमार बुद्धि तत्त्व को सन्तुष्ट किया जाए, जो बुद्धि अध्यात्मभाव के नाम से ही बिदक उठती है। और सन्तुष्ट उसे करना ही होगा, नहीं तो मनुष्य का यह भीषण धावन और उत्प्लवन उसको ध्वस्त कर देगा। अपनी ही शक्ति पर आधृत उसका विश्वास भस्मासुर के समान उसे जलाकर खाक कर देगा। वर्तमान युग की यही विकट समस्या है।

आज जो परिवर्तन हो रहे हैं, वे मनुष्य का सर्वतोमुखी विस्तार का ही रूप है। भौतिक विकास भी उसी का रूप है। वह इसलिए कायम है कि वह सबका सब मनुष्य के अन्तरतम सूक्ष्म चित् स्वरूप को निखारने में थोड़ा योग दे सकता है। उसे आच्छादन करने वाली बातें नहीं टिकेंगी क्योंकि वे परिवर्तन के वास्तविक उद्देश्य के प्रतिकूल हैं। इतना ही सही परिवर्तन है जो चिन्मुख है, मनुष्य के अन्तरतम में विद्यमान अनन्त सम्भावनाओं के द्वार को उद्घाटित करते हैं। जो उस द्वार को रुद्ध करेंगे वे अपने आप नष्ट हो जाएँगे। परिवर्तन और भी होंगे, उनकी गति और भी तीव्र होगी, जड़ता को प्रकाश देने वाली प्रवृत्तियाँ भी साथ ही बढ़ेंगी, पर जिएगा वही जो चिन्मुख होगा। इसे

अब तक आकस्मिक संयोग माना जाता रहा है, भविष्य में मनुष्य का सामूहिक विवेक ही विजयी होगा। परिवर्तन की आँधी में भी मनुष्य अपने विवेक को छोड़ेगा नहीं। विवेक चेतन धर्म है और चैतन्योन्मुख परिवर्तन ही अन्त तक विजयी होगा। वही प्रगति का मार्ग नियामक ध्रुवतारा सिद्ध होगा। यही विनश्यत्सु अविनश्यन्तं तत्त्व विजयी होगा।

उच्च शिक्षा

आपने इस महान् विश्वविद्यालय के दीक्षान्त समारोह में देश के भावी कर्णधारों को सम्बोधित करने का जो अवसर मुझे दिया है, उसके लिए मैं आपका अत्यन्त कृतज्ञ हूँ। देश की तरुण पीढ़ी पर भरोसा ढलती उमर के लोगों की आशा का प्रधान सम्बल होता है। परन्तु आज मैं आशंका के भाव लेकर ही यहाँ आया हूँ। चारों ओर सन्देह, अविश्वास, हिंसा, कुत्सा और आरोप-प्रत्यारोप का कर्णकटु कोलाहल सुनाई दे रहा है। उच्चतर शिक्षा के क्षेत्र में एक अननुभूत-पूर्व व्याकुलता की कसमसाहट अनुभव की जा रही है। इस समय कोई संयम और आत्मविश्वास को बनाये रखने की कातर आवाज सुनेगा ? मन में ऐसी आशंका लेकर ही मैंने आपके आमन्त्रण को स्वीकार किया है, इस व्याकुल आशंका और झिझक के लिए मैं क्षमाप्राथी हूँ। मैं जानता हूँ कि समस्याएँ बहुत कठिन हैं, मैं यह भी जानता हूँ कि आगामी वर्षों में ये और भी कठिन हो जायेंगी। हमारा देश शताब्दियों की गाढ़ निद्रा से उठा है। हम बराबर अभिमान के साथ मानते आये हैं कि हमारा देश अत्यन्त प्राचीन काल से सभ्य रहा है। संसार को हमने आशा और विश्वास का सन्देशा दिया है। इतिहास की दृष्टि जहाँ तक हमें प्राचीन सभ्यता के उज्ज्वल निदर्शनों की ओर ले जा सकती है वहाँ तक इस महान् देश की उज्ज्वल मूर्ति दिखाई देती है। यह ठीक है। पर संसार के पुराने सभ्य देशों की एक विषम समस्या यह है कि प्राचीन काल से जीवन को जीने योग्य बनाने वाली शिक्षाओं और उसे पुष्ट और समृद्ध बनाने वाले संस्कारों के कारण जनसंख्या का भारी बोझ उनके सिर पर आ गया है। सभी पुराने सभ्य देशों के सामने बढ़ती हुई जनसंख्या का प्रश्न विकट होकर आ गया है, हमारा देश तो सभ्यता का आदिजनक रहा है। इस जनसंख्या का दबाव सर्वत्र अनुभव किया जा रहा है। शिक्षा के क्षेत्र में भी। देश जब पराधीन था, तब उसकी सारी जनता को शिक्षित बनाने और सम्मानित जीवन-स्तर देने का प्रयत्न नहीं के बराबर ही किया गया है। अब स्वाधीनता-प्राप्ति के बाद हम सबको शिक्षा और सम्मानित जीवन स्तर देने के लिए कृतसंकल्प हैं।

हमारी पिछली पीढ़ी के तरुणों ने देश को पराधीनता से मुक्त कराने के लिए कठिन संघर्ष किया था। उनके अपार साहस और त्याग का ही परिणाम है कि आज हम स्वाधीन

हैं। उन दिनों स्वाधीनता से अनेक प्रकार की आशाएँ की गयी थीं। यद्यपि पिछले वर्षों में राष्ट्र-निर्माण के अनेक महत्त्वपूर्ण कार्य हुए हैं। पर पिछले दिनों की आशाएँ पूरी नहीं हुई हैं। शिक्षा के क्षेत्र में भी आशाओं और वास्तविक उपलब्धियों में भारी व्यवधान दिखाई दे रहा है। फिर भी इस बीच शिक्षा में बहुत विस्तार हुआ है। यद्यपि देश की जनसंख्या को देखते हुए इस विस्तार को बहुत मामूली ही कहा जा सकता है, फिर भी स्वतन्त्रता-प्राप्ति के पूर्व की संख्या की तुलना में यह काफी अधिक है। सन् 50-51 में आर्ट्स, कामर्स और साइंस के स्नातकपूर्व कक्षाओं में पढ़ने वाले विद्यार्थियों की संख्या 1,19,000 थी। तीसरी योजना के अन्त में अर्थात् सन् 65-66 में यह संख्या 7,59,000 हो गयी, औसतन प्रतिवर्ष लगभग साढ़े नौ प्रतिशत की वृद्धि हुई और अब यह संख्या आठ लाख को पार कर गयी है। लड़कों के साथ लड़कियों की शिक्षा भी तेजी से बढ़ी है। सन् 50-51 में 100 छात्रों का अनुपात 100 और 13 का था। सन् 65-66 में यह अनुपात 100 और 24 हो गया और इस समय औसतन अनुमानतः 100 पीछे 28 हो गया है। यह तो स्नातकपूर्व कक्षाओं की स्थिति है। इन्हीं विषयों में स्नातकोत्तर कक्षा में 11.1 प्रतिशत वार्षिक वृद्धि हुई है। सन् 50-51 में इन विषयों की स्नातक कक्षाओं में जहाँ 18,000 विद्यार्थी पढ़ते थे, वहाँ सन् 65-66 में यह संख्या 86,000 हो गयी। इस साल यह संख्या एक लाख को छू रही है। इस अरसे में अर्थात् 50-51 से लेकर 65-66 तक के 15 वर्षों में वृत्तिमुखी (प्रोफेशनल) शिक्षा के क्षेत्र में (कृषि, इंजीनियरिंग, कानून आदि के क्षेत्रों में) पढ़ने वालों की संख्या 54,000 से 2,49,000 हो गयी है। इस साल यह संख्या 2,50,000 को पार कर गयी है। यदि समूची उच्चतर शिक्षा को लें तो सन् 50-51 में दो लाख 63 हजार विद्यार्थी पढ़ते थे जो बढ़कर 65-66 में 11 लाख हो गये और अनुमानतः इन पिछले सालों में उनकी संख्या 12 लाख से ऊपर पहुँच गयी है। स्वाधीनता-प्राप्ति के वर्षों के अर्थात् 47-48 के मुकाबले विद्यार्थियों की संख्या लगभग 7 गुना हो गयी है लेकिन हमारी शिक्षा-सुविधाओं की इस अनुपात में वृद्धि नहीं हुई है।

वैसे भी अन्य समृद्ध देशों की तुलना में हमारे देश की शैक्षणिक सुविधाएँ बहुत साधारण थीं। परन्तु इस बढ़ती हुई संख्या के लिए और ऐसी परिस्थिति के लिए वे बिलकुल ही अपर्याप्त सिद्ध हो रही हैं। कठिनाई यह है कि उच्चतर शिक्षा के उपयुक्त वयस्क किशोरों और तरुणों की संख्या बहुत अधिक है। हमारी जनसंख्या का लगभग आधा भाग 16 और 25 वर्ष के भीतर की आयु वाले युवकों और युवतियों का ही है। इसका मतलब यह हुआ कि इस देश में करोड़ों व्यक्ति ऐसी उमर के हैं कि जो उच्चतर शिक्षा प्राप्त करने के अधिकारी हो सकते हैं परन्तु शिक्षा-साधनों के अत्यन्त अभाव के कारण करोड़ों की संख्या में लोग प्राइमरी शिक्षा भी नहीं पा रहे हैं, उच्चतर शिक्षा की तो बात ही अलग है। यदि हमारी शिक्षा का सौ फीसदी राष्ट्रीय लक्ष्य पूरा हुआ तो निश्चय ही आज की तुलना में बहुत अधिक संख्या में लोग उच्चतर शिक्षा की ओर आकृष्ट होंगे और शिक्षार्थी युवकों की यह संख्या निश्चय ही बढ़ती जाएगी। शिक्षा आयोग (एजुकेशन

कमीशन) का अनुमान है कि सन् 1975-76 में उच्चतर अध्ययन के प्रयासी विद्यार्थियों की संख्या 22 लाख से ऊपर चली जाएगी और दस वर्ष बाद अर्थात् 1985-86 में यह संख्या 41 लाख से भी अधिक हो जाएगी। इसके घटने की कोई सम्भावना नहीं दिखाई देती है। यदि हम इसी गति से साधन नहीं जुटा सके तो विद्यार्थियों के अधिकाधिक असन्तोष को झेलने के लिए तैयार रहना चाहिए।

विश्वविद्यालयों की संख्या में वृद्धि हुई है। सन् 1947 में, जबकि देश में 19 विश्वविद्यालय थे वे अब इसके चौगुने से भी अधिक हो गये हैं। परन्तु शिक्षा की सुविधाओं में विशेष वृद्धि नहीं हुई है। कुछ लोग इस बढ़ती हुई संख्या को देखकर इस बढ़ती के लिए 'शिक्षा में विस्फोट' जैसे भयावह शब्दों का प्रयोग करने लगे हैं। परन्तु यह स्थिति तब है जब साक्षरों की संख्या विशेष नहीं बढ़ी है। आज भी तीन में से दो भारतीय अक्षरज्ञान से वंचित हैं। हमारे देश की विशाल जनसंख्या को देखते हुए उच्च शिक्षा के प्रयासी विद्यार्थियों की संख्या सही अर्थों में दाल में नमक के बराबर नहीं है। किसी जमाने में विश्वविद्यालयों का उद्देश्य विशुद्ध ज्ञान की साधना समझा जाता था। निःसन्देह आज भी वह उद्देश्य बना हुआ है। परन्तु फिर भी इस वास्तविकता से हम आँख नहीं मूँद सकते कि आज विश्वविद्यालयों में क्वचित् कदाचित् ही ऐसे विद्यार्थी आते हैं जिनका लक्ष्य भावी जीवन में सम्मान सहित जीने योग्य कोई रोजगार पाना न हो। वस्तुतः विश्वविद्यालय की पढ़ाई अब भावी जीवन में रोजगार पाने के उद्देश्य से होने लगी है। यद्यपि हमारे विश्वविद्यालयों के रूप में कुछ-कुछ परिवर्तन हुआ है और उसमें बहुत से तकनीकी और वृत्तमुखी शिक्षा-योजनाओं का समावेश किया गया है; तथापि अभी तक हम विश्वविद्यालय की शिक्षा को सामाजिक आवश्यकताओं के सन्दर्भ में देखने के अभ्यासी नहीं हुए हैं।

विश्वविद्यालय निःसन्देह ज्ञान की साधना का मन्दिर है और इसके लिए अधिक से अधिक शुद्ध, अवितथ और पूर्ण जानकारी देना उसका कर्तव्य है। परन्तु साथ ही संसार भर में अब यह धारणा शिथिल होती जा रही है कि विश्वविद्यालय की शिक्षा का एकमात्र उद्देश्य विशुद्ध ज्ञान-चर्चा ही है। संसार में सर्वत्र विश्वविद्यालयों को राष्ट्र-निर्माण के लिए अधिकाधिक उपयोगी और उसकी आवश्यकता की पूर्ति करने में अधिक से अधिक समर्थ बनाने योग्य तरुण वर्गों के प्रशिक्षित करने का प्रयत्न हो रहा है। राधाकृष्णन् कमीशन ने यह आशा की थी कि भारतीय विश्वविद्यालय राष्ट्र की आशाओं और आकांक्षाओं के अनुरूप अपने को ढालेंगे। परन्तु उनकी आशा अभी तक पूरी नहीं हुई है। हमारे देश के शिक्षा-विशारदों ने वर्तमान सन्दर्भ में विश्वविद्यालय की उच्चतर शिक्षा के अनेक उद्देश्य बताएँ हैं। वे हैं—(1) नये ज्ञान की खोज, (2) जीवन के हर क्षेत्र में हर ढंग के नेतृत्व को प्रोत्साहन, (3) सामाजिक कर्तव्य बुद्धि के प्रति सजग योग्य पुरुषों और स्त्रियों का प्रशिक्षण, (4) व्यक्ति और समाज में सात्त्विक जीवन की ओर उन्मुख करने वाले मूल्यों और प्रवृत्तियों के जागरण का प्रयास, (5) सहनशीलता के वातावरण

में व्यक्ति-वैचित्र्य और स्वतन्त्र विचारों को प्रोत्साहन देना, (6) बड़े पैमाने पर वयस्क व्यक्तियों के शिक्षण का प्रयत्न और (7) परम्परागत बुराइयों को दूर करके जीवन-स्तर को विकसित करना आदि। यह सब ठीक है। पर इन महान् उद्देश्यों की पूर्ति होने के बाद जो युवक प्रशिक्षित होकर विश्वविद्यालय के बाहर निकलेंगे उन्हें उनकी योग्यता के अनुरूप काम देना समाज का कर्तव्य हो जाता है। वह नहीं होगा तो प्रशिक्षित तरुण-समाज के चित्त में क्षोभ और निराशा का भाव आएगा ही। दुर्भाग्यवश योग्यता के अनुरूप काम नहीं मिल रहा है, निराशा और क्षोभ का वातावरण उमड़-घुमड़ कर सामने आता जा रहा है।

आम शिकायत यह है कि शिक्षा का स्तर निरन्तर गिरता जा रहा है। शिक्षा के स्तर गिरने के कारण अनेक हैं, पर अर्थ एक ही है, वह यह कि सारे देश का बौद्धिक स्तर निरन्तर गिरता जा रहा है। कहा जाता है कि विद्यार्थियों की बढ़ती हुई संख्या इस ह्रास का कारण है। यदि ऐसा है तो बड़ी दुश्चिन्ता का विषय है। निकट भविष्य में विद्यार्थियों की संख्या में कमी होने की कोई आशा नहीं है, बढ़ती निश्चित है। तो फिर देश के बौद्धिक स्तर के और भी गिरते जाने की दुश्चिन्ता क्या कम होगी ! देश के शिक्षा-विशारदों में सचमुच ही यह दुश्चिन्ता व्याप्त है। इस समस्या से निपटने के लिए जो सुझाव दिये गये हैं, वे व्यवहार में सफल होते नहीं दिखते। माध्यमिक स्तर से ही कृषि और उद्योगमूलक शिक्षा की ओर अधिकांश किशोरों को मोड़ देने की व्यवस्था सर्वोत्तम होती पर उसके लिए साधन का अभाव है। चाहते हुए भी हम ऐसा कर नहीं पा रहे हैं।

शिक्षा के स्तर में जो ह्रास हुआ है उसका एक कारण यह बताया जाता है कि सारे देश में नवीन महत्त्वाकांक्षाओं का उफान आया है और बहुत से ऐसे वर्गों के विद्यार्थी उच्चतर शिक्षा की महत्त्वाकांक्षा लेकर महाविद्यालय और विश्वविद्यालय में प्रवेश कर रहे हैं जिन्हें पुश्त दर पुश्त से कभी शिक्षा प्राप्त ही नहीं हुई और जिनके घरों में विद्योपार्जन के अनुकूल वातावरण ही नहीं है। ऐसा भी बताया गया है कि ऐसे विद्यार्थियों के लिए अँग्रेजी लेक्चरों को समझना और परीक्षा में उसे अभिव्यक्त करने का प्रयत्न दोनों ही बहुत कठिन पड़ते हैं। निर्धनता के कारण इन्हें उपयुक्त पोषण तत्त्व भी नहीं प्राप्त होता है और उनकी मेधा कमजोर होती है। परन्तु प्रश्न यह है कि वर्तमान सामाजिक और राजनीतिक परिस्थिति में क्या ऐसे विद्यार्थियों को उच्च शिक्षा से वंचित किया जा सकता है, और ऐसा करना क्या उचित है ? ऐसे विद्यार्थियों की शिक्षा की व्यवस्था करनी होगी और अँग्रेजी को माध्यम पद से भी हटना पड़ेगा।

कबीर और रैदास के देश में कौन विश्वास करेगा कि गरीबी और शैक्षणिक सुविधाओं के अभाव की दुनिया में उच्चतर ज्ञान सम्भव ही नहीं है। प्रतिभा सर्वत्र मिलती है, आर्थिक साधनों की कमी केवल बाधक तत्त्व है। केवल अँग्रेजी बोलना ही शिक्षा की एकमात्र कसौटी मानना भयंकर भूल होगी। प्रतिभा की खोज करनी होगी। वह

झोंपडियों से लेकर महलों तक बिखरी पड़ी है। विश्वविद्यालयों का कर्तव्य, बहुत पुनीत कर्तव्य है, प्रतिभाओं की खोज और उनको प्रोत्साहन देना। उसके मार्ग में जो भी बाधाएँ हैं उन्हें दूर करने का संकल्प करना होगा।

साधनों का अर्थ सब समय रुपया-पैसा नहीं होता। प्राचीन गुरुकुलों की उस पद्धति को, जिसमें उच्चतर श्रेणियों के विद्यार्थी अपने कनिष्ठ छात्रों को पढ़ाया करते थे, बड़े पैमाने पर प्रयोग में लाने से शिक्षा के व्ययभार को हल्का किया जा सकता है। इस तरह के प्रयोग की बात शिक्षा आयोग (एजुकेशन कमीशन) ने भी कही है। उसे करके देखना चाहिए।

देशी भाषाओं में शिक्षा देने की व्यवस्था के लिए चाहे जितने भी परिश्रम की जरूरत हो या जितनी भी कठिनाई हो, हमें उनका सामना करने के लिए तैयार हो जाना चाहिए। इस विषय में इतना और कह देना आवश्यक है कि अपनी भाषाओं में शिक्षा देने का मतलब कोई आसान रास्ता निकालना नहीं है बल्कि ज्ञान के गिरते स्तर को ऊपर उठाना ही है। यदि यह स्तर ऊपर नहीं उठता और देशी भाषा के अवलम्ब लेने का अर्थ केवल कामचलाऊ शिक्षा देना मात्र है, तो इससे कोई लाभ नहीं होगा। हम देश की भाषा में जब शिक्षा देने पर जोर देते हैं तब वस्तुतः हम शिक्षा के स्तर को ऊँचा करने की बात करते हैं। यह बात सभी अध्यापकों और शिक्षा संस्थाओं को समझ लेनी चाहिए। जाहिर है कि देशी भाषाओं में शिक्षा-व्यवस्था करने का अर्थ है, अध्यापकों द्वारा और भी परिश्रम से अध्याप्य विषय के सम्प्रेषण की तैयारी। यह बात खेद के साथ स्वीकार की जानी चाहिए कि देशी भाषाओं में शिक्षा देना एक कामचलाऊ विधान मात्र मान लिया गया है। इस विषय में दुविधा, कुण्ठा और हिचक का मनोभाव पाया जाता है। जब तक प्रत्येक विद्यालय को—कुछ चुने हुए विद्यालयों को ही नहीं—आदर्श विद्यालय बना देने की धुन नहीं जगती तब तक यह समस्या सुलझने के बजाय उलझती ही जाएगी।

मित्रो, समस्याएँ बहुमुखी हैं। एक बड़ा प्रश्न हमारी परीक्षा-प्रणाली भी है। इसके बारे में सर्वत्र व्यक्त किया गया है। परन्तु दुर्भाग्यवश कोई भी उत्तम विकल्प अब तक खोजा नहीं जा सका है। जो भी छुटपुट सुधार किये जाते हैं, वे प्रायः असफल हो जाते हैं। वस्तुतः परीक्षा-पद्धति यान्त्रिक और प्राणहीन हो गयी है। इसमें प्राण संचार के लिए अध्यापकों को अधिक संयम, अध्यवसाय, स्वाधीनता और सूझबूझ से काम लेना चाहिए। सारे देश में फैले हुए जड़ संगठन के रहते हुए कार्य सम्भव नहीं लगता। इस प्रश्न को राष्ट्रीय स्तर पर सुलझाना होगा। टालते जाने से काम नहीं चलेगा। किसी एक विश्वविद्यालय के अकेले प्रयास से यह सुलझने वाला भी नहीं है।

यह एक सर्वविदित सत्य है कि परीक्षाओं के अंक सब समय विद्यार्थी की वास्तविक योग्यता के निदर्शक नहीं होते और फिर भी विद्या के क्षेत्र में इन्हीं प्राप्तांकों का शासन है। साल के अन्त में बाहरी परीक्षकों के दिये हुए अंक विद्यार्थी के भविष्य पर कुण्डली मार कर बैठ जाते हैं। अध्यापकों द्वारा परीक्षा लेने के प्रयोगों में बहुत सफलता नहीं

मिली है। उन पर पक्षपात और द्वेष का आरोप आम बात हो गयी है। हाल में कई विश्वविद्यालयों में आन्तरिक परीक्षण (इण्टरनल असेसमेण्ट) की व्यवस्था उठा दी है। यह बड़ी दुःखद बात है। विद्यार्थियों का अपने अध्यापकों पर अविश्वास बहुत ही चिन्ताजनक भविष्य की ओर इंगित करता है। अपने व्यक्तिगत अनुभव के बल पर कह सकता हूँ कि सब समय यह अविश्वास निराधार नहीं होता। विश्वविद्यालय के अध्यापक की बौद्धिक ईमानदारी सन्देह से परे होनी चाहिए। स्वयं अध्यापक ही अपने चरित्रबल से इस अविश्वास को दूर कर सकते हैं। अब भी ऐसे अध्यापक विश्वविद्यालयों में काफी संख्या में हैं जिनकी सच्चाई और ईमानदारी का सम्मान सभी करते हैं पर अगर परीक्षा प्रणाली की जड़ता को दूर करना है तो ऐसे अध्यापकों की संख्या सौ फीसदी से कम नहीं होनी चाहिए।

पुस्तकालय और प्रयोगशाला ये दो स्थान शिक्षा की देवी के मन्दिर के अन्तरगृह हैं। इनके बिना शिक्षा सदा अधूरी रहेगी। सब ओर से धन बचाकर इन्हें समृद्ध करना आवश्यक है। वे कई कमियों के पूरक हो सकते हैं। उत्तम पुस्तकालय और प्रयोगशालाएँ विश्वविद्यालय के प्राण होते हैं। विद्यार्थियों और अन्य अन्तेवासियों में जितनी ही अधिक पुस्तकालय में उपयोग की प्रवृत्ति बढ़ेगी उतनी ही ज्ञान के स्तर में ऊँचाई आएगी। इनके उपयोग को अधिकाधिक प्रोत्साहन मिलना चाहिए।

नये सामाजिक सन्दर्भों में पुरानी दुनिया की बहुत-सी मान्यताओं में तेजी से परिवर्तन हो रहा है। शिक्षा अब कुछ थोड़े से लोगों के हाथ में सीमित नहीं रह गयी है। सामाजिक उथलपुथल ने राजनीतिक नेताओं को इसमें हस्तक्षेप करने के लिए प्रेरणा दी है। कई बार राष्ट्रहित या शिक्षण के स्तर को बढ़ावा देने के लिए नहीं बल्कि किसी समूह या दल के सत्ता हथियाने की महत्त्वाकांक्षा की दृष्टि से हस्तक्षेप हुआ करते हैं, जो भयावह अशान्ति तो पैदा करते ही हैं परन्तु कोई स्थायी हल नहीं निकाल पाते। हाल में कई विद्यामन्दिरों में हिंसा, आगजनी और लूटपाट से राष्ट्रीय हित की हत्या हुई है। इस बात के सबूत भी मिले हैं कि इन सबके पीछे किसी न किसी सत्ता-लोलुप दल का हाथ रहा है। निकट भविष्य में ऐसे हस्तक्षेपों से छुटकारा पाने का भी कोई रास्ता नहीं दिखाई दे रहा है। जब तक राष्ट्र की भीतरी प्राणशक्ति बलवती होकर संकीर्ण स्वार्थों को दबा नहीं देती तब तक यह होता रहेगा। इसके दुष्परिणाम यह हो सकते हैं कि उच्चतर शिक्षा के विद्यालय प्रायः बन्द हो ही जाएँ। धीरे-धीरे इसी ओर हम बढ़ रहे हैं, लेकिन ऐसा करना चाहिए कि ऐसी भयंकर स्थिति आने के पहले ही राष्ट्र की प्राणशक्ति उद्बुद्ध हो और स्वार्थबुद्धि को दबा दे। उद्बुद्ध प्राणशक्ति ही सत्ता-लोलुपों के हाथ से देश की उगती हुई पीढ़ी की रक्षा कर सकती है।

शोध-कार्य विश्वविद्यालय का सर्वोत्तम कार्य है। यह प्रसन्नता की बात है कि आपके इस महान् विश्वविद्यालय में मानविकी, विज्ञान, कृषि, प्राविधिक-ज्ञान आदि सभी विषयों के संकाय हैं। इन सभी विषयों में शोध की भी व्यवस्था है। विश्वविद्यालय केवल आँच

पैदा करने के लिए नहीं होते। उनका मुख्य कार्य प्रकाश पैदा करना है। ज्ञान-विज्ञान के विविध अंगों पर उत्तम श्रेणी के शोध-कार्य ही यह प्रकाश है। ऐसा समझा जाता है कि हमारे देश में शोध का स्तर अभी बहुत अच्छा नहीं हो पाया है। विकसित देशों के शोध स्तर की तुलना में अभी वह बहुत नीचा है। विज्ञान और प्राविधिक विधाओं के क्षेत्र में शोध-कार्य के लिए जैसे महार्घ उपकरणों की आवश्यकता होती है, वैसे उपकरण यहाँ सुलभ नहीं हैं। परन्तु फिर भी हार मानने से काम नहीं चलेगा। निरन्तर यह प्रयास होता रहना चाहिए कि अधिक से अधिक उत्तम उपकरणों का संग्रह किया जाए और जितना उपलब्ध है, उतने का सम्बल लेकर कार्य चालू रखा जाए। मानविकी विद्याओं के शोध-कार्य के लिए उत्तम पुस्तकालय आवश्यक है। निभ्रान्त और अवितथ शोध के लिए बौद्धिक ईमानदारी और कठोर परिश्रम आवश्यक है। आपको सौभाग्य से डॉ. राजबली पाण्डेय जैसे बहुश्रुत और मेधावी विद्वान् का नेतृत्व प्राप्त हुआ है। मुझे पूरा विश्वास है कि इनके नेतृत्व में शोध-कार्य को बल मिलेगा और उसका स्तर ऊँचा होगा।

जब तक ज्ञान-विज्ञान के प्रत्येक क्षेत्र में देश की वर्द्धनशील आवश्यकताओं की पूर्ति के अध्ययनपूर्ण प्रयास नहीं होते तब तक हम देश से गरीबी और कुसंस्कारों को निर्मूल नहीं कर सकेंगे, उत्तम शिक्षा की व्यवस्था नहीं कर सकेंगे और देश में उपयुक्त नागरिक भी नहीं बना सकेंगे।

आपका यह विश्वविद्यालय ऐतिहासिक महत्त्व के परिवेश से घिरा है। यह पुरातत्त्व, भारतीय विद्या और इतिहास के अध्ययन का बना-बनाया केन्द्र है। प्राच्य विद्याओं के अध्ययन के लिए यह विशेष उपयुक्त स्थान है। संस्कृत और प्राकृत के गम्भीर अध्ययन के लिए भी यह स्थान विशेष उपयोगी है। संस्कृत का अनुशीलन केवल प्राचीन गरिमा की जानकारी के लिए ही आवश्यक नहीं है, वर्तमान सन्दर्भ में हमारे भीतर आत्म-विश्वास जागृत करने का वह अमोघ साधन भी है। मेरे विचार से सभी विश्वविद्यालयों को संस्कृत के अध्ययन-मनन और अनुशीलन पर जोर देना चाहिए। संस्कृत का साहित्य हमारे पूर्वजों की दी हुई अक्षय-निधि है। उसकी उपेक्षा से हम उभय विभ्रष्ट छिन्न मेघखण्ड की तरह विनष्ट हो जाएँगे। देशी भाषाओं की उपेक्षा अब देर तक नहीं की जा सकेगी और उनमें अभिव्यक्ति की प्रौढ़ता और समाहार शक्ति संस्कृत के बिना नहीं आ पाएगी। संस्कृत की रक्षा करके हम अपनी ही रक्षा करेंगे।

हमारे देश का अद्भुत विरोधाभास यह है कि यद्यपि यहाँ हर क्षेत्र में काम करने की बेहद जरूरत है पर यहाँ बेकार लोगों की जितनी बड़ी संख्या है, उतनी संसार में कहीं नहीं है। शिक्षितों की बेकारी का तो कहना ही क्या है। निश्चय ही हमारी शिक्षा-पद्धति वृहत्तर समाज के सन्दर्भ में अनुपयोगी सिद्ध हो रही है। ऊँची शिक्षा में ज्ञान की अब तक प्राप्त ऊँची से ऊँची उपलब्धियों की व्यवस्था तो होनी ही चाहिए किन्तु उसे सामाजिक सन्दर्भ में एकदम कटी हुई भी नहीं होना चाहिए। मेरा मतलब सोद्देश्यता से है, अँग्रेजी में जिसे 'रेलिवेंस'(संगति) कहते हैं। साथ ही, अध्यापकों और विद्यार्थियों

में ऐसी प्रवृत्ति विकसित होनी चाहिए कि सभी इस महान् ज्ञान-यज्ञ में हिस्सेदार हों। अध्यापक और विद्यार्थी दोनों को ऐसा अनुभव होना चाहिए कि वे एक जीवन्त सुकुमार व्यवस्था को रूप दे रहे हैं। दोनों में ही उस 'मिथःपूरक भागधेय वृत्ति' का विकास कर रहे हैं जिसे अँग्रेजी में 'सेंस ऑव पार्टिसिपेशन' (साझेदारी) कहते हैं। इसके अतिरिक्त विश्वविद्यालयों में उत्तम व्यवस्थापन का भी पूरा ध्यान रखना चाहिए, जिसे अधिकारी समझे जाने वाले व्यक्ति किया करते हैं। ये चारों बातें एक दूसरे से अंगांगिभाव से सम्बद्ध होनी चाहिए। इन चारों बातों के जीवन्त संग्रन्थन को ही हमारे देश में 'कुल' कहा जाता था और इसी भाव को सदा स्मरण रखने के लिए गुरुकुल, कुलपति आदि शब्द कल्पित हुए थे। दुर्भाग्यवश हमारे विश्वविद्यालयों में गुरुकुल भावना समाप्त हो गयी है। ज्ञान की उच्चता, सामाजिक सन्दर्भ में उसकी सोद्देश्यता, अध्याप्य और अध्यापक तथा अधिकारियों में 'मिथःपूरक भागधेय वृत्ति' और व्यवस्थापक का प्राणवन्त संग्रन्थन ही विद्यालय को गुरुकुल बनाता है, तभी वह समाज का पूरा समर्थन और पोषण पाता है। यह नहीं हो रहा है। यह चिन्ता का विषय है। कैसे होगा ? क्या कोई उपाय ही नहीं है ?

है। उपाय है। हमारे भीतर इसका उपाय है। हमारी संकल्प-शक्ति ही रास्ता बता सकती है।

मेरे तरुण मित्रो, अमृतस्य पुत्राः, बड़े विकट काल में आप विश्वविद्यालय की शिक्षा समाप्त करके वृहत्तर जीवन में प्रवेश करने जा रहे हैं। क्या हारकर और थककर बैठ जाना है ? समस्याएँ हैं, कठिन समस्याएँ हैं पर वह वीर ही क्या जो कठिनाई को देखकर भय खा जाए। कठिनाइयों को देखकर घबरा जाना जवानी की हार है।

> बाधाएँ हैं, हैं विघ्न जानता हूँ मैं
> पर यही जान कर प्राण वक्ष में झूमें।

यह वही देश है जहाँ के जवानों ने एक पीढ़ी पहले हथेली में प्राण लेकर संसार के सबसे मजबूत शासन का तख्ता पलट दिया था। गाँधी और मालवीय, रवीन्द्रनाथ और विवेकानन्द, तिलक और लाजपत राय, भगत सिंह और आजाद का देश क्या आज निरुपाय होकर चुप बैठ जाएगा ? देश में आदर्श के प्रति निष्ठा क्या एकदम समाप्त हो गयी है ? ऊँचे विचार और सादे जीवन का आदर्श क्या बिलकुल मर गया है ? नहीं मित्रो, अभी थकने का समय नहीं आया है। स्वाधीनता-प्राप्ति का दाम हमने कस के चुकाया है, स्वाधीनता रक्षा का दाम भी उसी मुस्तैदी से चुकाना होगा। हमारा देश संसार के अन्य देशों से पीछे रहने के लिए नहीं बना है। आज की चुनौती का सामाना करना पड़ेगा, पूरी लगन और ताकत के साथ देश को समृद्ध करने का काम अभी बाकी पड़ा है। कृषि, वाणिज्य और उद्योग के क्षेत्र अभी सूने पड़े हैं। कौन है जो कोटि-कोटि जनता को गरीबी, अशिक्षा, कुसंस्कार और पस्तहिम्मती से बचाएगा ? यह काम आपको करना

है। अभी भी भोग का अवसर नहीं आया है पाने की लालसा रखने वाले भरमते हैं, लुटाने की साधना करने वालों को काम की कमी नहीं होती। यह बड़े दुर्भाग्य की बात है कि लोगों ने युवकों को तोड़फोड़ करने की ओर प्रवृत्त किया है। यह उनकी शक्ति की भयंकर बर्बादी है। समूचे राष्ट्र को सुखी और समृद्ध बनाने के लिए अपार धैर्य, अथक परिश्रम, अकुण्ठ त्याग, अनासक्त अध्यवसाय की जैसी आज आवश्यकता है, वैसी इसके पहले कभी नहीं थी। विद्या दान से बढ़ती है, ज्ञान कर्म से समृद्ध होता है, आचरण त्याग से पवित्र होता है। जीवन सन्तोष से सुखी होता है। इन चिरकालीन मूल्यों में कोई अन्तर नहीं आया है। आपमें से प्रत्येक के पास अद्‌भुत शक्ति का भण्डार है। दृढ़ संकल्प के साथ कर्मक्षेत्र में आइए। समस्याओं के समाधान का एक ही रास्ता है—परिश्रम के साथ देश की उत्पादन शक्ति को बढ़ाना। इसके लिए कठिनाइयों का सामना करना बड़ा ही पुनीत कर्तव्य है।

मित्रो, अभी थकने का समय नहीं आया है, देश को सब प्रकार से समृद्ध और शक्तिशाली बनने में रंचमात्र भी ढील देना सत्यानाश को निमन्त्रित करना है। जो भी शिक्षा आपको मिली है उसे देशवासियों को सुलभ कीजिए। राष्ट्र-निर्माण का कोई भी काम छोटा या हल्का नहीं है। आपके प्रयत्नों से उस भयंकर जड़ता का अवसान होगा जिसने पूरे समाज को पंगु बना रखा है। सेवा का स्थान अधिकार ने ले रखा है, त्याग को भोगवृत्ति ने धूमिल कर डाला है, मैत्रीभाव को झूठी अहमिका ने दबोच लिया है और सात्त्विक जीवन को तड़क-भड़क ने ग्रस लिया है। उठो, पूरी शक्ति लगाकर जड़ता के आवरण पर चोट करो। बड़ा वह है जो अभावग्रस्तों के लिए सही ढंग से जीवन-यापन का मार्ग प्रशस्त करता है। स्वयं कष्ट पाकर और वंचित रहकर भी दूसरों को सुखी बनाता है। वह नहीं जो धन संचय करके अपना पेट पालता है। मोटी तनखाहें शिक्षित जीवन का चरम सत्य नहीं, भूले-भटकों के लिए प्रकाश-स्तम्भ बन जाना ही पढ़े-लिखे मनुष्य का परम धर्म है। दुखियों के कष्टताप से तप्त होकर उनके मंगल के लिए प्रयत्न ही परमात्मा की सबसे बड़ी आराधना है।

तप्यन्ते लोकतापेन साधवः प्रायशो जनाः।
परमाराधनं तद्धि पुरुषस्याखिलात्मनः।।

विश्वविद्यालय पूरे समाज से विच्छिन्न नहीं होते। जब तक समाज पूर्णतः सुखी और समृद्ध नहीं होता तब तक विश्वविद्यालय भी अपने कर्त्तव्य को निभा नहीं सकेंगे। हमारे देश के विश्वविद्यालयों के पास धन का अभाव है। वे चाहते हुए भी बहुत-सी सुविधाएँ नहीं दे सकते। पर जब तब अध्यापकों, छात्रों और अधिकारियों के वर्ग एक दूसरे के पूरक बनकर त्याग और निष्ठा के साथ परिश्रम नहीं करते, तब तक उनकी दशा नहीं सुधरेगी। बाहर से थोड़ी-बहुत सहायता मिल भी जाए तो उससे विशेष लाभ की आशा नहीं है। हमें अपनी भीतरी शक्ति पर भरोसा करके बढ़ना होगा। मैं आपको कोई

अगवाह रास्ता नहीं बता सकता और न यही विश्वास करा सकता हूँ कि दूसरा कोई बता सकता है। हमने अपनी कमियों और त्रुटियों पर बहुत सोचा-विचारा है। समय आ गया है कि हम अपनी शक्तियों पर सोचना शुरू करें। गाँधी की भूमि में यह असम्भव नहीं है। क्यों न गाँधी की जन्म शताब्दी हम इस संकल्प के साथ मनाएँ कि हम अपनी भीतरी शक्ति के भरोसे कठिनाइयों को पार करेंगे। ये भीतरी शक्तियाँ हैं—अटूट आत्मविश्वास, काम करने की पवित्रता में दृढ़ आस्था, सच्चाई और मैत्री पर अडिग विश्वास और विरूप से विरूप परिस्थितियों में भी अहिंसा का दृढ़ अवलम्ब।

मेरे नौजवान मित्रो, तुम्हारा भावी जीवन कल्याणमय हो, तुम्हारे भीतर देश को समृद्ध करने की उत्कट अभिलाषा का प्रवाह कभी न टूटे, कठिन से कठिन परिस्थितियों में तुम्हारा धैर्य स्थिर रहे, तुम्हारे मन में न कभी भय का संचार हो, न दूसरों को भय दिखाने की प्रवृत्ति जगे। तुम्हारे मन में देश के प्रति और अपने इस पवित्र विद्या-मन्दिर के प्रति भक्ति का स्रोत कभी न सूखने पाए। तुम्हारा आरम्भ शुभ हो, बुद्धि कल्याणमयी हो, आचरण पवित्र हो, ज्ञान चरितार्थ हो।

कविगुरु रवीन्द्रनाथ की एक पंक्ति स्मरण आ रही है—ऐ मेरे प्यारे पखेरू, यद्यपि सन्ध्या का अन्धकार मन्द मन्थर गति से बढ़ता चला आ रहा है और (प्रकाश का) सारा संगीत उसके इशारे पर ठमक गया है तो भी मेरे भोले विहंग, अभी पंख बन्द करने का समय नहीं आया। अभी थककर रुक जाने का समय नहीं आया—

> यदि ओ सन्ध्या आसिछे मन्द मन्थरे,
> सब संगीत गेछे इंगिते थामिया,
> तबु बिहंग, ओरे बिहंग मोर,
> एखनि अन्ध बन्द करो न पाखा।

शुभास्ते सन्तु पन्थानाः* ।

★ जबलपुर विश्वविद्यालय के द्वादश दीक्षान्त समारोह में दिया गया दीक्षान्त भाषण 29 जनवरी 1969

पुस्तकालय : सन्त-मिलन का उत्तम मार्ग

तुलसीदास जी ने कहा है कि "नहीं दरिद्र सम दुख जग माहीं। सन्त-मिलन सम सुख जग नाहीं।।"

दारिद्र्य से बढ़कर कोई भी बड़ा दुःख नहीं है, दरिद्र आदमी के सब मनोरथ व्यर्थ हो जाते हैं, अतः दारिद्र्य से बड़ा अभिशाप कोई नहीं है, पर सुख भी अर्थ पा लेने में नहीं है—वह है सत्संगति में। तुलसीदास जी ने यह भी कहा है—"तात स्वर्ग अपवर्ग सुख, धरिय तुला इक अंग। तूल न ताहि सकल मिलि, जो सुख लव सत्संग।।"

एक क्षण के सत्संग में जो सुख है, सारा स्वर्ग और अपवर्ग का सुख भी उसके सामने कुछ नहीं, ऐसी सत्संग की महिमा कही है। पर सन्त मिले कहाँ ? कोई आदमी कहे कि मैं बड़ा भारी सन्त हूँ, तो निश्चित समझिए कि वह सन्त नहीं है, सन्त कभी नहीं कहता कि मैं बड़ा भारी सन्त हूँ। परन्तु आखिर न कहे तो पाया कैसे जाए ? कहाँ खोजा जाए सन्त को ? सन्त वेष में तो बहुत से लोग मिल जाएँगे, पर असली सन्त को पहचानना बड़ा कठिन कार्य है। परमात्मा की कृपा होती है तभी सन्त-मिलन होता है।

पुस्तकें परीक्षित सन्त हैं : मानस में कहा है—जो पै राम अनुग्रह कीना, तो तुम आई दरस हठि दीना। सन्तों में से अनेक ऐसे हैं, जिनके बारे में हम निश्चित रूप से कुछ नहीं जानते, कुछ का अवश्य उनके जीवनकाल में ही परिचय मिल जाता है, पर कई बार बड़ा सन्देह भी पैदा हो जाता है। अतः अगर सही सत्संग या परीक्षित सन्त देखना चाहो तो कहाँ मिलेंगे ? वे मिलेंगे इन पुस्तकों में। इनमें जो ज्ञान संचित है, उसकी परीक्षा हो चुकी है। यहाँ जो ज्ञान संचित है, उसमें कहीं भी कलुष नहीं है। मनुष्य का जो शरीर है, कितने ही बड़े ज्ञानी का क्यों न हो, उसमें कुछ दोष रह ही जाता है। सन्त बनना तो बड़ी भारी साधना है, इसका तो संकल्प ही बहुत बड़ा है। तुलसीदासजी जैसे सन्त ने भी प्रभु से यह प्रार्थना की है—"श्री रघुनाथ कृपालु कृपा तेते, सन्त सुभाव गहौंगो", हे प्रभु ऐसा कोई दिन आएगा कि तुम्हारी कृपा से मुझे सन्त का स्वभाव मिल जाएगा।

मनुष्य के भीतर बहुत प्रकार की भाव-धाराएँ आती-जाती रहती हैं—मनुष्य उनसे विचलित भी होता है। हमारे शास्त्रकारों ने बताया है कि जन्म के साथ ही भगवान् ने

दुश्मनों की एक भारी फौज, यथा—काम, क्रोध, मद, लोभ, मोह—हमारे पीछे लगा दी है। यह इतनी बड़ी सेना अपने अनुचरों सहित बेमतलब हमारे पीछे दौड़ती रहती है और आदमी कभी-न-कभी काम का, क्रोध का, मोह का, लोभ का शिकार हो ही जाता है। लेकिन उससे मुक्त कब होता है ? उससे मुक्ति इसमें है, यह जो ज्ञान पुस्तकों में संचित है, इसको खोल लीजिए, किसी भी सन्त-वाणी को पढ़िए, तुलसीदास की रामायण को खोल लीजिए, कबीर की वाणी को खोल लीजिए, दादूदयाल की वाणी खोल लीजिए—नानक की वाणी खोल लीजिए, उसमें कलुष नहीं है।

सन्त-मिलन का उत्तम मार्ग : यह जो मिट्टी का शरीर है, उसमें कलुष किसी-न-किसी बहाने आ ही जाता है पर उससे हटकर ज्ञान का शुद्ध रूप, चैतन्य का चिन्मय रूप इन पुस्तकों में विद्यमान है। इनको अगर हर व्यक्ति के लिए सुलभ किया जा सके तो इससे बढ़कर कोई सन्त-मिलन नहीं है। पुस्तकालय सन्त-मिलन के सबसे उत्तम मार्ग हैं। अच्छे-अच्छे विद्वानों की वाणियाँ, विचारकों की वाणियाँ आज हमारे सामने रखी हैं और हम उन्हें ग्रहण करने में स्वतन्त्र भी हैं। आदमी सामने रहता है तो उसके व्यक्तित्व का प्रभाव पड़ता ही है और बहुत-सी बातें हमें अनिच्छापूर्वक भी मान लेनी पड़ती हैं। पर यहाँ दबाव डालनेवाला कोई नहीं है। पढ़ने पर तुम्हें अच्छी नहीं लगी तो नाहीं भी कर सकते हो, अस्वीकार भी कर सकते हो। तो पुस्तकालय बहुत महत्त्वपूर्ण चीज है, क्योंकि इसके भीतर हमारे महापुरुषों का चिन्मय रूप, ज्ञानमय रूप, उनकी उपलब्धियाँ सुरक्षित हैं।

तीन ऋणों की एवं चार पुरुषार्थों की कल्पना : हमारे शास्त्रकारों ने कल्पना की है कि जैसे काम, क्रोध, मोह आदि दुश्मन भगवान ने जन्म के साथ ही लगा दिये हैं, वैसे ही कुछ कर्जा भी लाद दिया है। इसे ऋण कहते हैं। बहुत-सा है जो बच्चे के पैदा होते ही उसके सिर पर चढ़ जाता है, इसे चुका दिया तो कोई पुण्य नहीं, अगर न चुकाया तो पाप करते हो। अगर बाप ने कर्जा लिया और तुमने चुका दिया तो तुमने अपना कर्तव्य-पालन किया है, कोई पुण्य थोड़े ही किया है और न चुकाते तो जरूर पाप करते हो। तीन ऋणों की कल्पना की है। जैसे हमारे यहाँ चार धर्म या पुरुषार्थों की कल्पना की है, यथा—धर्म की प्राप्ति होनी चाहिए, अर्थ की प्राप्ति होनी चाहिए और इसलिए इस क्रम को रखा है कि अर्थ ऐसा होना चाहिए जो धर्म के खिलाफ न हो, काम ऐसा होना चाहिए जो धर्म और अर्थ दोनों के खिलाफ न हो, तीनों में Conflict नहीं होना चाहिए—धर्म का प्रथम स्थान है। अर्थ कमाओ, जरूर कमाओ, यह तो आवश्यक है पर धर्म के विरुद्ध न हो। संसार के जितने सुख हैं उनको भोगो, पर धर्म और अर्थ दोनों के अनुकूल हो, प्रतिकूल नहीं, अगर अलग गये तो डूबे। यह तो त्रिवर्ग है और इनसे जो अलग किस्म की चीज है उसका नाम मोक्ष रखा है, वह चतुर्थ है। जैसे पुरुषार्थों की positive कल्पना है, वैसे ही एक ऋणात्मक एक negative कल्पना है।

आज मैं जो बोल रहा हूँ, आप सुन रहे हैं। ये हाथ हैं, पैर हैं, मुँह है। कल्पना

कीजिए कि इनमें से यदि कोई एक भी अंग नहीं होता तो दुनिया के सुख से कितना वंचित रह जाते ! मेरे पैर में जरा-सा दर्द हो गया था नहीं तो एक महीने पहले आपके दर्शन करता—उसमें इतनी देर हो गयी, जरा-सा दर्द होने से। यह जो अपना इतना बड़ा शरीर है, अपनी समस्त शक्तियों सहित हमें जन्म के साथ ही मिल गया, कोई इसके लिए किसी ने मेहनत की है ? हाथ मिल गया, पैर मिल गया, आँख मिल गयी, समझने की अक्ल मिल गयी, भाषा मिल गयी, सब मिल गया। किसने दिया ? माँ-बाप ने दिया। माँ-बाप को भी तो उनके माँ-बाप ने दिया और इसी तरह यह परम्परा चली हुई है। कौन छूटता है इससे ? तो यह कितना बड़ा पितृ-ऋण है। अगर कहीं भी चूक हुई होती, तो हमारी आँख गड़बड़ हो जाती, कान गड़बड़ हो जाता, समझने की अक्ल गड़बड़ हो जाती। तो कितना बड़ा ऋण दिया है पितृ-पितामहों ने। शास्त्रकारों ने इसे पितृ-ऋण कहा है। इस ऋण को अगर तुम चुकाते हो तो कोई पुण्य नहीं करते और न चुकाते हो तो पाप करते हो। चुकाते हो तो केवल अपना कर्तव्य-पालन करते हो। तो कैसे चुकाओगे इस ऋण को ? सन्तान परम्परा को कायम रख कर के—स्वयं माँ-बाप बन करके—"प्रजातन्तुं मा व्यवच्छेत्सि"—प्रजा का जो तन्तु है, यह जो सन्तान-परम्परा है इसको छिन्न मत करो, ऐसा हमारे गुरुकुलों में उपदेश देते हुए कहा जाता था।

मैं नहीं तो आगे कोई और, एक पुश्त बाद, दो पुश्त बाद, चार पुश्त बाद अगर कोई एक ऐसा बालक उत्पन्न हो गया, कोई एक शंकराचार्य, गाँधी, टैगोर उत्पन्न हो गया हमारे खानदान में, तो धन्य हो जाएगा कुल। "कुलं पवित्रं, जननी कृतार्थाः"—वह कुल पवित्र हो जाता है। "पुत्रि पवित्र किये कुल दोऊ"—तो ऐसी सन्तान होने से दोनों कुल पवित्र हो जाते हैं, माता का भी, पिता का भी। हिन्दू धर्म संन्यासियों का नहीं, गृहस्थों का धर्म है। एक गृहस्थ की साधना बहुत लम्बी होती है, गृहस्थ न जाने कितने पुश्त आगे की सोचकर चलता है—कहीं कोई ऐसी सन्तान पैदा हो जाए। एक व्यक्ति कोई मोक्ष की साधना करे—मुक्त हो जाए तो उसमें क्या है ?

दूसरा जो ऋण है, उसको ऋषि ऋण कहते हैं। आप सोचिए कि न्यूटन को, आकर्षण शक्ति (gravitation power) किस तरह से कार्य करती है, इसे समझने में कितना समय लगा ? सेब का फल उनके सिर पर गिरा और उनको ख्याल आया कि यह कैसे गिरा ? तो उन्होंने आकर्षण शक्ति का हिसाब लगाना शुरू किया एवं यह जाना कि कितने वजन पर, कितनी दूरी पर, कितनी velocity पर क्या आकर्षण होता है। कितना समय लग गया उनको इसमें ? पर आज उसी के आधार पर यहाँ बैठे-बैठे बड़े-बड़े नक्षत्र, गृह, तारे इस विशाल आकाश में जो-जो भी विद्यमान हैं, उनको तोल सकते हैं, जिनकी रोशनी तक नहीं मिलती उनका भी अनुमान लगा सकते हैं। यह न्यूटन की कितनी बड़ी देन है ! आज तो इण्टरमीडियेट में पढ़नेवाला बालक भी शायद न्यूटन से अधिक जान लेता है, पर अगर उन ऋषियों ने यह रास्ता न बनाया होता तो हम कितने पिछड़े रहते। एक-एक ऋषि ने जो सारे जीवन तपस्या करके अन्त में जाकर जो

ज्ञान पाया वह अनायास ही आज हमें इन ग्रन्थों में उपलब्ध है। आज का बच्चा किताब खोलता है और उसे आसानी से वह सत्य मिल जाता है। कितना बड़ा ऋण है यह !

फिर ऋण क्या एक दिशा में है, न जाने ज्ञान की कितनी दिशाएँ हैं! आज तो आप बढ़िया से बढ़िया कपड़े की मिल बड़ी सरलता से खड़ी कर लीजिए, पर उस आदमी का ऋण क्या चुकाया जा सकेगा जिसने पहले-पहल यह सोचा होगा कि कपास को ऐसे करो तो सूत निकलेगा, सूते को सूते पर इस तरह रखो तो कपड़ा बनेगा। छोड़िए इसे, जिस आदमी ने पहले-पहल यह सोचा था कि दाल में हल्दी डालने से उसका स्वाद ज्यादा अच्छा हो जाता है, तो कितनी बड़ी बात सोची थी उसने ! यह कोई भी नहीं जानता कि वह कौन था। पर उसके ज्ञान का सुख तो हम भोग ही रहे हैं। यह कपड़ा बनाना, मकान बनाना, यह गोल चक्के का आविष्कार जिसने पहले-पहल किया, कितना बड़ा ऋण है उनका ! आज आप कितनी बड़ी-बड़ी मशीनें बना लीजिए, सिद्धान्त तो वही है—ज्ञान का फल तो हम भोग ही रहे हैं, वह आदमी नहीं। काल-देवता के पास इतना समय कहाँ है कि वह अपनी नाव में सबको लाद कर ले चले। गुरुदेव की एक कविता है, उसमें बताया है कि किसी ने धान काट कर रखा है, नदी में चारों ओर पानी भरा हुआ है, दूर से उसने देखा कि एक नौका आ रही है। सोचा कि नौका वाले को बुला लें तो धान भी रख देंगे, अपने भी पार हो चलेंगे। नौकावाले को पुकारा, वह आया तो उसने कहा कि धान भी रख लो एवं मुझे भी ले लो। धान लाद लिया पर अब उसमें जगह नहीं बची "ठाँई नहीं ठाँई नहीं छोटी-सी तरी…"। सोने का धान लेकर, यानि सिद्धान्त या ज्ञान लेकर काल-देवता चल दिये और जिस-जिस आदमी ने कपड़ा बनाने का, गोल चक्का बनाने का, दाल में हल्दी डालने आदि का सिद्धान्त बनाया वे बिचारे किनारे छूट गये, उनको कोई नहीं जानता है, लेकिन उनका ज्ञान अभी भी चला आ रहा है और मनुष्य उसका उपयोग कर रहा है, कितना बड़ा ऋण है यह !

यह जो सभ्यता आज आगे बढ़ रही है वह न जाने कितने लोगों के ज्ञान का फल है। यह दर्शनशास्त्र है, लॉजिक है। यह कितने बड़े-बड़े विद्वानों ने कितनी रगड़ खाकर पाये हैं और आज के विद्यार्थी के लिए ये अत्यन्त सुलभ हैं—थोड़ा-सा परिश्रम करने पर, परिश्रम ही न करे तो भगवान् ही मालिक है। जरा भी अगर चाहे तो सुलभ है। यह ऋषियों का बड़ा भारी ऋण है। कैसे चुकाया जाए इसको ? जिसने दिया वह तो चला गया, न जाने कहाँ है वह ? इस लोक में ही हम लोगों के बीच में फिर से आया है या अन्य कहीं है, कौन जानता है ? यह जानना बड़ा मुश्किल है। वहाँ की खबर कौन रखता है ?

> यहाँ ते सब कोई जात है, टान लदाय लदाय।
> वहाँ ते कोई नहीं बावड़े, जाके पूछो धाय।।

कबीरदास जी बिचारे बड़े परेशान थे कि किससे पूछें कि वहाँ क्या होता है। कुछ

पता नहीं लेकिन वह ऋण तो हमारे ऊपर है। उस ऋण को कैसे चुकाएँ ? दो उपाय हैं, प्रथम—उसकी रक्षा करके एवं दूसरा उसको आगे बढ़ा करके।

पुस्तकालय ऋषि-ऋण चुकाने का प्रयत्न : ज्ञान को आगे बढ़ाना सबके बस की बात नहीं है। जितना ज्ञान है, उसकों आज पा लेना ही कठिन है। पर भगवान् की कृपा से आगे चलकर कोई ऐसी सन्तान हो सकती है, जो उसको आगे बढ़ा दे। न्यूटन के बाद जैसे आइंस्टिन ने बढ़ाया। शंकराचार्य के अद्वैत के सिद्धान्त को उनके बाद जैसे परवर्ती आचार्यों ने और निखारा, अतः वही बात—'प्रजातन्तुं मा व्यवच्छेत्सि' इस ज्ञान को सुरक्षित कम से कम अवश्य कर दो। तुलसीदास तो कोई हजारों वर्षों में एक पैदा होता है, अतः बढ़ा सको तो बहुत अच्छी बात है। नहीं तो इसे सुरक्षित अवश्य कर दो कि आगे शायद कोई आ जाए—शायद इसी छोटीखाटू में कोई प्रतिभाशाली बालक पैदा हो जाए जो आगे चल कर साहित्य को समृद्ध कर दे, कला को समृद्ध कर दे। अतः विद्यालय खोलकर, पुस्तकालय खोलकर जिस प्रकार से भी हो, इसकी रक्षा करो और इसको आगे बढ़ाने का प्रयत्न करो। अगर बढ़ा सके तो बहुत अच्छी बात है, नहीं तो इतना तो तुम्हारा कर्त्तव्य अवश्य है कि यह नष्ट न होने पाए और अगली पीढ़ी के लिए सुरक्षित रहे। कहीं तो कोई पैदा हो जाएगा ऐसा बालक, जो इसे आगे बढ़ा देगा तो धन्य हो जाएगा। गृहस्थ की साधना एक पीढ़ी की नहीं होती , हजारों पीढ़ी की होती है। अतः यह जो पुस्तकालय आपने खोला है, यह आप ऋषि-ऋण चुकाने का प्रयत्न कर रहे हैं। किसी दिन ऐसा हो सकता है कि इसी छोटीखाटू गाँव का कोई बालक तुलसीदास के समान, रवीन्द्रनाथ के समान, विवेकानन्द के समान नयी ज्योति दे सके और देश को अन्धकार से प्रकाश की ओर ले जाने में बड़ी भारी सहायता कर सके। असम्भव कुछ भी नहीं है, होगा, अवश्य होगा, क्यों नहीं होगा ?

इसके साथ-साथ जो एक और कर्जा लेकर आदमी पैदा होता है, वह है देव-ऋण। जैसे पितृ-ऋण हैं, ऋषि-ऋण है वैसे ही देवता का भी ऋण है। देवता क्या चीज है ? हमारे देश में प्रत्येक प्राकृतिक शक्ति को देवता माना है। गंगाजी देवता हैं, धरती मैया देवता हैं, पानी बरसानेवाला बादल भी देवता है। यानि प्राकृतिक शक्तिमान् देवता है। अगर धरती मैया कह दे कल से कि भैया, अब तक तो जितना बन पड़ा हमने किया, अब हमसे अनाज नहीं उपजेगा तो आपका सारा आविष्कार, सारा तकनीकी ज्ञान ठप्प पड़ जाएगा, क्योंकि खाएगा क्या आदमी ? धरती आखिर माता है, किसी साल थक कर कह देती है, बेटा ! इस साल बस हमको थोड़े छुट्टी दो तो चारों ओर त्राहि-त्राहि मच जाती है। वैसे ही इन्द्र देवता भी अगर कह दें कि बाबा, मैं थक गया। इस साल वर्षा जरा रहने दो या कम से कम एक महीना रहने दो तो कैसी त्राहि-त्राहि मच जाती है। तो यह जो कुछ हम पा रहे हैं, सब प्रकृति का दिया हुआ है, देवता का दिया हुआ है। यस्य देवस्य काव्यं—यह सारा देवता के छन्द में लिखा हुआ देवता का काव्य है। यह देवता का दिया हुआ अन्न, देवता का दिया हुआ वस्त्र है। इसको कैसे चुकाया

जाए ? पितृ-ऋण और ऋषि-ऋण चुकाने की बातें तो किसी तरह समझ में आयीं।

इसका एक ही उपाय है—बाँट कर खाया जाए। जो कोई भी आये उसको पहले खिलाकर तब खाओ। हमारे यहाँ प्राचीन शास्त्रकारों के शब्दों में इसे अभ्यागत-सेवा, अतिथि-यज्ञ कहते हैं। इसे आधुनिक अर्थ में हम ऐसा ले सकते हैं कि भाई, देवता का दिया हुआ जो कुछ यह प्रसाद है, वह अकेले का नहीं है अतः बाँट कर खाओ, आराम से खाओ, एक-दूसरे के दुःखदर्द में सहायक बनकर रहो, तभी इस ऋण से मुक्ति होगी।

यह जो आपका पुस्तकालय है, उसको मैं तो इसी रूप में देखता हूँ कि ज्ञानियों के, तपस्वियों के अनेक प्रकार के विचारकों का जो यह ज्ञानमय शरीर है, उसकी आप रक्षा भी कर रहे हैं, उसे बढ़ाने का प्रयत्न भी कर रहे हैं। इसका परिणाम अवश्य अच्छा होगा, क्योंकि ज्ञान की साधना कभी व्यर्थ नहीं जाती। अभी आपका छोटा पुस्तकालय है, ज्ञान आज बहुत बढ़ गया है, तो इसे और बढ़ाइए, हर विषय को बढ़ाइए। लेकिन इसके साथ-साथ एक और बात है—जैसा कि भण्डारीजी ने अभी व्याख्यान में बताया एवं पहले भी बातचीत से मालूम हुआ कि गाँव आपका बहुत पुराना है और न जाने कहाँ-कहाँ और कितनी मूर्तियाँ व प्राचीन सामग्री यहाँ बिखरी हुई है। मनुष्य की यह महिमा है, विधाता ने उसे यह अपूर्व शक्ति दी है कि जो चीज नश्वर है, उसको भी वह कुछ अधिक स्थिरता प्रदान कर देता है। एक बहुत सुन्दर गुलाब का फूल खिलता है, कुछ देर में मुरझा जाता है पर आदमी है कि पत्थर में एक फूल बना देता है वह प्रकृतिवाला फूल तो मुरझा जाता है पर यह जैसा का तैसा हजारों वर्ष तक खिला का खिला रहता है। मूर्तियाँ जो मिलती हैं उन्हें देखकर लगता है जैसे अभी-अभी इन्हें बिजली मारी है, जैसे हँसते-हँसते खत्म हो गये हों। किसी का पैर टूट गया, कोई हर्ज नहीं। जो बचा है वही काफी है, विदिशा में एक नर्तकी की केवल एक हाथ की मुद्रा मिली है, लेकिन वह इतनी जबरदस्त है कि इस मुद्रा पर से आप उसके पूरे शरीर की कल्पना कर सकते हैं, यह देखकर कि किस भाव में, किस स्थिति में यह हाथ की मुद्रा बनी हुई है। अतः एक-एक चीज, एक-एक खिलौना महत्त्वपूर्ण है। अतः यहाँ इर्द-गिर्द के क्षेत्र में जो मूर्तियाँ एवं अन्य ऐतिहासिक सामग्री है, इसमें तो कोई सन्देह नहीं कि बहुत सारी ऐतिहासिक सामग्री है, उसको आप सुरक्षित रखने का प्रयत्न करें। हो सकता है कि ऐसा कोई विद्वान् कभी पैदा हो जो उनमें से नयी बात देख सकेगा, जैसे इस ज्ञान को स्थायी किया हुआ है वैसे ही उस सौन्दर्य को भी स्थायी करने का प्रयत्न करें। टूट गया है, कोई हर्ज नहीं। टूटा हुआ दर्पण भी चेहरा ठीक ही दिखाता है। तोड़ दिया किसी ने, उसकी बला से पर जो बचा हुआ है वह न टूटने पाए, इसका प्रयत्न करना चाहिए। इस पुस्तकालय को केन्द्र कर के उसकी कही व्यवस्था करें। भारत कला-भवन जो इस संसार का एक श्रेष्ठ म्यूजियम है, उसे रामकृष्णदासजी ने थोड़ा-थोड़ा संग्रह करते-करते ही इतना बड़ा बनाया है।जैसे आप पुस्तकों की सेवा कर रहे हैं, वैसे ही आप में से कोई उत्साही व्यक्ति पुराने खिलौने, सिक्के, मूर्तियाँ, पाण्डुलिपियाँ इत्यादि को

भी जो भी इतिहास की चीजें हैं, सुरक्षित रखने का प्रयत्न करें। एक बड़ी भारी गलती होती है इसमें इसका हम ध्यान रखें। जहाँ हम इतिहास की पूजा करने लगते हैं, वहाँ ऐसा लगता है कि हम इतिहास से बँधे हुए हैं।

इतिहास—भूतकाल को देखने की तीसरी आँख : आदमी द्विलोचन है, लेकिन बड़ी तपस्या के बाद उसने अपने को त्रिलोचन बनाने की कोशिश की है। तीन आँखों वाले शिव ज्यों हैं, शिवजी की तीसरी आँख भूतकाल और भविष्य दोनों को देखती हैं। इतिहास जो है वह विधाता की दी हुई तीसरी आँख है। एक गुजराती लड़का हमारा विद्यार्थी था, वह बड़े टेढ़े-टेढ़े सवाल किया करता था, अतः उसको लोग पागल कहने लग गये थे। होता ऐसा है कि जो टेढ़े सवाल करे उसको थप्पड़ मार कर भगा दो, कह दो क्या बक-बक करते हो, जाओ। लेकिन मैं ऐसा नहीं कर पाया। एक दिन वह मेरे पास आया और कहने लगा—'गुरुजी !' मैंने कहा 'कहो, बेटे ! क्या है ?' 'एक सवाल आपसे पूछना है।' 'पूछो।' 'आप भगवान् को मानते हैं ?' मैंने कहा—'हाँ, मानता हूँ, थोड़ी गल्ती कर चुका हूँ, शायद आगे भी मानता रहूँगा।' तो वह कहने लगा—'भगवान् में कुछ अक्ल भी है ?'—'हाँ, होनी चाहिए', मैंने कहा। तो उसने कहा, 'अगर भगवान् में अक्ल होती तो ये जो आदमी को दो आँखें उसने दे रखी हैं—अगर एक आगे और एक पीछे दे देता तो उसका क्या खर्च हो रहा था ?' मैंने सोचा—सचमुच बड़ा टेढ़ा सवाल किया है, इस लड़के ने तो (मारेसि मोहिं कुठाँव)। मैंने थोड़ा सोचकर कहा—'बेटा, ऐसा लगता है भगवान् की यह इच्छा नहीं थी कि आदमी पीछे की ओर देखे। उसकी योजना थी कि आदमी सदा सामने की ओर ही देखे। पीछे देखने की कोई जरूरत नहीं।' कह तो दिया, पर वह प्रश्न आज तक मेरे मष्तिष्क में घूमता रहता है कि आखिर वह क्या बात थी ? भगवान् की बात हम लोग क्या समझ सकते हैं ? क्या सोच कर उन्होंने ऐसा किया ? सोचा जरूर होगा, यह तो मान लेते हैं। पर आदमी ने एक तीसरी आँख पैदा अवश्य कर ली है, वह है इतिहास की आँख। इन मूर्तियों, मुद्राओं इत्यादि के माध्यम से हम पीछे की ओर उड़ान लेते हैं और जहाँ तक देख सकें, पीछे की ओर देखने का प्रयत्न करते हैं। पूरे त्रिलोचन तो नहीं हो सकते— हमारी इतिहास की आँख बड़ी धुँधली है, साफ-साफ दिखाई देने लगे तो हम ही न महाकाल देवता हो जाएँगे ? काल पर अधिकार कर लेंगे —लेकिन तीन नहीं ढाई भी नहीं तो सवा दो आँख तो हमने बना ही ली है, तो जो यह इतिहास है वह हमारी पीछे देखने वाली दृष्टि है, परन्तु भगवान् की इच्छा के अनुसार लक्ष्य हमारा सदैव आगे की ओर होना चाहिए।

इतिहास तब सिद्धिदाता होता है जब इसका मुँह भविष्य की ओर हो : प्रकृति ने जितनी भी चीजें बनायी हैं, उसमें सबसे उत्तम यह मनुष्य का शरीर बनाया है। पर इसमें एक दोष है, वह है मनुष्य का मन। यह बड़ा पाजी है, इधर-उधर भटका करता है। तो अगर ताजा-ताजा कोई शव हो, जिसमें से कि प्राण निकल गया हो तो पुराने साधक कहते थे कि यह शव का ही रूप हो जाता है।

पहले तान्त्रिक साधक लोग हुआ करते थे, अब भी होते होंगे, दिखाई नहीं देते। आजकल एक साधना होती थी, शव-शाधना या मुर्दे की साधना। शव को चुन कर लाते थे। हाय-हाय करके मरा हो तो वह शव किसी काम का नहीं। सन्मुख युद्ध में मरा हो, दूसरों की रक्षा करने में उत्साह से प्राण दिया हो तो ऐसे शव को चुनकर लाते थे और नदियों के संगम पर बैठकर उसकी तपस्या की जाती थी। शव का मुँह नीचे कर दिया जाता था और उस पर बैठकर एक मन्त्र जपा जाता है। मन्त्र मुझे मालूम तो है पर बताऊँगा नहीं, शायद कोई साधना करने न लग जाए।

तो कहते हैं कि मन्त्र जपते-जपते जब सिद्धि की अवस्था आती है तो शव का मुँह जो नीचे की ओर रहता है, वह ऊपर हो जाता है और फिर वह कहता है—वरदान माँगो। क्या चाहते हो ? राज्य चाहते हो ? धन चाहते हो ? स्वर्ग चाहते हो ? जो चाहते हो सो माँगो। तो अगर कच्चा साधक होता है तो इतने में ही विचलित हो जाता है, लेकिन जो पक्का साधक होगा वह इन सब चीजों में नहीं भटकेगा और साधना करता रहेगा। इसकी अनेक विधियाँ हैं। खैर, तो यह जो हमारा इतिहास है, मैं तो इसको सच्ची शव-साधना समझता हूँ। ये बड़े-बड़े खण्डहर, मूर्तियाँ, सिक्के जैसे हँसते-हँसते काठ मार गया हो इनको। इनकी पीठ पर बैठकर साधना करो, तो यह इतिहास की सच्ची साधना होगी। शर्त यह है कि सिद्धि तब मिलेगी जब इनका मुँह भविष्य की ओर हो जाएगा। अगर इतिहास हमको पीछे की ओर ही बाँध देता है तो वह इतिहास नहीं है। इतिहास तब सिद्धिदाता होता है जब इसका मुँह भविष्य की ओर हो जाता है और पुराने के आधार पर हम उससे नया कुछ गढ़ने की, नव-निर्माण की, सृष्टि करने की इससे उमंग पाते हैं। तो आप जो यह पुस्तकों का, सिक्कों का, मूर्तियों का, संग्रह करें तो उनका मुँह भविष्य की ओर होना चाहिए। अगर केवल इतिहास ही है, तो उसकी जानकारी मनुष्य के भविष्य के निर्माण के लिए होनी चाहिए। तो मित्रो, यह एक बहुत बड़ी चीज होगी अगर आप इस पुस्तकालय के साथ-साथ कला की चीजों, पुराने इतिहास की सामग्रियों यथा--मूर्तियों, सिक्कों, पाण्डलिपियों इत्यादि का भी संग्रह करें। राजस्थान में ये चीजें भरी पड़ी हैं। दूसरे लोग यहाँ से चीजें उठा-उठा कर ले जाते हैं तो क्यों न आप ही संग्रह करें ? ताकि यहाँ पर तीर्थ-यात्रियों का दल पहुँचा करे यह देखने कि अमुक पुस्तक, अमुक मूर्ति, अमुक शताब्दी का सिक्का छोटीखाटू पुस्तकालय में सुरक्षित है, वहाँ चलो। और आगे चल कर भविष्य में आप छोटी-मोटी पत्रिका भी निकाल सकते हैं, उसमें उन चित्रों को दे सकते हैं, विद्वानों को बुला सकते हैं इन चीजों की जाँच करने।

प्रभा-मण्डल के इतिहास पर प्रकाश : खेतों में यत्र-तत्र बिखरी मूर्तियों में से ही कई बार कुछ ऐसी चीजें मिल जाती हैं जिसके द्वारा इतिहास पर अद्भुत प्रकाश पड़ता है। बहुत पहिले की बात है, एक बार मैं और टीकमगढ़ के महाराजा कहीं जा रहे थे। रास्ते में देखते हैं कि एक किसान किसी पत्थर पर अपने खुरपे या कुदाल को रगड़ कर चोखा बना रहा था। महाराज ने कहा—लगता है कि कोई मूर्ति है—उन्होंने उसे उसी समय

खुदवाया तो वह महावराह की मूर्ति निकली—अद्‌भुत मूर्ति। उसमें एक विचित्र बात दिखाई दी। यह जो देवताओं की मूर्तियों में चेहरे पर प्रभा-मण्डल देखते हैं—कुछ विद्वानों का, विशेष रूप में विदेशी विद्वानों का, कहना है कि यह प्रभा-मण्डल की कल्पना पहिले भारत में नहीं थी, यह यूनानियों के सम्पर्क से आयी, किन्तु उस मूर्ति ने एक बहुत ही अद्‌भुत प्रकाश डाला, प्रभा-मण्डल के इतिहास पर। उस मूर्ति से मालूम पड़ा कि यह प्रभा-मण्डल की कल्पना विदेशी नहीं, हिन्दुस्तान की है। और कैसे आयी ? हमारे यहाँ छत्र की प्रथा थी। मुँह स्पष्ट आए अतः छत्र को तिरछा करते गये और वह छत्र ही तिरछा होते-होते बाद में प्रभा-मण्डल बना। यह उस महावराह की मूर्ति से स्पष्ट था क्योंकि उसमें जो छत्र था वह पीछे की ओर तिरछा किया हुआ था, तो हमने कहा—महाराज यह तो प्रभा-मण्डल का इतिहास बता रहा है। वह मूर्ति मेरे ख्याल में चौथी शताब्दी की थी। उसके पास एक पंचमुख शिवलिंग की भी मूर्ति निकली और पंचमुख शिवलिंग चौथी शताब्दी में था।बाद में बदल गया। तो देखिए, अगर राजा साहब को यह दृष्टि न होती तो वह चीज गड़ी रह जाती या नष्ट हो जाती जिससे हमारे इतिहास पर एक नया प्रभाव पड़ा। बाद में तो उन्होंने बम्बई म्यूजियम के लोगों को भी उसके लिए बुलाया।

मान लो अगर इतिहास की कोई समस्या न भी सुलझती तो भी वह मूर्ति अपने आप में ऐसी ऊर्जस्वित थी कि ऐसा मालूम होता था कि एक-एक बोटी-बोटी जैसे बन्धन को तोड़ कर निकल जाना चाहती हो। जड़ता हमेशा नीचे की ओर खींचती है और चेतनता हमेशा ऊपर की ओर ले जाती है। एक छोटा-सा तिनका जिसमें प्राण-शक्ति होती है, पृथ्वी की सारी आकर्षण शक्ति भी उसको नीचे खींचने में असमर्थ हो जाती है। प्राणशक्ति हमेशा ऊपर की ओर ले जाती है। ऐसी बहुत-सी चीजें हो सकती हैं कि जिनसे अगर हमारे इतिहास या हमारी सभ्यता पर प्रकाश न भी पड़े तो भी अपने आप में जो उनका सौन्दर्य है, ऊर्जस्विता है, उसमें कलाकार ने जो तेजस्विता गढ़ने की कोशिश की है, वह तो कहीं नहीं जाती। उसी के साथ धीरे-धीरे अध्ययन-कक्ष भी चले तो मैं समझता हूँ कि यह बहुत ही उत्तम होगा। मैं एक बार फिर आपको बहुत-बहुत धन्यवाद देता हूँ।

(छोटी खाटू में 11 अक्टूबर 1973 में दिया गया भाषण)

'आमादेर शान्तिनिकेतन'

अव्याहतैर्वितथ-वाङ्मय पांशुवर्षै-
र्मा मा बिलीकुरुत कीर्तिनदीः परेषाम्।

'माधुरी' की पौष-संख्या में प्रो. शैवालि की एक पुस्तक The Rival of Tagore की समालोचना प्रकाशित हुई है। दुर्भाग्यवश उक्त पुस्तक हमारे सामने अभी तक नहीं आ सकी है। फलतः उसके अध्ययन से अभी तक वंचित ही रहना पड़ा है। पर 'माधुरी' के द्वारा उस पुस्तक का एक चित्र हमारे सामने आ गया है। इस समालोचना के द्वारा हम आसानी से पुस्तक के वर्णित विषयों का अनुमान कर सकते हैं। इस लेख का उद्देश्य उस पुस्तक के सभी अनुमित विषयों की आलोचना या प्रत्यालोचना नहीं है, न यह उचित ही है कि केवल अनुमान से जानी हुई बातों पर कुछ मतभेद प्रकट कर दिये जाएँ। पर, एक बात से 'माधुरी' के पाठकों को ज्ञात करा देना हम अपना कर्तव्य समझते हैं। इसमें तो सन्देह नहीं है कि उक्त पुस्तक में शान्तिनिकेतन पर आक्षेप किये गये हैं और साथ ही, कविवर रवीन्द्रनाथ ठाकुर के धवल यशःशरीर पर कीचड़ उछालने का प्रयत्न किया गया है। कम से कम 'माधुरी' में दिये गये 'परिचय' से तो स्पष्ट है। लेखक इसी बात पर कुछ कहना चाहता है। प्रो. शैवालि की बातें अनुचित और शायद ईर्ष्या-प्रसूत हैं। यही बात वह कहना चाहता है। इस बात को प्रोफेसर साहब के साथ शास्त्रार्थ करके नहीं बल्कि पाठकों के सामने वस्तुस्थिति का यथार्थ दर्शन करके हम बताना चाहते हैं।

शान्तिनिकेतन क्या है ? शान्तिनिकेतन कवि की मधुर कल्पनाओं का मूर्त रूप है। इसको बाहर से देखा जा सकता है और भीतर से समझा जा सकता है। विदेशी दर्शक जब पाश्चात्य सभ्यता के कृत्रिम जाल से बाहर आकर शान्तिनिकेतन के झुरमुटों में शान्ति की साँस लेता है तो वह इसी को सब कुछ समझकर 'वाह' कह उठता है और प्रो. शैवालि जैसा भारतीय दर्शक आकर वशिष्ठ और विश्वामित्र को खोजता आता है और शान्तिनिकेतन की पान्थशाला में ठहर कर सवेरे जाने वाली ट्रेन की प्रतीक्षा में घड़ी देखते-देखते विश्वामित्र या वशिष्ठ की छाया नहीं देख पाता तो 'आह' कर उठता है। शान्तिनिकेतन बाहर से इसी 'वाह' और 'आह' का रूप है। पर दोनों ही मिथ्या।

शान्तिनिकेतन न तो कवि का स्वप्न है और न वह हो ही सकता है। स्वप्न कभी

सत्य नहीं होता। वह (शा.नि.) तो प्राच्य और पाश्चात्य शिक्षा-पद्धति में प्रायः सभी ग्रहणीय और उपयोगी बातों का यथासम्भव सम्मिश्रण है। जो लोग यह सुनकर कि वृक्षों की छाया और लताकुंजों के तल देश में शैफालिका की भीनी-भीनी सुगन्धि से सिक्त पवन के मधुर झोंकों के साथ ही आश्रम के विद्यार्थियों का अध्यापन होता है, यहाँ रोमन्थ सहित मृग शावकों से अध्युसित नीवार राशि से मण्डित कुटीर देखने के लिए बोलपुर का टिकट कटाएँगे, वे पहली बात को सत्य पाकर भी दूसरी के लिए निराश होंगे। यहाँ शेफालिका और नवमालिका, जया और कुन्द की मावल सुरभिसिक्त मन्द वायु मिलेगी, न्यग्रोध और शाल तरु की शीतल घन-छाया मिलेगी। और उन्मुक्त आकाश तथा स्वच्छन्द संचारी समीर भी मिलेंगे। पर, रोमन्थ वाले मृग या समित्पारित ब्रह्मचारी नहीं मिलेंगे। वे लोग जो कवि की देशभक्ति परिप्लुतहृदय के उद्‌गारों को देखकर शान्तिनिकेतन में अग्निवर्षी व्याख्यान सुनने की इच्छा से इस पवित्र तीर्थ की यात्रा करेंगे, वे भी निराश होंगे। क्योंकि शान्तिनिकेतन स्वप्न नहीं है। वह मृग-मरीचिका के पीछे नहीं दौड़ता। वह ज्वालामुखी के उगले हुए राखों को देश की भूमि के लिए उपयुक्त खाद नहीं समझता।

लेखक को शान्तिनिकेतन के बच्चों के बीच रहना पड़ा है। उनकी दैनिक चर्या को देखने का सौभाग्य उसे भीतर रहकर मिला है। सवेरे साढ़े चार बजे, प्रधान विद्यार्थी (कैप्टन) ने सीटी बजायी, आश्रम का शान्त और स्तब्ध वायुमण्डल घण्टा निनाद से मुखरित हो उठा और कैप्टन ने सभी कमरों में जा-जाकर विद्यार्थियों को जगा दिया। काम शुरू हो गया। जो विद्यार्थी भोजनालय का प्रबन्धक है वह भोजनालय के नौकरों को जगा देगा। कुओं पर पानी देने वाले को जगा देगा और अन्य अपने विभाग के कार्यों को अपने सहकारी की सहायता से करेगा। अतिथि-शाला का मैनेजर अतिथियों की आवश्यकता का ज्ञान प्राप्त करने चला गया। जिसके सिर पर चिकित्सालय का भार है वह अपने रोगी भाइयों की खोज खबर के लिए रवाना हुआ। इस प्रकार शान्ति के साथ सभी काम चलने लगे। फिर घण्टा बजा। यह नित्यकृत्य का है। फिर बजा। यह झाड़ू देने का है। फिर स्नान करने का। इस प्रकार उपासना का, प्रार्थना का, जल-पान करने का, प्रारम्भिक गान का घण्टा बजा करता है। यह सब हो जाने के बाद क्लास शुरू हुई। क्लास वृक्षों के नीचे होती हैं। दस बजे तक क्लास समाप्त हो जाती हैं। साढ़े ग्यारह बजे तक भोजन समाप्त हो जाता है। सवा बारह बजे अपने-अपने स्थान पर बैठकर पढ़ने का घण्टा बजता है। दो बजे से फिर क्लास शुरू होती है और चार बजे सब समाप्त हो जाती है। फिर कुछ जलपान करके खेल-कूद शुरू हो जाते हैं। छः बजे सायंकाल फिर उपासना और प्रार्थना। पढ़ने के लिए रात को एक ही स्थान पर अध्यापकों के तत्त्वावधान में बालकों को एकत्र होना पड़ता है। छोटे बच्चों को रात को कहानियाँ सुनाई जाती तथा चुनी-चुनी पुस्तकें पढ़के सुनाई जाती हैं। ऊपर की सारी बातें लड़कियों के लिए भी ज्यों की त्यों काम में लायी जाती हैं। बालकों और बालिकाओं की सारी शिक्षा साथ ही साथ दी जाती है।

शान्ति निकेतन की सारी प्रबन्ध सम्बन्धी व्यवस्थाएँ बालक-बालिकाओं के ऊपर हैं। विद्यार्थियों के अपराधों की सजाएँ भी उन्हीं के निर्णयों पर दी जाती हैं। विद्यार्थियों की अपनी साहित्य सभाएँ हैं, ग्राम संघटन करने की समितियाँ हैं और उनके अलग-अलग अनेकों विभाग हैं। सारा कार्य अध्यापक, अध्यापिकाओं की देख-रेख में होता है पर अध्यापक उसमें तब तक हस्तक्षेप नहीं करते जब तक विद्यार्थियों के निर्णय से उनके अमंगल की सम्भावना न हो। अध्यापकों और विद्यार्थियों का इतना अधिक मेल-जोल है कि प्रत्येक अध्यापक दादा, भैया और अध्यापिका दीदी कही जाती है।

शान्तिनिकेतन का सुन्दर चित्र निम्नलिखित कविता से प्रदर्शित किया जा सकता है। यह गान आश्रम के विद्यार्थियों के द्वारा गाया जाता है। कहना नहीं होगा कि कविता गुरुदेव (आश्रम के लोग इसी नाम से कवि को पुकारा करते हैं) की है :

आमादेर शान्ति निकेतन
आमादेर सव उते आपन।।
तार आकाशभरा कोले
मोदेर दोले हृदय दोले।
मोरा वारे वारे देखि तारे नित्यई नूतन
मोदेर तरु मूलेर मेला
मोदेर खोला माठेर खेला
मोदेर नील गगनेर सोहाग भाखा सकाल सन्ध्या वेला
गोदेर शहलेर छायावीधि
वाजाय वनेर कल गीति
सदा पातार नाचे मेते आछे आमालकि कानन।
आमरा येथाय मरि घुरे
से ये याय ना कभू दूरे
मोदेर मनेर माझे प्रेमेर सेतार बाँधा ये तार सुरे
मोदेर प्रानेर सगे प्राने
सेवे मिलियाछे एक ताने
मोदेर भाइयेर संगे भाई के ये करेछें एक मन।
आमादेर शान्ति निकेतन।
आमादेर सब हवे आपन।

सचमुच शान्तिनिकेतन ऐसा ही है।

पर क्या शान्तिनिकेतन कवि के आदर्शों के अनुरूप नहीं बना या शान्तिनिकेतन का आदर्श कवि के जीवन के आदर्श से उत्कृष्ट किया निकृष्ट है ? यह प्रश्न Rival of Tagore के दूसरे पहलू हैं। पंजाब का कवि बंगाल के कवि से बढ़कर है या घटकर, यह हम नहीं कह सकते पर Rival शब्द की ध्वनि से 'बढ़कर' तो नहीं है। यदि पंजाब

का कवि सचमुच उत्तम कवि है तो हम चाहे न माने पर रवीन्द्र का हृदय उसे उचित स्थान देने में कभी नहीं हिचकेगा। हम लोग Rivalry की भावना में जिया-मुआ करते हैं। विश्व कवि का हृदय Rivalry से मुक्त है। इसीलिए इस विवाद को हम यहीं छोड़कर कवि के आदर्शों की ओर एक दृष्टि देना चाहते हैं।

जन गण मन अधिनायक जय हे

देश का राष्ट्र-गीत 'वन्देमातरम्' गान हो या 'जनगणमन अधिनायक', इस प्रश्न पर आज-कल बहुत वाद-विवाद हो रहा है। भारतीय विधान-सभा शीघ्र ही इस बात पर विचार करेगी। दोनों गानों के पक्ष और विपक्ष में बहुत कुछ कहा गया है। मुझे इन बातों पर यहाँ विचार करना अभीष्ट नही हैं। परन्तु इधर हाल में कुछ लोगों ने यह बात उड़ा दी है कि यह 'जनगण' वाला गान कविवर रवीन्द्रनाथ ठाकुर ने सम्राट पंचमजार्ज की स्तुति में लिखा था और वह पहले-पहल सन् 1912 ई. के दिल्ली दरबार में गाया गया था। इस सम्बन्ध में मेरे पास अनेक सज्जनों ने पूछताछ की है। भारत का राष्ट्रगीत चाहे जो भी स्वीकार किया जाए, वह हम लोगों के लिए पूजनीय और वन्दनीय होगा, पर किसी असत्य बात का प्रचारित होना अनुचित है। मैंने विश्व भारती संसद् (गवर्निंग बॉडी) के सदस्य की हैसियत से अन्य अनेक मित्रों के साथ एक वक्तव्य 30 नवम्बर, 1948 को दिया था जिसमें इस प्रकार की धारणा को सप्रमाण भ्रान्त सिद्ध कर दिया था। परन्तु उस वक्तव्य के प्रकाशित होने के बाद भी पत्र आते रहे। इसलिए एक बार फिर मैं साधारण जनता के चित्त से इस भ्रान्त धारणा को दूर करने के उद्देश्य से यह वक्तव्य प्रकाशित करा रहा हूँ।

कुछ दिन पहले तक इस प्रकार के अपप्रचार का क्षेत्र बंगाल तक ही सीमित रहा है। कवि की जीवितावस्था में ही इस प्रकार की काना-फूसी चलने लगी थी। किसी-किसी ने उनसे पत्र लिखकर यह जानने का प्रयत्न भी किया था कि इस कानाफूसी में कुछ तथ्य है या यह बिलकुल निराधार है। कवि ने बड़ी व्यथा के साथ श्री सुधारानी देवी को अपने 23 मार्च, 1939 के पत्र में लिखा था कि मैंने चतुर्थ या पंचमजार्ज को 'मानव इतिहास के युग-युग धावित पथिकों के रथयात्रा का चिर-सारथी' कहा है, इस प्रकार की अपरिमित मूढ़ता का सन्देह जो लोग मेरे विषय में कर सकते हैं, उनके प्रश्नों का उत्तर देना आत्मावमानना है।''

रवीन्द्र-साहित्य का साधारण विद्यार्थी भी जानता है कि रवीन्द्रनाथ राजा या राजराजेश्वर किसे कहते हैं। साधारण जनता जिसे ईश्वर या भगवान कहती है उसी को रवीन्द्रनाथ ने राजा, राजेन्द्र, राजराजेश्वर आदि कहा है। उनके 'राजा', 'डाकघर',

'अरूपरतन' आदि नाटकों में यही राजा अदृश्य पात्र होता है। एक शक्ति कविता में उन्होंने इस 'राजेन्द्र' को सीमाहीन काल का नियन्ता कहा है। उनके गानों में इस 'राजा' पर भरोसा करने की बात कही गयी है। एक गान में उन्होंने लिखा है कि तेरे स्वामी ने तुझे जो कौड़ी दी है उसे ही तू हँस कर ले ले, हजार-हजार खिंचावों में पड़ा मारा-मारा न फिर। ऐसा हो कि तेरा हृदय जाने कि तेरे राजा हृदय में ही विद्यमान हैं।

जे कड़ितोर स्वामीर देवा सेइ कड़ि तुइनिस रे हेसे।
लोकेर कथा जिसने काने फिरिसने आट हजार टाने।
जेन रे तोर हृदय जाने हृदय तोर आद्येन राजा।।

जो लोग सरल भाव से विश्वास कर सकते हैं कि रवीन्द्रनाथ ने 'राजेश्वर' कहकर किसी पंचमजार्ज की स्तुति की है, वे यदि गान की कुछ पंक्तियों पर थोड़ा भी विचार करते तो उन्हें अपना भ्रम स्पष्ट हो जाता। कैसे कोई किसी पंचम या पष्ठ जार्ज को—

''विकट पन्थ उत्थान पतन मय युग-युग धावित यात्री
हे चिरसारथि तव रथचक्रे मिखरित पथ दिन रात्री
दारुण विप्लव माँझे, तब शंखध्वनि बाजे
संकट दुख परित्राता'' (हिन्दी अनुवाद से)

कह सकता है ? फिर कोई पंचम या अपंचम जार्ज को किस प्रकार—

''घोर अन्धतम विकल निशा भयमूर्छित देश जनों में
जागृत था तव अविचल मंगल नत अनिमिष नयनों में
दुःस्वप्ने आतंके आश्रय तव मृदु अंके,
स्नेहमयी तुम माता।''

कहकर उसे 'जनगण' संकट त्राटक कह सकता है ? और रवीन्द्रनाथ जैसे मनस्वी कवि से जो लोग आशा करते हैं कि किसी नरपति को वह इतना सम्मान देगा कि सम्पूर्ण भारत उसके चरणों में 'नतमाथ' होगा, उसे क्या कहा जाए !

वस्तुतः यह गान दिल्ली दरबार में नहीं, बल्कि सन् 1911 ई. में हुए कांग्रेस के कलकत्ते वाले अधिवेशन में गाया गया था। सन् 1914 ई. में जॉन मुरे ने 'दि हिस्टारिकल रेकार्ड ऑव दि इम्पीरियल विजिट टु इण्डिया, 1911' नाम से दिल्ली दरबार का एक अत्यन्त विशद विवरण प्रकाशित किया था। उसमें इस गान की कहीं चर्चा नहीं है। सन् 1914 में रवीन्द्रनाथ की कीर्ति समूचे विश्व में फैल गयी थी। अगर यह गान दिल्ली दरबार में गाया गया होता तो अँग्रेज प्रकाशक ने उसका अवश्य उल्लेख किया होता, क्योंकि इस पुस्तिका का प्रधान उद्देश्य प्रचार ही था।

असल में सन् 1911 के कांग्रेस के माडरेट नेता चाहते थे कि सम्राट् दम्पती की

विरुदावली कांग्रेस मंच से उच्चारित हो। उन्होंने इस आशय की रवीन्द्रनाथ से प्रार्थना भी की थी, पर उन्होंने अस्वीकार कर दिया था। कांग्रेस का अधिवेशन 'जनगण मन' गान से हुआ और बाद में सम्राट् दम्पती के स्वागत का प्रस्ताव पास हुआ। प्रस्ताव पास हो जाने के बाद एक हिन्दी गान बंगाली बालक-बालिकाओं ने गाया था, यही गान सम्राट् की स्तुति में था। सन् 1911 ई. के 28 दिसम्बर के 'बंगाली' में कांग्रेस अधिवेशन की रिपोर्ट इस प्रकार छपी थी—

'The proceedings commenced with a patriotic song composed by Babu Rabindranath Tagore, the leading poet of Bengal (Janaganamana...) of which we give the English translation (यहाँ अँग्रेजी में इस गान का अनुवाद दिया गया था।) Then after the passing of the loyalty resolution, a Hindi song paying heartfelt homage to their Imperial Majesties was sung by Bengali boys and girls in chorus.

विदशी रिपोर्टरों ने दोनों गानों को गलती से रवीन्द्रनाथ लिखित समझ कर उसी तरह की रिपोर्ट छापी थी। इन्हीं रिपोर्टों से आज यह भ्रम चल पड़ा है।

मैं स्पष्ट रूप से बता दूँ कि मैं 'वन्देमातरम्' गान का कम भक्त या प्रशंसक नहीं हूँ। यह वक्तव्य इस उद्देश्य से दिया गया है कि असत्य बात प्रचारित न हो और इस महान् कवि के सिर व्यर्थ का ऐसा दोषारोप न किया जाए जिसने भारतवर्ष की संस्कृति को सम्पूर्ण जगत् में प्रतिष्ठा दिलवायी। रवीन्द्र मनस्वी कवि थे, वे कभी किसी विदेशी नरपति की स्तुति में इतना मनोहर गान लिख ही नहीं सकते थे।

मेरु कहाँ है ?

आर्य-जाति का प्राचीन निवास-स्थान कहाँ था, इस प्रश्न को लेकर भिन्न-भिन्न विद्वानों ने अपने-अपने भिन्न-भिन्न सिद्धान्त स्थिर किये हैं। उनके मार्ग भी एक नहीं, उनके विचार करने का नियम भी एक नहीं और प्रायः उनके उद्देश्य भी एक नहीं। प्राच्य और पाश्चात्य विद्वानों के अधिकांश मतभेद उनकी दृष्टिकोण की भिन्नता के कारण ही उत्पन्न हो जाते हैं। जो हो, विद्वानों ने बड़े परिश्रम से इस विषय की खोज की है। परन्तु विषय इतना जटिल है कि इतना अनुसन्धान होने पर भी एक प्रकार से तिमिरावृत ही है। आगे की कुछ पंक्तियां इसी गहन विषय के समझने का प्रयास हैं।

इस विषय पर सबसे महत्त्वपूर्ण कार्य भगवान् तिलक का 'ओरायन' नामक ग्रन्थ है। प्राचीन ज्योतिष के ग्रन्थों के आधार पर विद्वान् लेखक ने नाना प्रकार की युक्तियों से आर्य-जाति का आदि-निवास-स्थान सुमेरु पर्वत किंवा उत्तर ध्रुव निश्चित किया है। इसके बाद इस विषय पर अँग्रेजी, मराठी और बँगला आदि भाषाओं में कितनी ही पुस्तकें, इस सिद्धान्त के खण्डन-मण्डन में निकलीं। यह कार्य लगातार अब भी जारी है। हिन्दी में मासिक पत्रों के दो-एक निबन्धों को छोड़कर शायद कोई पुस्तक नहीं लिखी गयी। यह कितने खेद की बात है कि जिस भाषा के क्रीड़ा-क्षेत्र में ज्योतिष या प्राचीन शास्त्रों के विद्यापीठ—काशी, मिथिला आदि—वर्तमान हों, उसी में इस विषय का ऐसा अभाव !

अस्तु ! भगवान् तिलक के खण्डन में लिखे निबन्धों में किसी का आधार भाषा-तत्त्व, किसी का आधार भूगोल-विज्ञान और किसी का आधार विज्ञान की अन्य शाखाएँ हैं। परन्तु जिस आधार को मुख्य मानकर उन्होंने अपना सिद्धान्त स्थिर किया है, उसकी ओर बहुत कम—नहीं के बराबर—लोगों ने ध्यान दिया है। लेखक का तात्पर्य उन्हीं आधारों पर से इस विषय पर विचार करना है। यह आधार क्या है ?—देवता का निवास-स्थान मेरु।

किसी भी प्राचीन हिन्दू-ग्रन्थ को ले लीजिए, आपको उत्तर दिशा की प्रशंसा और दक्षिण दिशा की निन्दा मिलेगी। उत्तर में देवता हैं, उत्तर में स्वर्ग है, उत्तर में मोक्ष है, उत्तरायण में मृत्यु से स्वर्ग प्राप्त होता है, उत्तर में अमृत है, इत्यादि।[1]

यह सब क्यों है ? ऐतिहासिकों का विचार है कि आर्य उत्तर से आये, और इसीलिए इस दिशा को इतना महत्त्व दिया गया। मेरु पर्वत ही इनका आदि निवास-स्थान है। प्राचीन ग्रन्थों से पता चलता है कि मेरु के आगे नहीं जाया जा सकता। उसी पर्वत पर सूर्य अस्त होता है।[2]

अब प्रश्न यह होता है कि यह मेरु कहाँ है ? प्राचीन ज्योतिष-ग्रन्थों से यह स्पष्ट है कि सुमेरु, मेरु या उत्तर ध्रुव का स्थान एक ही वस्तु है। मेरु सबके उत्तर में है। वहाँ कोई दिशा विचारी नहीं जा सकती।[3] इसीलिए लोकमान्य तिलक ने उत्तरी ध्रुव को मेरु मानकर उस पर से अपना सिद्धान्त स्थिर किया। परन्तु केवल ज्योतिष के आचार्यों की बात पर ही उसका निर्णय नहीं किया जा सकता। भास्कराचार्य भूगोल का वर्णन करके अपने सुप्रसिद्ध ग्रन्थ 'सिद्धान्त शिरोमणि' के वासनाभाष्य में लिखते हैं कि मेरा भूगोल-वर्णन पुराणों के आधार पर है।[4] अतः इस विषय में पुराणों की खोज करना अच्छा होगा। इस विषय पर हाल ही में पं. तारादत्त पन्त साहित्याचार्य जी का 'गोल-सूत्र'—नामक एक छोटा-सा, किन्तु उत्तम संस्कृत ग्रन्थ प्रकाशित हुआ है। आगे चलकर हम इस ग्रन्थ से भी प्रमाण उद्धृत करेंगे। पं. राधावल्लभ पाठक ने भी गोलाध्याय की प्रस्तावना में इस विषय पर विशद विचार किया है। इन विद्वानों के विचार यथास्थान दिखाये जाएँगे। अभी हम पुराणों से ही प्रमाण लेते हैं। मेरु पर्वत का निर्णय करने के पूर्व जम्बू द्वीप कहाँ है, इसी का निर्णय करना चाहिए, क्योंकि पुराणों में जम्बू द्वीप को पंकज की तरह मानकर उसके मध्य में मेरु को माना गया है।[5] यदि एशिया को जम्बू द्वीप मान लिया जाय, तो मेरु इसके मध्य में कैसे आ सकता है ?[6] इस आशंका से बहुत से विद्वान् जम्बूद्वीप की परिधि बहुत बढ़ा देते हैं। सारी दुनिया को ही 'जम्बू' नाम दे देते हैं।[7] 'इसमें सन्देह नहीं कि जम्बूद्वीप कभी बहुत व्यापक अर्थ में लिया जाता था, परन्तु पीछे से उसकी परिधि छोटी मान ली गयी। एक समय सारा सौर जगत् जम्बूद्वीप कहा जाता था।[8] ब्रह्माण्ड शब्द वा भी इसी अर्थ में व्यवहार किया जाता था। परन्तु धीरे-धीरे जम्बू-द्वीप आधी दुनिया[9] और फिर एशिया के बराबर ही माना जाने लगा। मेरु को पहले से ही एक स्थान देकर जम्बू-द्वीप का निर्णय करने के कारण ही विद्वानों का इधर ध्यान आकर्षित नहीं हुआ। वास्तव में पुराणों का मेरु उत्तरी ध्रुव नहीं है। मेरु शब्द सुमेरु का ही पर्याय मान लिया गया है। सम्भव है, देवताओं का आवास होने ही के कारण मेरु और सुमेरु एक ही पर्यायवाची मान लिये गये हों।[10] जो हो, ज्योतिष-ग्रन्थों में मेरु और सुमेरु एक ही अर्थ में पर्यायवाची ही नहीं, एक स्थान ही के वाचक होकर आये हैं। किन्तु पुराणों में शायद ऐसा नहीं हैं । सारी पृथ्वी को जम्बू द्वीप न मानकर, महाभारत के अनुसार[11] यदि पृथ्वी का एक अंश एशिया महादेश मानें तो पुराणों के वाक्यों की संगति लगती है, नहीं तो नहीं। पं. राधावल्लभजी की यही राय है।

यदि मेरु सबके उत्तर में है, तो उसके उत्तर में कुछ न होना चाहिए; पर वास्तव में

यह बात नहीं। पुराणों में मेरु के चारों ओर नगरियों, देशों और पर्वतों का उल्लेख है।[12] इन पुराण वाक्यों को लेकर विचार करने पर इतना तो निश्चय हो जाता है कि उत्तर ध्रुव मेरु नहीं है। मेरु के उत्तर में भी देश हैं[13], तो फिर यह मेरु कहाँ है ? जम्बू द्वीप का हवाला देकर ही महाभारत और पुराणों ने मेरु का निर्देश किया है। केतुमाल-वर्ष भी मेरु का पता लगाने में समर्थ है। भागवत के अनुसार इलावृत्त प्रदेश[14] में मेरु है। जम्बू द्वीप और इलावृत्त का स्थान खोज लेने पर मेरु का ज्ञान सरलता से हो जाएगा। सुप्रसिद्ध विद्वान् पं. तारादत्त पन्तजी ने अपने गोलासूत्र में साइबेरिया और ग्रीनलैण्ड को इलावृत्त स्वीकार किया है। परन्तु पं. राधावल्लभजी ने अपनी प्रस्तावना में सम्भवतः मध्य एशिया को इलावृत्त-वर्ष स्वीकार किया है। भास्कर आदि आचार्यों के मत से पं. तारादत्तजी का मत ठीक हो सकता है[15] किन्तु पुराणों के मत से कुछ भेद पड़ने की सम्भावना है। आगे हम केतुमालवर्ष और गन्धमादन का अनुसन्धान करेंगे। मेरु के चारों ओर भिन्न जाति के देवों (ऐतिहासिकों की राय में आर्यों) में चार नगरियाँ (उपनिवेश) बसायीं।[16] इनमें पितरों की नगरी मेरु के दक्षिण में है। यह स्थान गन्धमादन पर्वत से सत्रह दिन की राह है।[17] गन्धमादन पर्वत पर गरुड़ का निवास है।[18] पुराणों से यह भी पता चलता है कि गन्धमादन के पूर्व में शाल्मली नामक द्वीप में भी गरुड़ का निवास था (ब्रह्माण्डपुराण 41वाँ अध्याय)। वंशवृद्धि होने पर वे मेरु के पूर्व में रहने लगे। इस प्रकार यह गन्धमादन पर्वत, जो गरुड़देव का निवास-स्थल है, हिमालय के उत्तर में मालूम होता है। मेरु पर्वत का समीपवर्ती पितृस्थान यदि उत्तरी ध्रुव के पास मानें, तो इस स्थान से सत्रह दिन में वहाँ पहुँचना असम्भव-सा जान पड़ता है। इस बात को मान लेने पर मेरु को मध्य एशिया में ही मानना उत्तम होगा। यदि पाण्डु में दैवी शक्ति मान ली जाए, जिसे लेखक असम्भव नहीं समझता, तो भी केतुमालवर्ष उससे सटा हुआ प्रदेश बताया गया है। लोकमान्य तिलक केतुमालवर्ष को योरप समझते हैं। पं. राधावल्लभ तुर्किस्तान को केतुमालवर्ष कहते हैं। इसका कारण वह यह बतलाते हैं कि क्षीरोद समुद्र के मन्थन के कारण केतुमालवर्ष को भारी क्षति[19] पहुँची थी। इसलिए क्षीरोद सागर के तट पर ही केतुमालवर्ष होगा। केतुमालवर्ष के पास ही किसी महाह्रद में कश्यप ऋषि ने तपस्या की। यह महाह्रद हैमकूट पर्वत (मेरु) के पश्चिम में था[20]। कास्पियन समुद्र क्या यही महाह्रद है ? कैलास पर्वत पर मानसरोवर है।[21] मत्स्य पुराण से पता चलता है कि चैत्ररथ नाम का वन उसी मानस या कैलास के पास है।[22] इस प्रकार चैत्ररथ वन कैलास से बहुत अधिक दूरी पर नहीं है। चैत्ररथ वन देव-बालाओं की क्रीड़ा और केलि का स्थान है।[23] अतः यह मेरु से दूर नहीं हो सकता। इस प्रकार भी मेरु उत्तरी ध्रुव न होकर मध्य एशिया का ही कोई स्थान होगा।

रामायण किष्किधाकांड में पश्चिम देश को भेजे हुए वानरों के मेरु पर पहुँचने की बात है।[24] यदि मेरु सबके उत्तर में होता तो उत्तर की ओर पहुँचने पर ही प्राप्त हो सकता था। पश्चिम से ग्रन्थकार का आशय पश्चिम देश ही मालूम होता है।[25]

इस हिसाब से भी मेरु का सर्वोत्तर होना नहीं सिद्ध होता। पं. तारादत्तजी को भी पुराणों के इस मेरु के उल्लेख का पता अवश्य है। जम्बूद्वीप में सूक्ष्म हेमाद्रि का अस्तित्व वह भी स्वीकार[26] करते हैं। आशा है, वह अपने आशय को स्पष्ट करेंगे। सूत्र-रूप में होने के कारण उनका निर्णय कुछ कठिन-सा हो गया है। यद्यपि बीच-बीच में उन्होंने अपने कथन के प्रमाण में शास्त्र-वाक्य भी उद्धृत किये हैं। फिर भी विषय का महत्त्व इससे अधिक स्पष्टता की आवश्यकता चाहता है।

संक्षेप में मेरु को उत्तरी ध्रुव का समीपस्थ देश स्वीकार करने में कई उलझनें उपस्थित हो जाती हैं। 1. उसके उत्तर में भी देशों का उल्लेख है। 2. चैत्ररथ वन या केतुमालवर्ष (योरप हो यां तुर्किस्तान) उससे असम्बद्ध रह जाते हैं। 3. कुरुवर्ष और जम्बू द्वीप की बात अस्पष्ट रह जाती है।

कुरुवर्ष को उत्तर-समुद्र के दक्षिण में बताया गया है।[27] इस प्रकार कुरुवर्ष को साइबेरिया कह सकते हैं। प्रमुख विद्वान् लोकमान्य तिलक कुरुवर्ष को दक्षिण अमेरिका में मानते हैं। परन्तु ऐसा मानने से उत्तर समुद्र की स्थिति विचारणीय हो जाती है। पर मेरु को मध्य एशिया में स्वीकार करने पर यह झंझट नहीं रहता।

रामायण में कुरुवर्ष उत्तर में लिखा है। यह भी बतलाया गया है कि वह सूर्यहीन स्थान है (भयानक बर्फ पड़ती है)। इसके बाद अज्ञात है।[28]

अब तक हमने पुराणों का ही अधिक सहारा लिया है। अवश्य ही बीच-बीच में सिद्धान्तशिरोमणि आदि ग्रन्थों से प्रमाण उद्धृत किये गये हैं। पर यह लेख अधूरा ही रह जाएगा, यदि ज्योतिष-ग्रन्थों की दृष्टि से भी इस पर विचार न किया जाए। इसीलिए हम आगे ज्योतिष ग्रन्थों के अनुसार भी इस प्रश्न पर विचार करेंगे।

पहले कहा जा चुका है कि ज्योतिष के ग्रन्थों में मेरु और सुमेरु एक ही स्थान बताया गया है। उत्तरी ध्रुव का वह स्थान, जो सुमेरु कहा गया है, ज्योतिष-ग्रन्थों में सबसे उत्तर कहा गया है। उस स्थान पर छह मास का दिन और छह मास की रात्रि बतायी गयी है। देवताओं के स्थान पर भी छह मास का दिन और छह मास की रात्रि बतायी गयी है। पृथ्वी पर और कोई भी ऐसा स्थान नहीं है जहाँ इस प्रकार का दिन-मान सम्भव हो। इसलिए उत्तरी ध्रुव ही देवताओं का आदि निवास-स्थान हो सकता है। इसी तर्क के आधार पर भास्कर आदि ज्योतिष के आचार्यों ने उत्तरी ध्रुव को—उनके शब्दों में मेरु या सुमेरु को—देवताओं का निवास-स्थान माना है। पुराणों के मत को भास्कर आदि आचार्यों ने वहाँ तक ठीक माना है जहाँ तक वह तर्क सम्मत और बुद्धिग्राह्य है। स्थान-स्थान पर भास्कराचार्य ने पुराणों की बातों का मजेदार खण्डन भी किया है।[29] अन्य आचार्यों ने भी वैसा ही खण्डन किया है।[30]

पिछले प्रमाणों से दिखलाया गया है कि मेरु के दक्षिण में पितरों का स्थान है। पुराणों में पितरों के यहाँ पन्द्रह दिन का दिन और इतने ही दिनों की रात बतलायी गयी है। परन्तु उत्तरी ध्रुव के पास किसी भी प्रदेश में इस प्रकार का दिनमान सम्भव नहीं।

एक हिसाब से इसे भी सिद्ध किया जा सकता है। परन्तु ऐसा मौका वर्ष में एक ही बार आ सकता है (प्रकृत विषय का व्यर्थ विस्तार होगा, इसी भय से इस बात की अधिक चर्चा नहीं की गयी)। अब पुराणों के इस पितृदिन का साधन करने के लिए ज्योतिष के आचार्यों को एक और कल्पना करनी पड़ी। सम्भव है यह भी किसी पुराण का ही मत हो, परन्तु इस विचार का पोषक कोई पुराण-वाक्य अब तक लेखक को नहीं मिला। वह कल्पना यह है कि चन्द्रलोक पितरों का निवास-स्थान है।

सूर्य की किरणों से चन्द्रमा का एक प्रान्त पन्द्रह दिन तक (करीब-करीब) प्रकाशित रहता है अतः इन आचार्यों ने पुराण-वाक्यों की संगति लगाने के लिए चन्द्रमा पर पितरों का स्थान मान लिया।[31] दूसरी ओर देवताओं के दिनमान की भी, गणित द्वारा ठीक होने पर भी, पुराणों के साथ संगति लगानी पड़ी। उत्तरी ध्रुव को सुमेरु कल्पना करने पर छह मास का दिन तो बन जाता है पर कब ? मेष की संक्रान्ति से। इधर संहिता और पुराणों के अनुसार उत्तरायाण के आरम्भ अर्थात् गकर की संक्रान्ति से ही दिन होना चाहिए। इसका भी उन्होंने अपने गाणितिक मस्तिष्क के द्वारा समाधान किया है। इस पर भी खूबी यह कि नये, पुराने सबने इसका एक स्वर से समर्थन किया। नीचे कुछ आचार्यों की सम्मतियाँ दी गयी हैं।[32]

वाल्मीकि रामायण के अनुसार इसी पृथ्वी पर सोमगिरि (मेरु ?) पर्वत के पास ब्रह्मा का निवास-स्थान है।[33] परन्तु ब्रह्मा का दिन कितना बड़ा है ? सहस्र युग का ?[34]

अब इस प्रकार का दिनमान इस जगत् में असम्भव देखकर ज्योतिष के आचार्यों ने फिर अपना गाणितिक मस्तिष्क सँभाला और कल्पना के रथ पर चढ़कर ब्रह्मा के रहने की जगह खोज ली। भास्कराचार्य ने तो केवल अनुमान से संकेतमात्र कर दिया[35] परन्तु इनके सुप्रसिद्ध प्रतिद्वन्द्वी आचार्य कमलाकर भट्ट ने नाप-जोखकर जगह भी बता दी।[36] इन्होंने ब्रह्मलोक को इतने ऊपर उठाया जहाँ से सूर्य मण्डल सदा-सर्वदा दिखाई पड़े।

इस प्रकार की युक्तियों और तर्कों से यह बात अधिक स्पष्ट रूप से दिखाई देती है कि पौराणिक और ज्योतिषिक दृष्टिकोण एक-दूसरे के बहुत भिन्न हैं। पौराणिकों की किसी खास बात को लेकर गणित के आचार्यों ने गाणितिक कल्पना के बल पर उसे सत्य या गणित-सम्मत दिखाने की चेष्टा की है। ब्रह्म-दिन के बहुत बड़े होने का कारण जिस प्रकार उन्होंने ब्रह्मा को बहुत ऊपर चढ़ा दिया, जिस प्रकार पक्ष को दिन बनाने के लिए पितरों को चन्द्रमा पर बिठा दिया, उसी प्रकार छः महीने का दिन बनाने के लिए देवताओं को सुमेरु पर और सुमेरु को उत्तरी ध्रुव पर बैठा दिया है।

अब प्रश्न यह उठता है कि इन आचार्यों ने ये कल्पनाएँ किसी आधार पर कीं या यों ही केवल गाणितिक चमत्कार के लिए ही यहाँ सारा जंजाल खड़ा कर दिया।

निश्चय ही हमारे आचार्य केवल कल्पना को प्रधान नहीं बना सकते थे। इसीलिए हम इसका आधार खोजते हैं। सम्प्रति जो सूर्यसिद्धान्त उपलब्ध होता है, उसमें मूल रूप से ये सारी बातें पायी जाती हैं।[37]

परन्तु इस सूर्य-सिद्धान्त को लोग बहुत पुराना नहीं मानते[38]। फिर भी इतना निश्चित है कि यह ग्रन्थ आचार्य भास्कर के समय में किसी न किसी रूप में (अधिकांश में विकृत) अवश्य था। लल्ल आदि के पूर्व यह ग्रन्थ था या नहीं, यह भी विवादास्पद विषय है। वराहमिहिर पूर्व या उनके समय में सूर्य-सिद्धान्त का क्या रूप था, वह केवल कल्पना और अनुमान का विषय रह गया है। विद्वानों की राय है कि कुछ गणित सम्बन्धी परिवर्तनों को छोड़कर शेष सारी बातें यही थीं। भूगोलाध्याय के आरम्भ की बातें इसके अत्यन्त प्राचीन होने का प्रमाण हैं। किन्तु ऊपर निर्दिष्ट पौराणिक सामंजस्य की बातें आधुनिक-सी (परवर्ती काल की-सी) जान पड़ती हैं। किन्तु बीज रूप से इनका पुरातन अस्तित्त्व भी असम्भव नहीं।

मेरु हमारा प्रकृत विषय है। हम इसी पर अपने विचार प्रकट करते हैं। सूर्य-सिद्धान्त में मेरुदण्ड का भी उल्लेख है, जो पृथ्वी के एक सिरे से दूसरे सिरे तक गया है।[39] यही मेरुदण्ड पृथ्वी को धारण किये हुए है। जिस प्रकार मानव-शरीर में मेरुदण्ड है, उसी प्रकार पृथ्वी को भी धारण करने वाली जो शक्ति विशेष है, वह मानो उसका मेरुदण्ड है। इस प्रकार की समझ के कारण मेरुदण्ड नाम पड़ सकता है। नाम-साम्य से वस्तुनिर्देश की कल्पना ज्योतिष के आचार्यों का अभ्यस्त विषय है। इस प्रकार इस मेरुदण्ड के दोनों सिरों का उत्तर और दक्षिण मेरु कहलाना आश्चर्य की बात नहीं। धीरे-धीरे मेरु नाम के साम्य से मेरु या सुमेरु देव-स्थान का वाचक कर दिया गया। परवर्ती आचार्यों ने इसका कवित्वपूर्ण वर्णन भी किया; परन्तु इस कनकाचल को फिर भी वैसा ही न मान सके, जैसा पुराणों ने माना है। कनकाचल को निशाजनक किसी भी ज्योतिष के आचार्य ने नहीं स्वीकार किया। भास्कराचार्य ने स्पष्ट लिखा है कि भूगोल वर्णन उन्होंने पुराणों से लिया है। सूर्य-सिद्धान्त में उसी प्रकार का वर्णन होते हुए भी भास्कराचार्य ने पुराणों को आधार क्यों बनाया, यह एक आश्चर्य की बात है।

जो हो, सूर्य-सिद्धान्त में जिन चार नगरियों का निर्देश किया गया है, उनसे स्पष्ट है कि पौराणिक भूगोल-वर्णन को मेरु के सहारे पर निश्चित किया गया है। मेरु के चारों ओर दिशाओं में चार नगरियों का वर्णन है।[40] पर पुराणों से विचित्र। इस प्रकार यह स्पष्ट है कि सूर्य-सिद्धान्त के अनुसार,

लंका—भारतवर्ष में,
यमकोटि—भद्राश्ववर्ष में,
रोमक—केतुमालवर्ष में,
सिद्धपुरी—कुरुवर्ष में हैं।

यहाँ पर लोकमान्य तिलक और पं. तारादत्त पंत की बातों की संगति लग जाती है। परन्तु स्मरण रहना चाहिए कि इस वर्णन में मेरु को पहले से ही उत्तरी ध्रुव में स्वीकार कर लिया गया है।[41]

इस वर्णन से कम से कम इतना तो अवश्य ही स्पष्ट हो जाता है कि यह वर्णन रोम

नगरी के निर्माण के बाद का है। इससे सुदूर अतीत की कथा का निश्चय करना असम्भव-सा है। पुराणों के वर्णन में यह बात नहीं, जिसके कारण ज्योतिष के आचार्यों की भाँति मस्तिष्क खर्च करना पड़े। यही कारण है कि सब होते हुए भी वहाँ खींचतान नहीं है। खींचतान से हमारा मतलब यह है कि ज्योतिष के आचार्यों के सामने गणित से प्रत्येक बात का सामंजस्य करने का प्रश्न सदा वर्तमान रहता था, इसीलिए वे इस बन्धन को तोड़ नहीं सकते थे। परन्तु पौराणिक कथाओं के सामने ऐसा कोई बन्धन नहीं है। पुराणकारों ने, जैसी पुरानी कथा थी, उसे उसी प्रकार लिख दिया। यही कारण है कि उन्हें ब्रह्मा या पितरों के विचित्र दिनमान का समाधान करने की आवश्यकता ही नहीं उपस्थित हुई। तो क्या वे विद्वान्, जो मेरु को उत्तरी ध्रुव के पास मानते हैं, भूल करते हैं ? यह एक ऐसा प्रश्न है, जिसका सहसा उत्तर देना बुद्धि के साथ लड़ाई करना है। फिर भी लेखक की विनम्र सम्मति में वे भ्रम में नहीं हैं। उनका यह मानना ठीक है कि मेरु नाम का स्थान उत्तरी ध्रुव के पास है, परन्तु उस स्थान का नाम मेरु तब पड़ा, जब आर्य लोगों ने भारतवर्ष में आकर उसे न केवल अपनी बस्ती बना लिया था, बल्कि गणित, ज्योतिष और अन्य विधाओं में आश्चर्यजनक उन्नति भी कर ली थी।

कितने ही पाठकों को भ्रम हो सकता है कि लेखक प्राचीन और अर्वाचीन आचार्यों के निर्णयों को न मानने की धृष्टता कर रहा है। परन्तु यह बात नहीं है। प्राचीन आचार्यों का जाज्वल्यमान नाम जब एक बार सामने आता है तो बिना किसी कारण के लेखकों का सिर भक्ति, श्रद्धा और प्रेम से उनके चरणों पर झुक जाता है। ऐसी कौन अभागी भारत-सन्तान होगी जो भास्कर, श्रीपति, लल्ल, वराहमिहिर आदि आचार्यों के नाम पर गर्व न करे। लेखक के पास जो कुछ है, सब इन्हीं का प्रसाद तो है फिर भी इस निबन्ध में केवल भिन्न-भिन्न आचार्यों के भिन्न-भिन्न दृष्टिकोण का उल्लेख किया गया है। लेखक उनको स्वीकार करते हुए भी, पुराणकार के साथ जो मतभेद दिखाई पड़ता है, उसकी संगति लगाना चाहता है।

भगवान् तिलक और उनके ग्रन्थ का उल्लेख कहीं-कहीं किया गया है अवश्य, परन्तु प्रधानतया उसकी विशेष चर्चा नहीं की गयी है। पाठकों को पसन्द आने पर 'ओरायन' की दृष्टि से भी इस महत्त्वपूर्ण प्रश्न पर विचार करने का प्रयत्न किया जाएगा। अनुकूल युक्ति द्वारा इस विषय के दूसरे दृष्टिकोण से प्रकृत विषय का खण्डन होने पर अन्य पक्ष स्वीकार करने को लेखक सदा तैयार है।

सन्दर्भ :

1. ....षण्मासा उत्तरायणम्।
   तत्र प्रयाता गच्छन्ति ब्रह्म ब्रह्मविदो जनाः।
   (गीता)

उत्तराश्चैव कुरवा कृतपुण्यप्रतिश्रयाः।

(रामायण कि., 43 सर्गे)

दक्षिणेन तु वक्त्रेणा लोकान् संक्षिप्से प्रभो,
उत्तरेण तु वक्त्रेण सौम्यत्वं च व्यवस्थितम्।

(ब्रह्मण्ड, 59 अध्याय)।

2. तमतिक्रम्य शैलेन्द्रं महेन्द्रपरिपालितम्।
षष्टि गिरिसहस्राणि काञ्चनानि गमिष्यथ।
तरुणादित्यवर्णानि भ्राजमानानि सर्वशः।
जातरूपमयैर्वृक्षैः शोभितानि समन्ततः।
तेषां मध्ये स्थितो राजा मेरुरुत्तमपर्वतः।
आदित्येन प्रसन्नेन शैलो दत्तवरः पुरा।
आदित्यमुपतिष्ठन्ति तैश्च सूर्योऽभिपूजितः।
अदृश्यः सर्वभूतानामस्तं गच्छति पर्वतम्।

(रामायाण, कि. 42वाँ सर्ग)

भूवृत्तपादविवरास्ताश्चान्योऽन्यं प्रतिष्ठिताः।
ताभ्यश्चोत्तरगो मेरुस्तावानेव सुराश्रयः।

(सूर्यसिद्धान्त)

3. मेरौ रविर्भ्रमति भू जगतः समन्ता:-
दाशा न काचिदपि तत्र वाचारणीया।

(श्रीपति)

सर्वेषामुत्तरतो मेरुर्दाक्षिणतः सुमेरुः

(भास्कर, वासनाभाष्य)

4. यदिदभुक्तं तत्सर्वं पुराणाश्रितमिति।

(सि. शि., गोलाध्याय, वासनाभाष्य)

5. इह हि मेरुगिरि किलमध्यगः
कनकरत्नमयस्त्रिदशालयः,
द्रुहिणजन्मकुपद्मजकर्णिका
इति पुराणविदोऽमुमवर्णयन्।

(सिद्धान्तशिरोमणि)

6. जम्बूद्वीपस्य मध्ये यन्मेरुर्मुनिभिरिष्यते।
अर्द्धभूमेः एशिया वा जम्बूद्वीपः कथं भवेत्।

(गोलसूत्र)

7. तस्मात्सर्वा भूमिर्जम्बूद्वीपः। (गोलासूत्र)

8. यावत्तपति सूर्यो हि जम्बूद्वीपस्य मण्डलम्।
(म. भा. भीष्मपर्व, 1 अध्याय)
तद् ब्रह्माण्डकटाहसम्पुटतटे केचिज्ञगुर्वेष्ठनं,
केचित्प्रोचुरदृश्यदृश्यकगिरिं पौराणिकाः सूरयः।
करतलकलितामलकवदमलं सकलं विदन्ति ये गोलम्।
दिनकरकरनिहिततमसः परधिरुदितस्तैः।
(सिद्धान्तशिरोमणि, गणिताध्याय)

9. भूमेरर्द्धं क्षारसिन्धोरुदवस्थं जम्बूद्वीपं प्राहुराचार्यवर्याः।
(सि. शि.)

10. मेरोस्तु पश्चिमे पार्श्वे केतुमालो महीपते।
जम्बूखण्डे तु तत्रैव महाजनपदो महान्।।
(भीष्मपर्व, 6 अध्याय)
मेरु सुमेरुर्हेमाद्रिः रत्नसानुः सुरालयः।
(अमरकोष)

11. तस्य पार्श्वेष्वमी द्वीपाश्चत्वारः संस्थिता विभो।
भद्राश्वः केतुमालश्च जम्बूद्वीपश्च भारत।
उत्तराश्चैव कुरवः कृतपुण्यप्रतिश्रयाः।
(महाभारत, भीष्मपर्व, 6 अध्याय)

12. स तु मेरुः परिवृतः भुवनैर्भूतभावनैः।
यस्येमे चतुरो देशाः नानापार्श्वेषु संस्थिताः।।
भद्राश्वं भारतं चैव केतुमालं च पश्चिमे।
उत्तराश्चैव कुरवः कृतपुण्यप्रतिश्रयाः।।
(मत्स्यपुराण, 113 अध्याय)

13. शतशृंगोऽथ ऋषभो हंसनाभौ तथाचलौ।
इत्येते कथिता विप्र मेरोरुत्तरतो नराः।।
(मार्कण्डेयपुराण)

14. ऋषिरुवाच—भो महाराज ! भगवतो मायागुणविभूतेः काष्ठां मनसावचसावाऽभिर्गंतुमलं विवुधायुषाऽपि पुरुषैस्तस्मात् प्राधान्येनैष भूगोलविशेषं नामरूपमानलक्षणतो व्याख्यास्यामः। यो वाऽयं जम्बूद्वीपः कुवलयकमलकोषाभ्यन्तरकोषो नियुतयोजनविशालः समवर्तुलो यथा पुष्करपत्रं

यस्मिन्निव वर्षाणि नवयोजनसहस्रायामान्यष्टभिमर्यादागिरिभिः सुविभक्तानि भवन्ति। एषां मध्ये इलावृतं नामाभ्यन्तरवर्षम्। यस्यनाभ्यामवस्थितः सर्वतः सौवर्णः कुलगिरिराजो मेरुद्वीपायामसमुन्नीहः कर्णिकाभूतः कुबलयकमलस्य मूर्ध्नि द्वात्रिंशत्सहयोजनविततो मूले षोडशसाहस्रं तावताऽन्तर्भूम्यां प्रविष्टः उत्तरोत्तरेणेलावृतं नीलः श्वेतः शृंङ्गवानिति त्रयो रम्यकहिरण्मय कुरूणां वर्षाणां मर्यादागिरयः प्रोगीयता उभयतः धीरोदविषये द्विसहस्रं पृथक् एकैकशः पूर्वस्मात् पूर्वस्मात् उत्तरोत्तर दशाशायाधिकांशेन दैर्घ्य एव हसन्ति।

(भागवत, स्क. 5, अ० 16)

मेरोश्चतुर्दिशमिलावृतवर्षमाहुः। (गोलसूत्र)

15. भारतवर्षमिदं ह्युदगस्मात् किन्नरवर्षमतोहरिवर्षम् ;
सिद्धपुराच्च तथा कुरु तस्माद्विद्धि हिरण्यमरण्यकवर्षे।
माल्यवांश्च यमकोटिपत्तना द्रोमकाच्च किल गन्धमादनः ;
नीलशैलनिषधावधीच तावन्तरालमनयोरिलावृतम्।

(सि. शि.,गोलाध्याय)

निषधनीलसुगन्धसुमाल्यकैरलमिलावृतमावृतमावभौ ;
अमरकेलिकुलायसमाकुलं रुचिरकाञ्चनचित्रमहीतलम्।

(सि. शि. गो.)

16. प्राचीनवंशं करोति। देवमनुष्या दिशो व्यभजन्त।
प्राचींदेवाः दक्षिणां पितरः, प्रतीचीं मनुष्या उदीचीं रुद्राणि।

(कृष्णयजुर्वेद)

17. पितृलोकं गतः पाण्डुरितः सप्तदशेऽहनि।

(महाभारत, सभापर्व)

18. यस्मात्त्वं गरुडावासः सदादेवालयाचलः।
सम्प्रीयतां मे भगवान् गन्धमादनपर्वतः।

(हेमाद्रिखण्ड, मत्स्यपुराण)

19. क्षीरोदमन्थने वृत्ते दैत्यपक्षे पराजिते।
महासमरसम्मर्दवृक्षक्षोभविमर्दिता।।
सहस्राक्षेण या माला नानापुष्पसमाहिता।
तस्य स्कन्धे समासक्ता हर्यश्चास्य वनस्पतेः।।
तस्य नामांकितो द्वीपः पश्चिमे बहुविस्तरः।
केतुमाल इति ख्यातां दिवि चेह च सर्वशः।।

(ब्रह्माण्ड 36 अध्याय)

20. महाह्लदं समासाद्य कश्यपस्तपसि स्थितः। (वनपर्व)

21. कैलासपर्वते राम ब्रह्मणा निर्मितं पुरा।
मनसा निर्मितं ह्येतत्तेन तन्मानसं स्मृतम्।।

(रामायण)

22. प्रागुत्तरेण कैलासं दिव्यं सौगन्धिकं गिरिम्।
चन्द्रप्रभो नाम गिरिः सशुभ्रो रत्नसन्निभः।।
तत्समीपे सरो दिव्यमच्छोदो नाम विश्रुतः।
तस्मात्प्रभवते दिव्या नदी ह्यच्छोदका शुभा।।
तस्यास्तीरे वनं दिव्यं महच्चैत्ररथं शुभम्।

(मत्स्य. 121 अध्याय)

23. वनं तथा चैत्ररथं विचित्रं तेष्वप्सरोनन्दनमनन्दनं च।
धृत्याह्वयं यद्धृतिकृत् सुराणां भ्राजिष्णु वैभ्राजमिति प्रसिद्धम्।।

(सि०शि०)

24. अथ प्रस्थाप्य सहरीन् सुग्रीवो दक्षिणां दिशाम्।
अब्रवीन्मेघसङ्काशं सुषेणं नाम वानरम्।।
☆ ☆ ☆ ☆
बुद्धिविक्रमसम्पन्नं वैनतेयसमद्युतिम्।
मरीचिपुत्रान् मारीचानर्चिर्माल्यान् महाबलान्।।
ऋषिपुत्रांश्च तान् सर्वान् प्रतीचीमादिशद्दिशम्।।
☆ ☆ ☆ ☆
तेषां मध्ये स्थितो राजा मेरुरुत्तमपर्वतः।।

(रामायण, कि. कां. 42 अ०)

25. सौराष्ट्र बाह्लीक, सिन्धु, अवन्ती आदि देशों का ही उल्लेख है परन्तु वे देश किष्किंधा से पश्चिम नहीं, पश्चिमी देश अवश्य हैं।

26. जम्बूद्वीपेऽपि हेमाद्रिरलौकिकः सूक्ष्मो योगिगम्यः। (गोलसूत्र)

27. उत्तरस्य समुद्रस्य समुद्रान्ते च दक्षिणम्।
कुरवस्तत्र तद्वर्षं पुण्यासिद्धनिषेवितम्।

(वायुपुराण)

28. न कथंचन गन्तव्यं कुरूणामुत्तरेण वः।
☆ ☆ ☆ ☆

स तु देशः विसूर्योऽपि तस्य भासा प्रकाशते।

☆ ☆ ☆ ☆

न जानीमोऽतः परम्।

(किष्किन्धा 46 सर्ग)

29. पृथ्वी के समतल होने का खण्डन—

यदि समोमुकुरोदरसन्निभा भगवती धरणी तरणिः क्षितेः।
उपरि दूरगतोऽपि परिभ्रमन् किमु नरैरमरैरिव नेक्ष्यते।

शेषनाग पर पृथ्वी के होने का खण्डन—
मूर्तोधर्ता चेद्धरित्र्यास्ततोऽन्यस्तस्याप्यन्योऽत्रैवमेबानवस्था।
अन्त्ये कल्प्या चेत्स्वशक्ति किमाद्यैः किं नोभूमेःसाष्टभूतेश्च मूर्तिः।

मेरु के कारण दिन रात होने का खण्डन—

यदि निशाजनकः कनकाचलः किमु तदन्तरंगः स न दृश्यते।
उदृगयं ननु मेरुरथांशुमान कथमुदेति च दक्षिणभागके।
(सि. शि. गोलाध्याय)

30. पृथ्वी के समतल पर आचार्य श्रीपति का विचार—
आदत्तोदरसन्निभा भगवती विश्वम्भरा कीर्तिता।
कैश्चित् सैव च कूर्मपृष्ठसदृशी कैश्चित् सरोधाकृतिः।

आचार्य लल्ल का खण्डन—

समता यदि विद्यते भुवस्तरवस्तालनिभा बहुच्छयाः।
कथमेव न दृष्टिगोचरं नु रहो यान्ति सुदूरसंस्थिताः।

31. विधूर्ध्वभागे पितरो वसन्ति स्वाधः सुधादीधितिमामनन्ति।
पश्यन्ति तेऽर्कं निजमस्तकोर्ध्वे दर्शे यतोऽस्माद् द्युदलं तदैषाम्।
मार्धोत्तरत्वान्नविधोरधः स्थं तस्मान्निशीथः खलु पौर्णमास्याम्।
कृष्णे रविः पक्षदलेऽभ्युदेति शुक्लेऽस्तमेत्यर्थत एव सिद्धम्।
(सि. शि. गोलाध्याय, त्रिप्रश्नवासना)

32 दिनं सुरणामयनं यदुत्तरं निशेतरत् सांहितिकैः प्रकीर्तिततम्।
दिनोन्मुखऽर्के दिनमेव तन्मतं निशा तथा तत्फलकीर्तनाय तत्।
द्वन्द्वान्तमारोहति यैः क्रमेण तैरेव वृत्तैरवरोहतीनः।
यत्रैव दृष्टः प्रथमं सदेवैस्तवैव तिष्ठन्नविलोक्यते किम ? (भास्कराचार्य)

शिशिरपूर्वमृतुत्रयमुत्तर ह्ययनमाहुरहश्च तदामरम्।
भवति दक्षिणमन्यदृतुत्रयं निगदिता रजनी मरुतां च सा।

(श्रीपति)

अथाप्यसौ केवलवासनायां नायाति सिद्धं तदपि प्रियं नः।
अवासनं किं न सुरघरात्रमर्कायनाभ्यां भवतैव भेजे।
सिद्धान्तपक्षस्तु परं दिनार्धान्निशानिशार्धात् परतो दिनश्रीः।
एवं पुराणे गणिते च साम्यमर्कायनाभ्यां सदसत्फलेषु।
कर्कं गतेऽर्के हि सुरापराह्णः फलं पुनः रात्रिवदाहुरस्य।
नक्रं गतेचापररात्रमेषमेतत्परं वासरवत्स्मरन्ति।
अतश्च कैश्चिद्दशमीष्वपि प्राक्कापालिको वैधविधिः किलोक्तः ।
मासोऽन्य एवं नियमव्रतादौ पित्र्ये निशार्धे सति पौर्णमास्याम्।

(केशवार्क)

33. तत्र सोमगिरिनार्म मध्ये हेममये महान्

✫ ✫ ✫ ✫

ब्रह्मा वसति देवेशो ब्रह्मर्षिपरिवारितः।

(कि. का., 43 सर्ग)

34. स्याद्युगानां सहस्रं दिनं वेधसः। (सि. शि., गणिताध्याय)

35. यदतिदूरगतो द्रुहिणः क्षितेः सततमाप्रलयं रविमीक्षते।
भवति तावदयं शयितश्च तद्युगसहस्रयुगं द्युनिशं विधेः।

(सि०शिगो०, त्रिपश्नवासना)

36. त्रिधैवं त्रिराश्यन्त जोत्थं फलं स्यात्
कुपृष्ठोर्ध्वसप्तेन्दु (17) भिर्वेदवाणैः (54)
तथा षण्नगै (76) र्योजनैर्याति दृष्ट्युद्
भवानीह चिह्नानि तत्तद्वशेन।
क्रमादेकराशिद्विराशित्रिराश्युद् भवार्कध्रुवक्रान्तिभागावधिःस्यात्।
सदानाडिकास्यस्वगर्भयभूजादधःस्थं रवेर्दर्शनं स्वीयगोले।

(तत्त्वविवेक)

37. मेरु—
अनेकरत्ननिचयो जम्बूनदमयो गिरिः।
भूगोलमध्यगो मेरुरुभयत्र विनिर्गतः।

मेरु पर देवता—
उपरिष्ठात् स्थितास्तस्य सेन्द्रादेवामहर्षयः।

अधस्तादसुरास्तद्वत् द्विषन्तोऽन्योऽन्यमाश्रिताः।

ध्रुव प्रदेश में मेरु---
मेरोरुभयतो मध्ये ध्रुवतारे नभः स्थिते।
निरक्षदेशसंस्थानामुभये क्षित्तिजाश्रये।
अतोनाक्षोच्छयास्तासु ध्रुवयोः क्षितिजस्थयोः।
नवतिलम्बकाशास्तु मेरावभांशकास्तथा।

देवों का षाण्मासिक दिन---
मेषादावुदितः सूर्यस्त्रीन् राशीनुदगुत्तरम्।
सञ्चरनूप्रागहर्मध्यं पूरयेन् मेरुवासिनाम्।
☆ ☆ ☆ ☆
अहोरात्रप्रमाणं चं भानोमर्गणपूरणात्।

चन्द्रलोक पर पितरों का स्थान।
इन्दोर्मण्डलतश्चोर्ध्वे स्थिस्तास्ते पितरौ रविम्।
उदितं कृष्णपक्षार्धे पश्यन्त्यस्तं सितार्धके।

(सूर्य सिद्धान्त, भूगोलाध्याय)

38. इस विषय पर लेखक फिर कभी अपने विचार उपस्थित करेगा। इस समय इतना कह देना ही पर्याप्त होगा कि वराहमिहिर ने अपने पंचसिद्धान्तिका ग्रंथ (शक की पाँचवीं शताब्दी) में जिस सूर्यसिद्धान्त का उल्लेख किया है वह सूर्यसिद्धान्त या तो उसका परिवर्तित रूप है या उससे बिलकुल ही भिन्न।

39. भूगोलमध्यगो मेरुरुभयत्र विनिर्गतः। (सू०सि०भूगोलाध्याय)

40. समन्तान्मेरुमध्यात्तु तुल्यभागेषु तोयधेः।
द्वीपेषु दिक्षु पूर्वादिनगर्यो देवनिर्मिताः।
भूवृत्तपादे पूर्वस्यां यमकोटीति विश्रुता।
भद्राश्ववर्षे नगरी स्वर्णप्राकारतोरणा।
यस्यां भारतेवर्षे लंका तद्वन्महापुरी।
पश्चिमे केतुमालाख्ये रोमकाख्या प्रकीर्तिता।
उदक्सिद्धपुरी नाम कुरुवर्षे प्रकीर्तिता।
तस्यां सिद्धमहात्मानो निवसन्ति गतव्यथाः।

(सू०सि०भूगोलाध्याय)

41. सूर्य-सिद्धान्त के पिछले उद्धरण इस बात के प्रमाण हैं।

भारतीय मेले

कुछ वर्ष पहले भारत सरकार के जन-गणना विभाग ने पंजाब के मेलों का एक महत्त्वपूर्ण सर्वेक्षण प्रकाशित किया। विभाग के अधिकारियों ने उस महान् यज्ञ में मुझे भी योगदान के लिए आमन्त्रित किया। मैंने पंजाब के मेलों के सांस्कृतिक महत्त्व पर एक लेख (अँग्रेजी में) लिखा, जो उसमें प्रकाशित हो चुका है। वर्तमान लेख में हिन्दी पाठकों के लिए उसी विषय पर अपने कुछ विचार लिख रहा हूँ। प्रकाशित अँग्रेजी लेख की कुछ बातें इसमें ले ली गयी हैं। कुछ और भी जोड़ दी गयी हैं। मुझे ऐसा लगा है कि ये मेले हमारे सांस्कृतिक इतिहास के निर्देशक ही नहीं हैं, जाति-पाँति, सम्प्रदाय-धर्म आदि से विभाजित देश की मिलनभूमि भी हैं। किस प्रकार यह बहुविस्रस्त देश अपनी समस्याओं का समाधान करता रहा है, विभेद के अन्तराल में अभेद को बनाये रखने में समर्थ हुआ है, इस रहस्य के समाधान में मेलों की परिकल्पना हमारी मदद कर सकती है।

सब जानते हैं कि भारतीय संस्कृति अनेक प्रकार के विश्वासों का समन्वित रूप है। न जाने कबसे इस देश में बाहर से विभिन्न जातियों का आगमन होता रहा है। उनके आचार-विचार और विश्वासों के तह-पर-तह जमते जा रहे हैं। इस देश में जोर-जबर्दस्ती से विश्वास बदलने का प्रयास नहीं किया गया। जो जातियाँ या कबीले बाहर से आते रहे, वे स्वतन्त्र जाति के रूप में अपने विश्वासों और सामाजिक संघटनों के साथ बस जाते रहे और धीरे-धीरे वे इस विशाल महादेश के जीवन्त अंग बन जाते रहे। वे यहाँ बसने वाली जातियों के आचार-विचार और विश्वासों से प्रभावित भी होते रहे और उन्हें प्रभावित भी करते रहे। शताब्दियों तक यह प्रक्रिया चलती रही है और आज भी चल रही है। ऐसा संसार में प्रायः सर्वत्र ही होता रहता है, फिर भी भारतवर्ष की अपनी विशेषता तो है ही, ऐसी विशेषता जो संसार में अन्यत्र दुर्लभ है। ये मानव मण्डलियाँ अपने आचार-विचार और सामाजिक संघटनों को यथासम्भव कायम रखते हुए भी धीरे-धीरे एक महाजाति की अंग बन जाती थीं। आज जो इतनी जातियाँ, इतनी विचित्र प्रथाएँ और इतने प्रकार के धार्मिक विश्वास दिखाई देते हैं, वे इसी प्रक्रिया की देन हैं। भारतीय समाज में व्यक्ति का धर्मान्तरीकरण (कन्वर्शन) नहीं होता था, पूरा-का-पूरा कबीला या जाति ही इस समाज का अंग बन जाती थी। उनके संस्कारों और आचारों

के तारतम्य के अनुसार शास्त्रकार उन्हें ब्राह्मण, क्षत्रिय, वैश्य, शूद्र या अन्त्यज श्रेणी में रख देते थे। एक श्रेणी के लोग अपनी विशेष मर्यादा की रक्षा के लिए अन्य श्रेणी के साथ खान-पान और शादी-ब्याह का सम्बन्ध नहीं करते थे। धीरे-धीरे यह बचाव का उपाय ही अधिकाधिक कठोर एवं अलंघ्य होता गया। अवनति काल में विजातीय संस्कृतियों के दबाव के कारण वह केवल कठोर ही नहीं बना, धर्म का विशिष्ट अंग भी बन गया। आज वह सामाजिक मिलन का अन्तराव हो गया है और विचारशील लोग उसे शिथिल करने के प्रयास करने लगे हैं। परन्तु इस बहुधा विभाजित भारतीय जन-समूह में एक विचित्र प्रकार की एकता भी बनी हुई है। यह कैसे सम्भव हुआ ? सैकड़ों स्तर में विभाजित जन-समूह कैसे एक दूसरे के निकट आ पाया, यह एक महत्त्वपूर्ण प्रश्न है। इस प्रश्न का उत्तर केवल हमारे संस्कृति के विशाल इतिहास को समझने की कुंजी ही नहीं देता, भविष्य में इस महाजाति के भीतर अविच्छेद्य बनाने के उपायों की ओर भी इंगित करता है।

जिन उपायों से यह एकता, जाति-भेद की कठोरताओं के बावजूद बनी हुई है, उनमें प्रमुख हैं तीर्थ, व्रत, त्यौहार और मेले। यद्यपि दीर्घकाल से इस देश में आती रहने वाली और यहीं बसने वाली जातियों में अपनी विशेषता बनाये रखने और मिश्रण से बचते रहने के प्रयासों ने धीरे-धीरे बहुत कठोर और कभी-कभी उग्र, रूप धारण कर लिया। तथापि, एक-दूसरे के विश्वासों के प्रति सदा आदरभाव रहा है और उन्हें सामूहिक रूप से अपनाने का प्रयास निरन्तर होता रहा है। आज के हिन्दू-तीर्थों, व्रतों, त्यौहारों और मेलों के अध्ययन से बहुत स्पष्ट हो जाता है कि इनमें विभिन्न जातियों के धार्मिक विश्वासों को अपनाने और सर्वात्मना ग्रहण करने की प्रवृत्ति है। हिन्दुओं के तैंतीस करोड़ देवता न जाने किन-किन जातियों से लिये गये हैं। बहुत से तीर्थ और व्रत ऐसी जातियों से लिये गये हैं जिन्हें बहुत उँची सामाजिक मर्यादा नहीं प्राप्त है। नागों, यक्षों, पीरों, भूत भैरवों, काली-दुर्गा, यहाँ तक कि शिव, विष्णु की पूजा और तत्सम्बन्धी विश्वास भी विभिन्न जातियों, कबीलों और नस्लों के लोगों से ग्रहण किये गये हैं। इनका वर्तमान रूप और ऐतिहासिक विकास हमें उस अद्भुत प्रक्रिया को प्रत्यक्ष करता है जिसे इस महादेश ने 'एकं सद्विप्रा बहुधा वदन्ति' के महामन्त्र को चरितार्थ करने के लिए अत्यन्त सहजभाव से स्वीकार किया है। सांस्कृतिक सर्वेक्षण के द्वारा हमारी महिमामयी संस्कृति के विभिन्न स्तरों को समझने में भी मदद मिलेगी और उस महती साधना का रूप भी स्पष्ट होगा जिसने इस बहुधा विभाजित समाज में 'अनेक में एक' को प्रतिष्ठित किया था। पंजाब इस दृष्टि से बहुत ही महत्त्वपूर्ण प्रदेश है। यहाँ विभिन्न कबीलों के आने, बस जाने, आगे बढ़ने और मिल जाने की दीर्घ परम्परा का ऐतिहासिक पक्ष बहुत स्पष्ट रूप से दिखाई देता है। यहाँ के मेलों में मिलन प्रक्रिया का जीवन्त रूप अधिक स्पष्ट है। कितनी ही धर्म-साधनाएँ, जातीय विश्वास और आचार-पद्धति अब नाम शेष रह गयी हैं पर मेलों में उनकी स्मृति बनी हुई है। यहाँ हम देखते हैं कि किस प्रकार विभिन्न विश्वासों के

तह-पर-तह जम करके एक मिलन-भूमि तैयार हुई है। जिस प्रकार डेल्टा की भूमि विभिन्न धाराओं से लायी हुई मिट्टी की परतों के एक-दूसरे पर बिछ जाने से बनती है, उसी प्रकार। कभी-कभी इन मेलों के साथ जुड़ी हुई कहानियाँ बड़े-विचित्र रहस्यों का उद्घाटन करती हैं। जिन्हें हम बहुत परवर्ती बातें समझते हैं, वे बहुत पुरानी स्मृतियों को ढोये आ रही हैं। उनके भीतर हमारे अतीत की मिलन-प्रक्रिया के कई तह एक-दूसरे पर जमे मिल जाते हैं। किस प्रकार हिन्दू-संस्कृति ने विभिन्न जातियों के विश्वासों को मान्यता दी है, उनके प्रति सम्मान प्रकट किया है, और अन्ततोगत्वा उन्हें अपने परम अद्वैत के मन्त्र से अभिभूत किया है, यह बहुत ही मनोरंजक कहानी है।

सर्वत्र यह देखा गया है कि परम्परा से प्रतिष्ठित तीर्थ-स्थानों पर होने वाले मेले चलते रहते हैं, नये-नये धार्मिक विश्वास उनमें अपना-अपना रंग चढ़ाते रहते हैं। इस प्रकार एक मेला ऊपरी तौर पर एक खास मत, सम्प्रदाय आदि का जान पड़ सकता है। पर विचार करने पर उसके तह के तह खुलते जाते हैं और हम मानव विश्वासों के क्रमिक विश्वास के पदचिह्न का आविष्कार करके चकित होते हैं। गूगा पीर, जिनका दूसरा नाम जाहर पीर भी है, पंजाब में बहुत प्रसिद्ध है। कहते हैं वे अन्तिम वयस में मुसलमान हो गये थे। पंजाब में कई मेले उनके नाम के साथ सम्बद्ध हैं। छपार का प्रसिद्ध मेला गूगा भगत या गूगा पीर की प्रसन्नता प्राप्त करने के लिए लगता है। गूगा सर्पों के स्वामी हैं, उनके प्रभाव से सर्पविष दूर होता है, सन्तानार्थिनी स्त्रियों को सन्तान प्राप्ति होती है। गूगा गुरु गोरखनाथ के शिष्य कहे जाते हैं।

पंजाब के उत्तरी हिस्से में हिमालय के पाद देश में किसी समय नागों, यक्षों और यक्षिणियों की पूजा हुआ करती थी। नाग लोग कभी बड़े शक्तिशाली थे। जनमेजय के नागयज्ञ के रूप में आर्यों और नागों के भयंकर संघर्ष का आभास मिलता है। धीरे-धीरे नाग जाति विशाल हिन्दू जाति में मिल गयी। वासुकि, तक्षक, कर्कोटक आदि प्रसिद्ध नाग बाद के साहित्य में केवल साँप के रूप में ही याद किये गये। पर असल में नाग लोग बड़े शक्तिशाली थे। नाग उनका टोटम था। वे नागपूजक थे और शैव थे। उन नागों की स्मृति के रूप में अब भी अनेक तीर्थस्थल हैं। गुरु गोरखनाथ के आविर्भाव के बाद जिस प्रकार अन्य अनेक सम्प्रदाय बारहपन्थी शाखा में संघटित हुए, उसी प्रकार नाग-पूजकों के दल भी उसमें शामिल हो गये। आज के नाथ-सम्प्रदाय में नागपूजा का अवशेष बचा हुआ है। साधारणतः नागों के तीर्थ कुएँ या सरोवर को केन्द्र मान करके हैं। काशी में कई नाग-कूप हैं। कहीं-कहीं मिट्टी खोद कर नागों के लिए बिल बनाकर उनकी प्रसन्नता प्राप्त करने की प्रथा है। गूगा के साथ ऐसी बहुत-सी लोक-कथाएँ जुड़ी हुई हैं, जिनसे जान पड़ता है कि गूगा की कहानी बहुत पुरानी है। उन्हें वासक नाग का जामाता और तातिग नाग का मित्र बताया गया है। कहानियों में जनमेजय से भी उनकी शत्रुता की बात बतायी गयी है। वासक नाग वस्तुतः वासुकि नाग हैं और तातिग, तक्षक। मुझे ऐसा लगता है कि अष्टकुल नागों के प्रमुख नाग कर्कोटक ही गूगा है।

गोरखनाथ के साथ उनका सम्बन्ध बाद में जोड़ा गया है। कहानियों में बताया गया है कि गूगा जमीन के नीचे जाना चाहते थे पर धरती ने कहा कि ये सिर्फ मुसलमानों को ही अपने नीचे ले जाती है, हिन्दू को नहीं। इसलिए गूगा को मुसलमान बनना पड़ा। स्पष्ट ही इस कथा में उस पहेली को सुलझाया गया है जिसे मध्यकालीन हिन्दू मस्तिष्क सुलझा नहीं पा रहा था। नागों में समाधि देने की जो प्रथा थी, वह मुसलमानों के कब्रवाली प्रथा से तो मिलती थी पर मध्यकाल का हिन्दू उसे भूल चुका था। इसलिए पुरानी कहानियों में जहाँ कहीं ऐसा प्रसंग आता था, वह उनके लिए कठिन होता था। एक ही उपाय से वह पहेली सुलझायी जा सकती थी, चरितनायक को मुसलमान बनाकर। इसीलिए सर्पदेवता गूगा को मुसलमान बनना पड़ा—जाहर पीर—विष देवता।

साधारणतः 'पीर' मुसलमान सिंद्ध पुरुष के लिए प्रयुक्त होता है। यह प्रायः भुला दिया जाता है कि मुसलमान बनकर ऐसी बहुत-सी जातियाँ इस देश में आयीं जिनका कोई पुराना दल मुसलमान बनने के पहले भी आ चुका था। कुछ ऐसी थीं जो काफी पहले आ चुकी थीं, कुछ बाद में आयीं। उनके बहुत-से आचार-विचार अभी पूर्ण रूप से बदले नहीं थे और नवागत मुस्लिम सजातियों के बहुत-से आचार-विचारों से मिलते थे। इस प्रकार की एक ही कबीले की दो जातियों में समानता होने के कारण हिन्दू-मुस्लिम मिलन की भूमि आसानी से तैयार हो जाती थी। 'पीर' शब्द को संस्कृत 'वीर' का रूपान्तर मानने का सुझाव भी दिया गया है। डॉ. वासुदेव शरण अग्रवाल ने यह सुझाव दिया था और अब कई अन्य विद्वानों ने भी उसे मानने की प्रवृत्ति दिखाई है। बौद्ध जातक कथाओं में यक्षों को बहुत भयानक रूप में चित्रित किया गया है। उनकी आँखें निश्चल होती थीं, परछाँही नहीं होती थी और वे क्रूर स्वभाव के माने जाते थे। शुंगकाल तक के पाये गये अवशेषों में अनेक यक्षों और यक्षिणियों की मूर्तियाँ मिली हैं। जैन साहित्य में भी इनका भूरिशः उल्लेख है। पुराणों में ये शिव के पार्षद बने दिखते हैं। कहीं-कहीं शिव को यक्षराज भी कहा गया है। पुराने साहित्य से इनमें किसी-किसी के दयालु और रक्षक होने की भी बात मिलती है। बाद में यक्ष भूत पिशाच समानधर्मा हो गये। इन अच्छे और अन्य जातियों का भूत 'वीर' कहा जाता है। डॉ. मोतीचन्द्र ने बनारस के 'हरसू' ब्रह्म को हरिकेश यक्ष का आधुनिक रूप स्वीकार किया है। भारत के पश्चिमोत्तर प्रदेश की भाषा को पैशाची कहा जाता था। पैशाची भाषा में प्रायः 'ब', 'भ' अक्षरों का उच्चारण 'प' जैसा होता है। आधुनिक पंजाबी में भी यह प्रवृत्ति थोड़ी-बहुत पायी जाती है। इसलिए 'वीर' का 'पीर' जैसा उच्चारण असम्भव नहीं कहा जा सकता। यक्ष देवयोनि के जीव हैं। उनके लिए बाद में 'वीर' या 'पीर' शब्द का प्रयोग होने लगा हो तो कोई अचरज नहीं। बाद में यह शब्द मुस्लिम 'पीर' शब्द के साथ घुला दिया गया और चूँकि 'वीर' का 'पीर' जैसा उच्चारण करनेवाले पश्चिमोत्तर प्रदेशों से मुसलमान होकर आये थे, अतः यह शब्द मुस्लिम गुरु और देवयोनि का वाचक हो गया।

यक्षों और नागों के देवता कुबेर, सोम, अप्सरस् और अधिदेवता वरुण थे, यह पुराणों से भी सिद्ध होता है। कुबेर किसी समय वरुण के अधीन थे और वरुण यक्षों के देवाधिदेव थे। यक्ष लोग वृक्षों के और नाग लोग जल के अधिष्ठाता माने जाते थे। महाभारत में ऐसी अनेक कथाएँ आती हैं जिनमें सन्तानार्थिनी स्त्रियाँ वृक्षों के अधिदेवता के पूजन के लिए वृक्षों के पास जाती थीं। वस्तुतः ये लोग उर्वरता के देवता थे। भरहुत, बोधगया, साँची, मथुरा आदि से इस प्रकार वृक्षों के पास सन्तानार्थिनी स्त्रियों के जाने की अनेक मूर्तियाँ मिली हैं। इन वृक्षों के पास अंकित स्त्रियाँ प्रायः नग्न उत्कीर्ण हैं, केवल कटिदेश में एक चौड़ी मेखला धारण किये हुए हैं। वृक्षों में अधिकतर बरगद, पीपल, और गूलर के पेड़ हैं। प्रायः पेड़ों में कोटर हैं। यह विश्वास किया जाता था कि कोटरों में नाग और यक्ष का निवास होता था। बहुत से परवर्ती काल के इस प्रकार की य़क्ष-पूजन भूमि 'कोटर' 'कोटल' 'कोटला' नाम से प्रसिद्ध हैं। 'कोटला' या 'कोटाला' नामों से यह संकेत मिलता है कि किसी प्राचीन काल में किसी महावृक्ष के कोटर में किसी यक्ष या नाग देवता का निवास था, जहाँ सन्तानार्थिनी स्त्रियों के मेले लगते थे। स्वात की घाटी में कभी यक्ष-पूजा का बड़ा जोर था। यहाँ के लोगों ने 'वरुण' को अपना पूजनीय देवता स्वीकार किया था और इसीलिए ये 'वरुण' कहलाते भी थे। सिकन्दर के साथ इन लोगों ने घोर युद्ध किया था। यूनानी इतिहासकारों का 'अओरनस' कदाचित् 'वरुण' का ही रूपान्तर है। इसी स्वात उपत्यका में आगे चलकर वज्रयानी बौद्ध धर्म का प्रचार हुआ। यहाँ की रानी लक्ष्मींकरा तिब्बत के बौद्ध साहित्य में 'आचार्या', 'भगवती', 'लक्ष्मी', 'भट्टारिका', 'महाचार्यश्री' आदि अनेक विशेषणों से विशिष्ट करके स्मरण की गयी है। यक्षपूजा ने किस प्रकार बौद्ध धर्म और शाक्त-मार्ग में 'श्रीसुन्दरी' साधना को प्रवेश कराया, यह एक मनोरंजक कहानी है। यहाँ प्रकृत प्रसंग यह है कि पंजाब में भी किसी समय यक्ष-पूजा का बड़ा जोर था। आज भी ऐसे अनेक मेले हैं जहाँ सन्तानार्थिनी स्त्रियाँ पुत्रकामना से जाती हैं। जहाँ यक्ष का स्थान था, वहाँ किसी-न-किसी 'पीर' (वीर) का स्थान है और लोकमुख से ऐसी कथाएँ प्रसारित हुई हैं कि ये पीर किसी मुसलमान सन्त से अभिन्न मान लिये गये हैं। 'कोटला' का मेला किसी प्राचीन कोटरशायी यक्ष या नाग की स्मृति दिलाता है। बाद में पुराना माहात्म्य स्थान मुसलमान सन्तों के हाथ में आ गया मगर माहात्म्य बना ही रहा। पुराने जमाने में यक्षों की पूजा दीपदान से होती थी। रात भर दीपमालिका जला कर यक्ष को प्रसन्न किया जाता था। पुराने ग्रन्थों में 'यक्षरात्रि' उत्सवों का उल्लेख आता है। आज की दीपावली को भी कितने ही विद्वान् यक्षरात्रि का ही रूप मानते हैं। जातक कथाओं से पता लगता है कि यक्षों के लिए बकरा, मुर्गा, सूअर, आदि का बलिदान दिया जाता था (जा. 1/186-187)। जहाँ इन पूजा स्थानों पर मुस्लिम प्रभाव पड़ा, वहाँ से 'सूअर' तो उठ गया पर अन्य बलिदान अभी जारी हैं। जहाँ यह प्रभाव नहीं पड़ा, वहाँ 'सूअर' की बलि भी चल रही है। समूचे भारत में यक्ष-पूजा आज भी नाना नामों से जी रही है। कहीं उसने हिन्दू रूप ग्रहण किया

है, कहीं मुसलमान रूप। परन्तु वे तीर्थ आज भी जी रहें हैं और आज भी वहाँ मेले लगते हैं। आज भी विविध कामनाओं को लेकर भक्त लोग वहाँ पहुँचा करते हैं। इस दृष्टि से देखा जाए तो ये मेले हमारी बहुधा विभक्त महाजाति के लिए प्रशस्त मिलनभूमि सिद्ध होते है। ऊपर झगड़े फसाद होते रहते हैं, छीना-झपटी चलती रहती हैं और भीतर-भीतर ये उत्सव और मेले मिलन की प्रशस्त भूमि तैयार करते रहते हैं। ये मेले सिद्ध करते हैं कि निराश होने की कोई जरूरत नहीं है। ऊपर चाहे सम्प्रदायों और गुटों का कितना भी विरोध क्यों न हो, मनुष्य का हृदय गहराई में एक ओर अविच्छेद्य है। वह एकता के लिए सदा तैयारी कराता रहता है। मेले उसके साधनों में एक हैं।

किसी जमाने में इन भागों में पाशुपत मत प्रबल था। 'लकुलीश' पाशुपतों में शिव के अवतार माने गये थे। लाकुलों की चर्चा पुराणों में पायी जाती है। इसी 'लाकुल' शब्द का परवर्ती रूप 'लावल' या 'रावल' है। बाप्पा रावल लाकुलीश मत के अनुयायी थे। बाद में रावल नाथ योगियों की एक शाखा बन गये। 'रावलपीर' में लकुलीश की स्मृति बनी हुई है। पंजाब, गुजरात और राजस्थान में रावल पाशुपतों के स्थान हैं। रावलपिण्डी कभी रावल योगियों का प्रधान स्थान था। अनेक मुसलमान योगी अपने को 'रावल' कहते हैं। उनके एक अन्य सम्प्रदाय 'गल' को मिलाकर 'रावलगल्ला' शब्द बन गया था। रावल पीर के अनेक मेले देश के विभिन्न स्थानों पर लगते हैं। बाद में पाशुपतों का सम्प्रदाय गोरखनाथी शाखा में शामिल हो गया था और गोरखनाथ पशु-रक्षक देवता के रूप में स्वीकार किये गये। पशुपालक जातियाँ गोरखनाथ की शरण जाती हैं। 'गोरक्ष' (गाय की रक्षा करने वाला) नाम में भी पशुरक्षण की स्मृति है। कोई आश्चर्य नहीं पाशुपत गोरक्षनाथ के सम्प्रदाय के साथ एकमेव हो गये। पशुओं के लिए लगने वाले मेलों में किसी-न-किसी रूप में गोरखनाथ को स्मरण किया ही जाता है।

हिमालय के पाद देश में कामरूप से हिंगलाज तक कभी साधना का प्राबल्य था। हमने अन्यन्त्र दिखाया है कि किस प्रकार यह साधना भी बारहपन्थी योगियों में अन्तर्भुक्त हुई है। हमने ऊपर स्वांत उपत्यका की चर्चा की है। इसी का पुराना नाम उड्डिन पीठ है। इसके दो भाग थे—एक सम्भलपुरी और दूसरा लंकापुरी। परमभट्टारिका लक्ष्मींकरा सम्भलपुरी के राजा इन्द्रभूति की बहन थी। लंकापुरी के राजा ज्वालेन्द्र से इनका विवाह हुआ था। यद्यपि 'योगिसम्प्रदायाविष्कृति' जैसे नये ग्रन्थों में यह अनुश्रुति पायी जाती है कि जालन्धर नाथ का ही पुराना नाम ज्वालेन्द्रनाथ था। परन्तु लक्ष्मींकरा के साथ किसी सम्बन्ध की, अनुश्रुतियों मे चर्चा नहीं है। जो हो जालन्धरनाथ की साधना भूमि आधुनिक जालन्धर अवश्य था। हठ योग के ग्रन्थों में जालन्धर बन्ध और उड्डियान बन्ध नाम के दो बन्धों का उल्लेख मिलता है। ये दोनों पंजाब के सिद्धों की देन जान पड़ते हैं। जालन्धर पीठ में कापालिक साधना का केन्द्र था। जालन्धरनाथ मूलतः कापालिक सिद्ध थे। यह कापालिक मत शैव-शाक्त और वज्रयानी साधनाओं का समन्वित रूप था।

पुराणों के अनुसार सती के मृत शरीर को लेकर शिव ने जो उन्मत्त भाव से ताण्डव

किया तो उनका शरीर कई टुकड़ों में विभक्त होकर समूचे भारत में बिखर गया। स्तनवाला भाग त्रिगर्त प्रदेश में गिरा जो हिमालय के निचले पाद देश का नाम है। काँगड़ा उपत्यका इसी त्रिगर्त देश में पड़ती है। जान पड़ता है कि त्रिगर्त की सीमा और भी नीचे तक फैली थी। ऐसा विश्वास किया जाता है कि देवी के शरीर के विभिन्न अवयव जहाँ-जहाँ गिरे, वे स्थान सिद्ध-पीठ हो गये। जालन्धर के 'स्तनपीठ' की अधिष्ठात्री का नाम ब्रजेश्वरी है। इन्हें 'विद्याराज्ञी' भी कहते हैं। इस स्तन-पीठ में विद्याराज्ञी के चक्र तथा आद्या त्रिपुरा की पिण्डी की स्थापना है। त्रिगर्त की अधिष्ठात्री देवी त्रिशक्ति अर्थात् त्रिपुरा काली और तारा हैं। इसमें कोई सन्देह नहीं कि जालन्धर किसी समय वज्रयानी साधना का प्रधान केन्द्र था। ब्रजेश्वरी वस्तुतः वज्रेश्वरी शब्द का परवर्ती रूप है। जालन्धर माहात्म्य में ब्रजेश्वरी नाम ही दिया हुआ है। इस प्रकार पंजाब के उत्तरी प्रदेश में अनेक शाक्त-पीठ हैं, जो किसी समय कापालिकों और वज्रयानियों की भी साधना-भूमि रहे होंगे। देवी के अनेक स्थानों पर जो मेले लगते हैं, वे बौद्ध और शाक्त साधनाओं की याद दिलाते हैं। इस प्रसंग में एक मनोरंजक बात यह है कि अनेक देवी-स्थानों पर भी परवर्ती काल में मुस्लिम सन्तों का अधिकार हुआ और उनका रूप बहुत कुछ बदल गया। खोज करने पर कुछ महत्त्वपूर्ण बातों का पता लग सकता है। हिंगलाज की देवी का स्थान इक्यावन शाक्तपीठों में एक है। यहाँ उनका ललाट या मुकुट गिरा था। मुसलमान साधकों में यह हिंगलाज या हिंगुदा, बीबी नानी के नाम से पूजी जाती हैं। बीबी नानी के सम्बन्ध में कहा जाता है कि गंगा से लेकर अफरात की घाटियों तक बड़े सम्मान से पूजी जाती हैं। यह खालिडया की नान और फारस तथा बैक्ट्रिया की ननइया (Nanaia) से अभिन्न प्रतीत होती हैं। होल्डिक (Holdich) ने अपनी पुस्तक 'द गेट ऑव इण्डिया' में इस देवी की चर्चा की है। कहा जाता है कि इस देवी की पूजा अब्राहम से भी हजारों वर्ष पहले से प्रचलित थी। यह देवी पश्चिमी भारत के अनेक कबीलों की कुल-देवी मानी जाती हैं। उत्तर प्रदेश के मिर्जापुर जिले के खरवार लोग भी इसे पूजते हैं। ऐसा क्रुक ने लिखा है।

साधन माला में कृष्णाचार्य की कुरुकुल्ला-साधना का उल्लेख है। इस कुरुकुल्ला को ध्यानी बुद्ध की अभिव्यक्ति (शक्ति) से उद्‌भूत बताया गया है। डॉ० विनयतोष भट्टाचार्य का अनुमान है कि कुरुकुल्ला की उपासना के प्रथम प्रवर्तक शबरपाद नामक सिद्ध हैं, जिनका समय सप्तम शताब्दी सन् ईसवी का मध्य भाग है। ये नागार्जुन के शिष्य थे। नागार्जुन ने भी एक विशेष देवी 'एकजटा' की उपासना का प्रवर्तन किया था। साधन माला में बताया गया है कि इस एकजटा देवी का नागार्जुन पाद ने भौट देश (तिब्बत) से उद्धार किया था। इस देवी का एक नाम 'महाचीन तारा' भी है। तारा की उपासना ब्राह्मण तन्त्रों में भी विहित है। साधनमाला में कारकुल्ला के भी अनेक रूपों का वर्णन है, जिनमें एक रूप है तारोद्‌मवा कुरुकुल्ला। इस प्रकार कुरुकुल्ला, एकजटा और तारा की उपासनाओं में स्पष्टतः कोई सम्बन्ध मालूम होता है। डॉ. विनयतोष

भट्टाचार्य ने परानन्द सूत्र की भूमिका (पृ० 10-11) में दिखाया है कि महाचीन तारा ने ही आगे चलकर हिन्दुओं की चतुर्भुजी तारा (जो दस महाविद्याओं में है) का रूप ग्रहण किया है। हिन्दू तत्त्वों की उग्रा, महोग्रा, वज्रकाली, सरस्वती, कामेश्वरी आदि देवियों को तारा की ही अभिव्यक्ति बताया गया है। दस महाविद्याओं की छिन्नमस्ता को बौद्ध-वज्रयोगिनी का समशील बताया गया है और कहा गया है कि उसकी उपासना के भी मूल प्रवर्तक शबरपाद ही थे। कृष्णाचार्य की शिष्या मेखला तिब्बत में छिन्नमस्ता के रूप में पूजी जाती हैं। इसमें दो बातों का अनुमान होता है। प्रथम तो कृष्णाचार्य का समय निश्चित रूप से शबरपाद के बाद सिद्ध होता है और दूसरा यह कि परवर्ती शाक्त-मत के विकास में इनका बहुत बड़ा हाथ है।

इस प्रकार देवी के स्थानों में भी विभिन्न संस्कृतियों के मिलन की कहानी है। यह कह सकना कठिन है कि किस देवी के रूप में किन-किन विभिन्न सांस्कृतिक उपादानों के कौन-कौन से रूप हैं परन्तु इतना निश्चित है कि इन स्थानों में अनेक पुरानी संस्कृतियों का संगम हुआ है। ये मेले न जाने कब से भिन्न-भिन्न प्रकार के लोगों के विश्वासों के मिलित रूप हैं। भारतवर्ष के विभिन्न देवी पीठों में प्रतिवर्ष मेले लगते हैं। इनमें जो विश्वास और मान्यताएँ हैं, उनकी खोज-बीन करने से अनेक रहस्यों का पता चलेगा।

पुराणों के अनुसार तीर्थों की चार श्रेणियाँ हैं जो चारों पुरुषार्थों के नाम पर हैं, अर्थात् धर्मतीर्थ, अर्थतीर्थ, कामतीर्थ और मोक्षतीर्थ। तीर्थ मूलतः घाट का समानार्थक है। नदी के तट पर या सरोवर तीर पर परलोक बनाने के उद्देश्य से लोग स्नान-दान आदि के लिए जिन तीर्थों में जाते हैं वे धर्मतीर्थ हैं। पुराने जमाने से ऐसे तीर्थ-स्थल कथा पुराण आदि के लिए आयोजित मेलों के रूप में चले आ रहे हैं। धर्मशास्त्र में पुण्य के लिए अनेक प्रकार के धार्मिक कृत्यों का इन तीर्थों में विधान है। प्रत्येक अवसर पर जन-समागम होता है और कुछ-न-कुछ खरीद-बिक्री भी चलती है। पर मुख्य उद्देश्य पुण्यार्जन होता है। फिर कुछ ऐसे भी तीर्थ या घाट होते थे जिनमें व्यापार होता था। इनमें विशेष-विशेष अवसरों पर पशुओं और वस्तुओं की खरीद-बिक्री होती है। कुछ स्थानों पर लोग ऐहिक सुख की कामना से जाते हैं। नाच-गान, आमोद-प्रमोद उनका मुख्य लक्ष्य होता है। प्रायः ऋतु-मंगल के मेले इसी श्रेणी में आते हैं। कामसूत्र आदि ग्रन्थों में अनेक प्रकार के विनोद-मूलक जमावों की चर्चा है। खेल-कूद, कुश्ती, लाव-तित्तिर तथा मेढ़े और बकरों की लड़ाई कला-कौशल की प्रतियोगिता आदि के उद्देश्य से इनका आयोजन होता है। बहुत थोड़े तीर्थ ऐसे हैं, जहाँ मोक्ष-कामी लोग तपस्या द्वारा मोक्ष-प्राप्ति के लिए जाते हैं। परन्तु कालान्तर में हर मेले में कुछ-न-कुछ मनोविनोद और खेलकूद का आयोजन रहने लगा।

ये मेले हमारे सांस्कृतिक-जीवन के जीवन्त प्रतीक हैं। दीर्घकाल से विभेदों के भीतर से मनुष्य की मिलन की भूमिका तैयार करने में इन्होंने अद्भुत योग दिया है।

भारतीय संस्कृति

भारतीय संस्कृति के बारे में मेरा विचार कुछ इस प्रकार है। भारतवर्ष का इतिहास हजारों वर्ष पुराना है। इसका जितना हिस्सा जाना जा सका है, उससे कहीं अधिक भाग अभी भी ठीक-ठीक जाना नहीं जा सका है। वह पण्डितों के अनुमान का ही विषय है परन्तु इतना निश्चित है कि यह संस्कृति विकासशील रही है। आर्य, द्रविड, किरात, हूण, शक आदि अनेक जातियों के विश्वास और रीति-नीतिं इसमें मिलते रहे हैं। बहुत-सी पुरानी मान्यताएँ कमजोर होती रही हैं और प्रायः विस्मृत कर दी गयी हैं। बहुत-सी नयी कल्पनाएँ जुड़ती रही हैं। इस प्रकार जिस संस्कृति में कभी इन्द्र, वरुण आदि देवताओं का प्राधान्य था, यज्ञ-याग का बाहुल्य था उसमें दूसरे समय शिव, विष्णु आदि देवताओं का प्राधान्य हो गया और पूजा-पाठ तीर्थ-व्रत आदि का प्राधान्य हो गया। यह एक उदाहरण मात्र है परन्तु बहुत से प्राचीन विश्वास जीते रहे हैं और नयी मान्यताओं के साथ उनकी संगति बैठा ली गयी है। इस प्रकार भारतीय संस्कृति अनेक नयी मान्यताओं को इस प्रकार आत्मसात् कर गयी है मानो वे अनादिकाल से चले आ रहे हों। कुछ लोग ऐसा समझते हैं कि भारतवर्ष के इतिहास में जो कुछ जब कभी हुआ है, वह सब भारतीय संस्कृति है, कुछ दूसरे लोग ऐसा सोचते हैं कि वे जितना कुछ तात्कालिक परिस्थिति में उचित और ग्राह्य समझते हैं, वही भारतीय संस्कृति है परन्तु दोनों ही दृष्टियाँ मुझे ठीक नहीं लगतीं। संस्कृति मेरे मन से सर्वोच्च चिन्तन-मनन के मूर्त रूप का नाम है। मूर्त में जिस प्रकार मन्दिर मूर्ति, चित्रकला आदि बातें आती हैं, उसी प्रकार कविता, नाटक, संगीत, धर्म, शिष्ठाचार भी आते हैं। जहाँ कहीं फार्म या रूप हैं वही मेरे विचार से मूर्त हैं। परन्तु सभी मूर्त रूप या आधार संस्कृति नहीं हैं। किसी देश या काल के सर्वोत्तम चिन्तन-मनन को ही मैं उस देश या काल संस्कृति कहता हूँ। भारतवर्ष ने अपने विशाल इतिहास के दौरान बहुत कुछ सोचा है, अच्छा भी, कम अच्छा भी और कभी-कभी गलत भी। सबकी मूर्त रूप की गणना मैं 'संस्कृति' में नहीं करता। मैं उनको ही भारतीय संस्कृति में गिनता हूँ जो सर्वोत्तम हैं। अर्थात् मनुष्य को पशु-सुलभ धरातल से अधिक-से-अधिक ऊपर उठाने में और मानवता के सिंहासन पर अधिक से अधिक दृढ़तापूर्वक बैठाने में समर्थ हैं। जो बातें मनुष्य को जड़ता की ओर और पशु-सुलभ

स्वार्थ, लोभ-मोह और जुगुप्सित आचरण की ओर ले जानेवाली हैं, उन्हें मैं संस्कृति का प्रतिपन्थी मानता हूँ। इस श्रेष्ठ मानवीय प्राप्ति को भारतीय संस्कृति इसलिए कहता हूँ कि वे भारतीय सन्दर्भ में भारतीय मनीषियों द्वारा पुरस्कृत हैं। इसलिए नहीं कि किसी अन्य देश की इसी श्रेणी से वे भिन्न या विरुद्ध हैं।

इस भारतीय संस्कृति के दीर्घकालीन इतिहास ने कुछ आधारभूत मान्यता का अनुसन्धान किया है। हर व्यक्ति को, देवता हो चाहे दानव, पुरुष हो या स्त्री, अपने किये का फल भोगना पड़ता है। इसे कर्मफल का सिद्धान्त कहते हैं। फिर इस कर्मफल को भोगने के लिए मनुष्य अनेक जन्म ग्रहण करता है, जब तक वह सम्पूर्ण फल भोग नहीं लेता तब तक उसका निस्तार नहीं होता। यह पुनर्जन्म का सिद्धान्त है। मनुष्य की दृष्टि जब तक तप, भक्ति, सेवा, समाधि, व्रत अध्ययन आदि द्वारा संक्षेप में योग द्वारा शुद्ध नहीं होती तब तक वह प्राणि आवागमन के जाल से मुक्त नहीं होता। यह आवागमन ही भव या संसार है। ये कुछ ऐसे सामान्य स्वीकृत तथ्य हैं जो भारतवर्ष के हर मत और हर सम्प्रदाय में स्वीकृत हैं। विदेशी विद्वानों ने तो पुनर्जन्म के सिद्धान्तों को भारतीय संस्कृति का लक्षण माना है। संसार में कहीं भी यह बात नहीं पायी जाती। बद्धमूल होने की तो बात ही कहाँ उठती है। बौद्ध और जैन धर्मों के आन्दोलन में भी इन बातों को ज्यों का त्यों मान लिया है। यही कारण है कि धीरे-धीरे ये मत विशाल संस्कृतिधारा के अभिन्न अंग बन गये हैं। बुद्ध और वृषभ भी विष्णु के अवतार बन गयें हैं। बाहर से आनेवाली जातियों से कई बार संघर्ष हुआ पर अन्ततोगत्वा मूल सामान्य मान्यताएँ सबने मान लीं और भारतीय संस्कृति की टूट धारावाहिक नहीं हुई। रवीन्द्रनाथ भी कह सकते हैं कि बीच-बीच में वीणा के तार टूट अवश्य गये थे, थोड़ी देर के लिए संगीत में बाधा भी पड़ी थी, पर इस बात को लेकर हाय-हाय करने की क्या जरूरत है।

इस्लाम के आने पर भारतीय संस्कृति को एक नयी चुनौती का सामना करना पड़ा। यह धर्म नये ढंग का था। मैंने अन्यत्र दूसरी चर्चा की। संक्षेप में चुनौती का स्वरूप सामाजिक अधिक था, धार्मिक और दार्शनिक कम।

भारतवर्ष में कई कारणों से ह्रासोन्मुखता शुरू हो गयी थी। भारतीय संस्कृति की पाचन शक्ति शिथिल हो गयी थी। फिर नयी संस्कृति प्राणों के अपार वेग को लेकर चली थी। पुराना उच्छल प्राणावेग हुए देश में अत्यन्त क्षीण हो आया था। फिर भी पहले धक्के को सँभालने के बाद कुछ-न-कुछ नयी जीवनी लक्ष्य का उन्मेष हुआ होगा।

भारतवर्ष ने इस चुनौती का सामना भक्ति आनन्दोस्तव के द्वारा किया था। कबीर और नानक आदि के प्रयत्न बड़े शाक्तिशाली थे। पर इतिहास की गति दूसरी ओर मुड़ गयी। अँग्रेजों के आने के बाद इस समन्वय के मार्ग में बाधा पड़ी और उनकी कूटनीतियों के कारण समन्वय की धारा तो रुक ही गयी, नये दरार पड़ने लगे। मेरा विश्वास है कि नयी संस्कृति न आ गयी होती तो इस्लाम का भी कुछ न कुछ समन्वय हो गया होता। होना शुरू हो चुका था। मैं उन लोगों से सहमत नहीं हूँ कि ये दोनों संस्कृतियाँ एक हो

ही नहीं सकती थीं। हो रही थीं। बहुत कुछ हो आयी थीं।

आप जिसे पाश्चात्य संस्कृति कहते हैं वह कभी इस नाम से पुकारी अवश्य जाती थी, परन्तु थी वह आधुनिक संस्कृति। मैं समझता हूँ कि आप भी मानेंगे कि विज्ञान और प्रविधिशास्त्रीय उत्थान ने मनुष्य को पुराने हजारों वर्षों के इतिहास से अलग कर दिया है। अब संस्कृति भौगोलिक सीमाओं द्वारा परिचित नहीं होगी। भूगोल की सीमाएँ लड़खड़ा गयी हैं, टूट भी रही हैं। एक नयी मानवीय संस्कृति पैदा हो रही है। पाश्चात्य देशों में इसका प्रथम आविर्भाव होने के कारण इसे पाश्चात्य संस्कृति कहा जाता है पर हैं वह आधुनिक वैज्ञानिक अभ्युत्थान की देन। भारतीय संस्कृति इसे समृद्ध करेगी। जिन छोटी-मोटी भौगोलिक या सामाजिक इकाइयों का अभी तक आत्मसात् करते या होते होंगे, सुना गया है उनसे यह एकदम भिन्न प्रकृति की है, यह मनुष्य के नये युग में प्रवेश करने के कारण स्पष्ट हुई है। पुराने अनुभव इसे समृद्ध और सशक्त बनाएँगे। इतिहास ही बतायेगा कि भारतीय संस्कृति का कितना अंश यह स्वीकार करेगी। मैं इस समय केवल अनुमति कर सकता हूँ। इस अनुमति में मेरी रुचि और मेरे संस्कार भी काम करते हैं और मेरी इतिहास की थोड़ी-बहुत जानकारी भी । मैं समझता हूँ कि भारतीय मनीषा के बहुमुखी अनुभव से यह नयी संस्कृति बहुत अधिक समृद्ध होगी।

□□

णाणं

पयासयं

वीर नि॰ 2470

ई॰ सन् 1944

भारतीय ज्ञानपीठ